梦山书系

中国第三方教育评价探路

储朝晖 主编

海峡出版发行集团 | 福建教育出版社

图书在版编目（CIP）数据

中国第三方教育评价探路/储朝晖主编．—福州：福建教育出版社，2020.10

ISBN 978-7-5334-8845-1

Ⅰ．①中… Ⅱ．①储… Ⅲ．①教育评估－研究－中国 Ⅳ．①G40-058.1

中国版本图书馆CIP数据核字(2020)第154035号

Zhongguo Disanfang Jiaoyu Pingjia Tanlu

中国第三方教育评价探路

储朝晖　主编

出版发行	福建教育出版社
	（福州市梦山路27号　邮编：350025　网址：www.fep.com.cn）
	编辑部电话：010-62027445
	发行部电话：010-62024258　0591-87115073）
出 版 人	江金辉
印　　刷	福州华彩印务有限公司
	（福州市福兴投资区后屿路6号　邮编：350014）
开　　本	710毫米×1000毫米　1/16
印　　张	20.5
字　　数	316千字
插　　页	2
版　　次	2020年10月第1版　2020年10月第1次印刷
书　　号	ISBN978-7-5334-8845-1
定　　价	52.00元

如发现本书印装质量问题，请向本社出版科（电话：0591-83726019）调换。

CAEEA
第三方教育评价
机 | 构 | 联 | 谊 | 会

联络专业资源，推进第三方教育评价，

创建良性教育生态，提升教育品质。

目录

第三方教育评价机构联谊会组建缘起 代序 / 储朝晖……………001

第一编 机遇与挑战

第三方教育评价需要自己上路 / 储朝晖…………………………003

立足良性教育生态建立第三方教育评价 / 储朝晖………………008

中国第三方教育评价发展的机遇与挑战 / 储朝晖…………………011

第三方教育评价对教育质量提升的价值 / 储朝晖…………………021

第三方教育评价要通过专业服务提升竞争力 / 储朝晖……………025

从政府需求看第三方教育评价的前景、方向和策略 / 刘文杰………029

迟迟不就位的第三方教育评价 / 储朝晖……………………………036

为什么需要第三方教育评价与考试 / 张勇…………………………041

为什么需要独立第三方教育评估 / 向帮华…………………………046

现代大学必须建立独立的第三方专业评价 / 储朝晖………………049

中国第三方教育评价的核心问题辨析及政策建议 / 李亚东 俎媛媛 …052

第三方教育服务也需第三方评估 / 熊丙奇……………………061

中国职业技术教育发展尤其需要第三方教育评价 / 储朝晖………063

教师教学能力的第三方评价实践探索 / 黄晓婷………………067

实施第三方学业质量评价的区域探索 / 姚敏…………………071

第三方机构参与区域教育评价的思考与实践 / 徐学俊…………078

社会力量教育治理内涵、特征、理论依据及机制建设刍论

　/ 向帮华 贾毅 白宗颖………………………………………084

第三方教育评价的走势与应对 / 储朝晖………………………094

第三方教育评价的市场拓展策略 / 储朝晖……………………106

第三方教育评价的市场空间 / 张才生…………………………116

从AP课程看美国大学招生中第三方评价的衔接作用 / 秦春华……120

从《中国教育现代化2035》看第三方教育评价 / 秦建平………125

走向第三方教育评价：教育改进中的一个新议题

　/ 采访整理：蔡华健………………………………………… 130

第二编　机构与案例

武汉市洪山区义务教育"双创"工作第三方督导评估

　/ 武汉华大教师教育发展研究院……………………………143

山东职业技术教育与培训改革项目评估

　/ 山东讯源信息咨询有限公司………………………………149

深圳市龙华区2019年义务教育质量监测与评价

／深圳市承儒科技有限公司 ……………………………155

合肥市经开区托管学校第三方评估／安徽晶瑞教育研究院…………161

山东省东营市校长职级评估／山东国文教育评估有限公司………166

河北省邯郸市大名县民办中小学年检

／京津冀行知河北教育评估有限公司 ……………………171

四川省某中学七年级特色班半期检测数学试卷评估分析

／重庆天正教育评估监测咨询服务中心 ……………………174

聊城市初中生综合素质评价第三方专业化服务

／北京润智汇教育咨询有限公司 ……………………………180

福建省泉州市洛江区"幼儿园办园行为"第三方督导评估

／福建中兴仁达教育评估有限公司 ……………………………185

亳州市民办教育督导复查评估

／安徽省新世纪教育评估服务有限公司 ……………………189

青羊区综合学业质量评价／北京市公众教育科学研究院……………194

河北省石家庄市桥西区学业评价

／公众学业教育评估(河北)有限公司 ……………………………199

厦门市海沧区"素质教育第三方教育评估"案例

／厦门明日教育研究院 ……………………………………206

《武汉市推进高中阶段学校考试招生制度改革的实施方案》评审项目
案例／湖北阳光教育研究院 ……………………………………213

第三编　大事记与媒体报道

第三方教育评价机构联谊会成立⋯⋯⋯⋯⋯⋯⋯⋯⋯⋯⋯⋯⋯⋯⋯⋯219

附：人民网、中国网、《中国科学报》等媒体报道⋯⋯⋯⋯⋯⋯⋯⋯221

第三方教育评价2016年会暨论坛在成都举行⋯⋯⋯⋯⋯⋯⋯⋯⋯⋯⋯227

附：中国教育新闻网、人民网、《四川日报》、中国网等媒体报道⋯⋯229

第三方教育评价机构资质评估在天津起步⋯⋯⋯⋯⋯⋯⋯⋯⋯⋯⋯⋯241

附：中国网、央广网等媒体报道⋯⋯⋯⋯⋯⋯⋯⋯⋯⋯⋯⋯⋯⋯⋯⋯243

首届自主招生科学选才高峰论坛召开⋯⋯⋯⋯⋯⋯⋯⋯⋯⋯⋯⋯⋯⋯245

附：中国教育在线报⋯⋯⋯⋯⋯⋯⋯⋯⋯⋯⋯⋯⋯⋯⋯⋯⋯⋯⋯⋯⋯247

第三方教育评价机构联谊会2017年会暨论坛在济南召开⋯⋯⋯⋯⋯⋯249

附：中国青年网、中国网、中国教育在线等媒体报道⋯⋯⋯⋯⋯⋯⋯250

第三方教育评价机构联谊会第二次会员资质合格评估会在北京召开⋯257

附：光明网、中国网、海外网等媒体报道⋯⋯⋯⋯⋯⋯⋯⋯⋯⋯⋯⋯258

第三方教育评价机构联谊会2018年会暨论坛在武汉召开⋯⋯⋯⋯⋯⋯264

附：海外网、中国教育在线等媒体报道⋯⋯⋯⋯⋯⋯⋯⋯⋯⋯⋯⋯⋯266

张勇追思会暨第三方教育评价研讨会在北师大召开⋯⋯⋯⋯⋯⋯⋯⋯273

附：海外网、教育改进社员村等媒体报道⋯⋯⋯⋯⋯⋯⋯⋯⋯⋯⋯⋯275

第三方教育评价机构联谊会2019年会暨论坛在合肥召开⋯⋯⋯⋯⋯⋯280

附：安徽省新世纪教育评估服务有限公司网站报道⋯⋯⋯⋯⋯⋯⋯⋯283

附录　文本与路径

"第三方教育评价研讨暨联谊会"邀请函……………………291

全国第三方教育评价机构联谊会章程…………………………292

第三方教育评价共识……………………………………………294

第三方教育评价论坛暨第三方教育评价机构联谊会2016年会通知……296

全国第三方教育评价机构联谊会会员资质评估会通知………299

全国第三方教育评价机构联谊会公约…………………………301

全国第三方教育评价机构联谊会教育评价实施专业规范……302

第三方教育评价机构联谊会入会管理流程……………………305

第二次会员资质评估通知及申报表……………………………305

武汉华大教师教育发展研究院主席团成员单位及承办年会申请书……312

第三方教育评价机构联谊会会员一览表………………………314

后记………………………………………………………………316

第三方教育评价机构联谊会组建缘起

代序[①]

储朝晖

第三方教育评价机构联谊会组建的目的就是把教育办得更好。

提高教育质量是当下全民对教育最迫切的需求。缺少第三方教育评价是教育质量长期难以提升的关键性制约。中国教育能否发展得好，已经在很大程度上取决于中国是否有健全成长起来的独立第三方教育评价。这点在政府、民间是有共识的，《国家中长期教育改革和发展规划纲要（2010—2020年）》、《中共中央关于全面深化改革若干重大问题的决定》、教育部印发的《关于深入推进教育管办评分离 促进政府职能转变的若干意见》都有明确表述。然而由于中国第三方教育评价专业机构的发展处于弱势，能有效发挥作用的第三方评价者缺失，上述政策未能有效落实。

近些年，在相关政策的影响下，民间也出现了一些形式不同、关注点各异、多少带有评价功能的组织机构，但总体上都相对弱小、分散，信誉不高，各自为政。短期内在中国还难以有哪一家第三方教育评价机构成长发展到足以独撑门面的状态。为了配合政府建立第三方教育评价的政策落实，解决第三方评价主体缺位问题，也为了满足刚刚建立的民间独立第三方教育评价机构发展中的一些需求，中华教育改进社发起组织了第三方教育评价机构联谊会，主要想建立第三方教育评价的各组织

[①] 本文为作者2015年11月15日出席在北京师范大学召开的由中华教育改进社组织举行的第三方教育评价机构联谊会时的发言，会上作者被推选为第三方教育评价机构联谊会主席。

机构联络、交流学习、合作的平台，改变各自为政的局面，促进中国第三方教育评价合作发展，对外争取社会认同，拓展政策空间和发展机会，对内提高理论水平和施测能力，增强专业实力，形成气候，逐渐形成专业的第三方评价规范，提升第三方评价的整体信誉。

中华教育改进社自身的定位是以专业方式改进教育，以"调查教育实况，研究教育学术，力谋教育改进"为宗旨，评价是改进的重要杠杆。中华教育改进社一方面做联络者，与各个评价机构形成互补型共同成长关系。另一方面，中华教育改进社自恢复重建以来就为形成立体的独立第三方教育评价体系做出了积极努力，自2011年以来每年发布《年度中国教育改进报告》，主要对全国层面上教育改进的状况做总体的客观评价；也参与地方、区域和学校层面的教育改进及发展状况评价，探索对区域教育进行评价及制订规划方案，对学校进行评价及对发展提出建设性的应对策略；在学生层面，主要有参与本社的北京市公众教育科学研究院开发学生学业测评和诊断系统。

第三方教育评价机构联谊会是个新的起点，主要目的是以联合促发展。从长远发展看，中华教育改进社希望成为一个相对超脱的专业资源库，不会直接把自己做成实体的评价机构，而是和各家实体的教育评价机构互补，成为促进中国第三方教育评价体系健全发展的媒介。

第三方教育评价机构联谊会是依据自愿的原则组建的开放组织，欢迎各类有第三方评价职能的机构依程序加入，共同为把教育办得更好而努力。

第一编
机遇与挑战

第三方教育评价需要自己上路[①]

储朝晖

第三方教育评价的实践，在中国还是一个新生儿。自从我们组建第三方教育评价机构联谊会以来，有了可喜的发展。今天在四川省和成都市各方面的支持下，论坛参加人数比上次多，到会人数由上次50多人增加到了大约200人，到会机构由十来家增加到30多家。在此，我以第三方教育评价催生者的身份，向各位参会者以及对本次论坛给予支持的朋友致以诚挚的欢迎和谢意！

昨天晚上我们召开了各机构负责人的小会，我跟各位讲了当前开展第三方教育评价遇到的问题，以及我们所做的事在中国教育史上的位置和意义，强调第三方教育评价是对教育事实的测量，是教育改进的重要杠杆。虽然当下开展第三方教育评价遇到的困难还很多，但是提高教育质量是当下全民对教育最迫切的需求，建立适恰而有效的评价机制是教育质量提升的迫切需要与关键。政府、民间都意识到中国教育能否发展得好，已经在很大程度上取决于中国是否有健全成长起来的第三方教育评价。完善健全的教育评价体系，尤其是科学客观的第三方教育评价体系，对教育的良性生态发展起到积极的推动作用，发挥着不可或缺的杠杆效应，要相信"第三方"模式是教育评价发展的必然趋势。

作为外部评价，第三方评价可以打破固有工作格局，依托专业机构、社会团体和有资质的社会组织，实施竞争性、社会化的专业评价。中国当下认识到发展第三方教育评价必要性的人还是少数。在这少数人当中又有一部分人在体制内身不由己，从自身的切身利益考虑不愿为第三方教育评价说话，更不愿从事第三方教育评价。第三方教育评价现实的状况是：存在缺乏独立性、缺乏行业管理、专业化良莠不齐等问题。今天

[①] 本文为作者2016年12月11日出席在成都举行的第三方教育评价论坛时的讲稿。

到会的是少数人中坚定前行的少数。所以，我今天特别强调的是，第三方教育评价需要克服重重困难和阻力自己上路。

第三方教育评价是对教育事实的测量，是为形成新的教育需求提供依据，又是教育改进的重要杠杆。不愿意面对事实，不能够换位思考，不愿除旧革新，是第三方教育评价遇到的真实障碍。在中国第三方教育评价需要克服文化意识、利益局限、标准设定、行为畏缩、缺乏自律等方面的障碍。

一、开展第三方教育评价首先要有第三方意识

中国几千年的文化强调合一，群体本位观念远远超过个体本位思想，每个个体都争做群体的依附者，如果稍有不同就会受到指责。孩子一出生就被规矩与奶一起吃地养成同一意识。因此，不少人一发现自己的意识是第三方的就感到不安，想尽各种办法回到大群中去。在遇到两个不同的人的时候，不少人立即意识到的是要尽快弄清哪一方位高权重，找到自己方向，不要招了麻烦；而不是以客观真实的事实和公正的态度作为自己的判定依据。

特别是遇到政府和民众是某项活动中的两个主体时，人们更不敢有第三方意识，于是更难以独立于两个主体之外的立场充当"第三方"，教育评价长期以来是老子看儿子，哪个都可爱，教育的品质难以上台阶。由没有第三方意识的人去做，第三方教育评价必然缺乏真实客观性和公信力。当然，第三方意识可以通过专业学习与反思获得，但是有一定难度，如果各位想在今后开展第三方教育评价，首先就需要确立并不断强化自己的第三方意识。

二、在第三方意识基础上需要确立第三方定位

第三方定位是指站在两个相互联系的主体之外，不偏向某一方，和两个主体有联系却要独立于两个主体之外，第三方服务、第三方认证、第三方采购、第三方测评、第三方推荐等都必须有第三方定位。确立第三方定位是第二道难关，需要个体和机构在第三方意识基础上有充分的独立性和专业能力。

我自己在体制内工作了30多年，深知要确立第三方定位之难。在座的不少人都是在体制内工作，也有一部分人不在体制内工作。那么为什么如此之难还需要确立第三方定位呢？就是真诚希望教育和这个社会更好。因为第三方就好比是啄木鸟，当你还是第一方的树木时，你不可能将自己身上的虫子清除，你可能还是病害的一部分，不可能让树木长得更健康，你必须成为第三方才能达到这个目的。

可是，当你有些第三方定位被第一方心胸不大的人看出来的时候，你会被原来的自己人当成异类，你的利益受损了，你的信任被降低了，你的职位被动摇了，你原有站在第一方甚至比谁都第一方时的不少希望要泡汤了，这个时候你还想站在第三方吗？大多数人就动摇了。所以，我们做第三方教育评价的人，要怀着把教育办得更好，让更多人健全成长发展的心愿，坚定"我不入地狱谁入地狱"的态度，才有可能往前走，往下走。

第三方可能被第一方边缘化，但它是一个良好社会的核心墙。当下社会之所以缺乏相互信任，很多事之所以众说纷纭，教师、医生都被人怀疑乃至污名化，与"第三方"的不发达乃至缺失大有关系。道理很简单，球赛没有裁判或虽然有但只是一个吹黑哨的人，这场比赛就无法正常进行下去。学校和医院经常出现不少说不清、道不明的事，根本原因也在于缺乏第三方定位的人和机构，难以树立起客观、公允的独立形象，总被认为充其量只是某个机构的附庸。

三、第三方教育评价还需要第三方标准，或自己的标准

第三方教育评价需要走出"统一评价指标"的误区，协助学校实现特色化办学。目前，第三方教育评价面临的最大障碍是观念误区，不少人对第三方教育评价的理解停留在行政部门给出评价指标，第三方机构照此给学校或区域打分。这本质上和第一方做的教育评价没有区别，统一评价指标不是真正的第三方教育评价。教育事实的多样性和教育需求的多元性，使得第三方教育评价的需求必定是多元的，评价方式和评价主体也必然是多样的。

第三方评价需要有相对独立的标准，接受社会认同，依靠社会信任。

真正的第三方教育评价一定是根据评价对象的多样性而具有多样性的，它的功能和意义不在于官方给大家一把尺子，让你去量一量学校，而是希望通过评价能够真正促进学生的终身发展。刚刚建立的第三方评价机构不妨拿着第一方或第二方制定的标准去进行评价，但这不是长久之计。

评价机构本身需具备独立的评价标准，而且，这个评价标准还需获得社会的认同，特别是专业同行的认同、上下游的认同，比如SAT要获得高校招生团队的认可才能生存，其出发点也是依据人的天性和孩子的成长规律以及社会对人的各种需求来制定的，评价结果要有利于促进孩子的终身发展。但是，目前国内一些地区，仍旧是由官方制定一套标准，然后委托一个教育评价机构去评价学校；或者由一个"二政府"的机构去做第三方教育评价。这两种都是对第三方教育评价的误解。第三方教育评价要为学生提供依据自己的天性选择个人成长路径的条件，在开展第三方评价工作时，就必须使每一个教育评价机构都有自己的一套体系与标准，而不是根据类似教育大纲的规定来衡量，要做有建设性的教育工作。

建立第三方教育评价行业标准至关重要。建立并逐渐完善第三方教育评价行业标准，一要确立服务标准，立足于服务学生成长发展，推动学校质量管理改革，解决行业服务品质良莠不齐问题；二要逐步建立评价机构的专业标准，提高教育评价机构的专业化程度。

四、第三方教育评价不能停留于理念，要有自己的第三方行为

现在有不少机构的执照上面的业务范围都写有"第三方教育评价"，但没有真正开展过一次业务，有想法，没有行动，这是常见的一种初级状况。还有一种情况，它有行动了，但缺乏实质意义上的"第三方"行动，甚至连发问卷、统计数据、公布结果都需要由政府"代劳"。第三方行动需要第三方有独立行动的能力，在接受委托后就有自己完成评价的行为，因此要设置好各个环节的边界，规划好哪件事做到什么地方就行了，扩大边界要考虑它对评价活动的有效性，尽可能不做无效的扩大，因为扩大行为边界就需要有更大的成本和能力。

第三方行为的立场就是第三方的，以问责者、监督者、检验者的身份去履行自己的职责。角色定位、社会责任、职业操守是判定第三方行为的基本特征，对于教育上出现的各种问题，民间与校方、官方常常说法不一，出现分歧、纠葛乃至冲突，第三方只有站在超脱的立场，以"客观、公正"为最高行为准则，将第三方意识、第三方定位、第三方标准落实到第三方行为上，才能建立自身的信誉根基。

第三方行为不是面对稻草人的空洞行为，要建立评价结果使用机制，充分发挥评价的引导、诊断、改进、激励等功能，行为才会对教育改进有效。

五、第三方教育评价还需第三方自律

第三方教育评价机构在评价别人的时候，各方面也都在对其进行监督。因此，第三方教育评价机构的行为本身需要规范，为此，这次会前我们初步草拟了《第三方教育评价行业规程》，供大家讨论，我们再根据大家的意见做修改，最终让它成为可操作的行为规范供第三方教育评价的同行遵循。

我在各地的调研中感受到，大众对教育改进一直都有一种希冀，就是改善教育评价，评价不是为了证明，而是为了改进。我们的行动就是以改进为动力的，而在现有体制下，从事第三方教育评价出力者未必就获益，甚至还要遭遇各种困难和障碍。充当教育评价第三方是大大的好事，但很难靠行政指令或提倡产生第三方，只能靠那些对此有完整、深刻认识的人和机构自己上路。就目前来看，第三方评价机构做判断性的评价还不具备权威性。判定被评价方好与不好，或者好到什么程度，这个可能有一定难度。但要是换个思路，做诊断性评价，进行"教育体检"，帮助被评价方找出"病理"，帮助其改进，那么第三方评价机构的用户会更多。

立足良性教育生态建立第三方教育评价[①]

储朝晖

来自全国各省市自治区从事教育督导工作的朋友们，大家好！感谢会议举办方给我与大家交流的机会，特别感谢这次会议将"教育管办评分离与督导评价"作为会议主题，使大家有了深度研讨第三方教育评价的机会。

首先，我们看看中国教育的主要问题是什么。比较长时间以来我们注重了数量、规模，在这方面也发展很快，却忽视了质量，因此教育质量的问题较多。在此基础上升级为教育生态问题，正处于生态难以平衡的偏态分布状态，具体表现为：内部不均衡引发择校热；外部质量差引发用脚投票，低龄留学的问题越来越严重。

教育生态问题产生的直接原因，我用个自己创造的概念"人本值"来描述，主因有两个：一是人本值较低且不均等；二是缺少健全的第三方教育评价。这两方面也有相互影响，如果有健全的第三方评价，不同地区和学校教育的人本值差别就不会那么大，低端就不会那么低。由此造成的影响是对中国社会产生较强的抽吸作用，把人力和物力资源从乡村抽到城里，从小城镇抽到大都市，从国内抽到国外，阻碍教育匀质、常态发展，阻碍了教育实现人的幸福。

再进一步追根溯源，教育评价是关键的杠杆。当下教育评价与办学主体都是单一的，在办学上形成千校一面、千人一面，在评价上标准单一，于是：第一，用一个标准评价所有学生，与学生天性多样性相冲突；第二，在行政上追求中央集权，国家对于教育发展大包大揽，管理、评价、资源配置集于一身，完全行政掌控，学校、教师、学生的自主权大大降低，专业的权利空间压缩；第三，个体的多样性与社会对人才需求

[①] 本文为作者2016年6月2日在由国务院教育督导委员会办公室、北京市教育委员会、北京市人民政府教育督导室联合举办的北京2016教育督导与评价研讨会上的讲稿。

的多样性原本是互为需要相互满足的，现在被缺少第三方的单一主体操纵而不能相互满足，办学受单一标准评价和集中权力的影响而走向同质，学生的压力与负担加大。

改善之道在哪里？在价值上，要进一步明确以人为本，培养人中人。人是目的，不是工具。在体制上，要由政府包办转向多元主体，把考试选拔从升降梯转变为立交桥；评价本身由大食堂转变为自助餐，设立多样性的标准后，由学生和评价结果使用方选择何种评价；实化有限责任的多样性办学主体。在评价上，最为关键的是建立真实的第三方评价，让教育评价走向多元与自主。在环境上，需要整体社会法治进步，教育的定位是民生，也是基本民权。

建立健全第三方教育评价是中国教育自身的修身。2015年5月4日，教育部印发《关于深入推进教育管办评分离 促进政府职能转变的若干意见》，对深入推进教育管办评分离、促进政府职能转变提出了具体的要求。数十年来，中国教育恰恰因为以行政权力为中心，严重忽视了学生成长发展的实际需求，导致教育低效，培养不出杰出人才。缺少第三方的教育评价与管理体系本身必然是病态的，不可能办出健全的教育。各级教育当事人要从这个全局作判断，并采取切实可行的措施，积极合作推进第三方教育评价在当地实行起来。

第三方教育评价关键是要有第三方性，并非任意指定一个机构挂上第三方教育评价的牌子就能做第三方教育评价。第三方性的重要体现是自主确定评价标准。唯有标准的多样性才能体现第三方性，不能期望简单换个牌子就解决问题。可以参考一下，美国政府不参与教育评价，英国有政府的教育评价和督导但是与教育行政部门是分立的，法国国家评估教育委员会独立于国民教育部和高等教育机构。这种设置都是为了确保教育评价的第三方性。

发展第三方教育评价并不是就不要第一方和第二方教育评价，它与第一方政府评价、第二方学校评价构成三方评价并行、互补和相互印证而不是相互排斥的关系。第三方教育评价机构与政府和学校没有直接利害关系，它依据自身评价的信誉获得生存和发展的基础。

在座的各位都是政府官员，对新建的第三方教育评价需要包容。新建的机构运行，各种问题都可能出现，健全的第三方教育评价成长需要一个曲折的过程，不可能一开始就很完善。它们需要跨过几道门槛，不要因为有缺陷就把它堵在门外。正确的态度是对其稚嫩和不完善之处予以包容、认可、监督，扶上马，送一程。

为第三方教育评价提供用户就是当下对第三方教育评价最切实的支持，希望政府、学校、学生等多种教育当事方助力第三方教育评价的需求常态发展。

去年底我们组建了第三方教育评估价机构联谊会，我们已经开始行动。

中国第三方教育评价发展的机遇与挑战[①]

储朝晖

第三方教育评价的理念,自20世纪90年代传入中国并开展学理探讨,至今已20多年。对于试图推进第三方教育评价的人们来说,已经比较漫长,而相对于人类历史发展进程而言又只是短短一瞬间。可喜的是,第三方教育评价当下依然在向前推进,并由我们作为当事人设计它的实际操作过程。

20多年来,我们试图通过各种方式改进中国的教育,也有些成效,但总体上不够理想,经过反复分析、筛选、实验,得出的结论是要想优化中国的教育生态,办出更高品质的教育,唯有建立健全的第三方教育评价。建立第三方教育评价也是当下改进中国教育可供选择的有效途径。

一、第三方教育评价发展的机遇

相对于世界多数发达国家第三方教育评价经历一百多年的发展已经成熟而言,中国各行业的第三方评价正处在迅速发展阶段,其中第三方教育评价则处在孕育期,受教育体制与机制制约,教育领域第三方评价在各类第三方评价中相对滞后,可喜的是其在滞后的状态下奋力发展。

1.政策连续且日益明确

最近十年来,政府对于推进第三方教育评价的政策是积极而又连续的,《国家中长期教育改革和发展规划纲要(2010—2020年)》虽然没有使用"第三方"的概念,但是有了这层含义,明确提出:"推进专业评价。鼓励专门机构和社会中介机构对高等学校学科、专业、课程等水平和质量进行评估。建立科学、规范的评估制度。探索与国际高水平教育

[①] 本文来自作者出席在济南举行的第三方教育评价机构联谊会2017年会时的致辞。

评价机构合作，形成中国特色学校评价模式。建立高等学校质量年度报告发布制度。"

2013年《中共中央关于全面深化改革若干重大问题的决定》再次明确："深入推进管办评分离，扩大省级政府教育统筹权和学校办学自主权，完善学校内部治理结构。强化国家教育督导，委托社会组织开展教育评估监测。"

2015年，教育部发出《关于深入推进教育管办评分离 促进政府职能转变的若干意见》，这个意见将现代学校制度和评价制度作为一个整体，明确"推进管办评分离，构建政府、学校、社会之间新型关系，是全面深化教育领域综合改革的重要内容，是全面推进依法治教的必然要求"，"以推进科学、规范的教育评价为突破口，建立健全政府、学校、专业机构和社会组织等多元参与的教育评价体系"。明确了学校自评、政府督导、专业机构和社会组织开展教育评价的三种评价一并发展的架构，具体表述为："大力培育专业教育服务机构，整合教育质量监测评估机构，完善监测评估体系，定期发布监测评估报告。扩大行业协会、专业学会、基金会等各类社会组织参与教育评价。制定专业机构和社会组织参与教育评价的资质认证标准。引入市场机制，将委托专业机构和社会组织开展教育评价纳入政府购买服务范围，按照公开、公平、公正原则，建立健全招投标制度和绩效管理制度，保证教育评价服务的质量和效益。重视扩大科技、文化等部门和新闻媒体对教育评价的参与。重视学生会等学生组织在教育评价中的作用。鼓励有条件的地区和学校积极参与国际组织实施的教育质量评估项目。"这些表述已经十分明确具体。

2015年修订通过的《中华人民共和国高等教育法》新增添了"教育行政部门负责组织专家或者委托第三方专业机构对高等学校的办学水平、效益和教育质量进行评估，评估结果应当向社会公开"的条文，说明发展第三方评价已经成为高等教育界的共识，也有了法律依据。

2017年9月24日，中共中央办公厅、国务院办公厅印发的《关于深化教育体制机制改革的意见》中重申"建立健全教育评价制度，建立贯通大中小幼的教育质量监测评估制度，建立标准健全、目标分层、多级评价、多元参与、学段完整的教育质量监测评估体系"，进一步明确强调"健全第三方评价机制，增强评价的专业性、独立性和客观性"。

政策越来越明确，显示出这是中国教育体制健全发展的必然选择，在中共十九大后的教育发展中，进一步促进第三方教育评价发展也是必然趋势。

2.社会需求正在增长

社会对第三方教育评价的需求，在于第三方的相对独立性、客观公正性、专业性，这种需求自古就存在。第三方评价能否转变为教育发展现实的需求，在很大程度上与是否建立了相对成熟、专业的第三方教育评价技术模式相关，这种技术模式在国际上已经有了，与中国社会体制相切合的模式也正在摸索。中国对第三方教育评价需求的现实性和迫切性已经客观存在，如中国人民大学恢复自主招生邀请第三方监督，高校信息公开情况也请第三方评价，甚至有人倡议建立第三方处理机制遏制学术造假。由第三方研制争议较多的大学排行榜在社会上的呼声逐渐增强，校长职级评定、学校办学资质评定等都产生了第三方评价的需求。并且在这个过程中需求会随着使用的有效性而逐渐增长。

当然，第三方教育评价的需求是立体多样的存在，包括对学生的评价、对学校的评价、对政府教育工作的评价，也包括对从早期教育到高等教育、成人教育等不同学段教育的评价，对教育的管理、教学、校园安全等不同方面的评价，也可以是对特定学科、特定能力、特定环节的评价。上述这些方面的需求都在生成或发展过程中，又是不平衡的，生长的多少和快慢与教育自身对客观公正性的需求程度相关，与评价结果的使用广泛程度相关，也与相应领域的评价技术成熟程度相关，需要第三方教育评价机构根据实际选择自己能够满足的需求作为发展机会。

3.第三方教育评价机构出现并开展评价业务

人们一般将国内民间的大学排名机构产生当作中国第三方教育评价机构的开始。1998年后，上海教育评估事务所、云南高教评估事务所、江苏教育评估院等政府主办的省级评估机构建立，2004年教育部成立高等教育评估中心，这些机构主要进行的是第一方评价或第二方评价，偶尔也开展一些带有第三方评价性质的工作。

事实上，从2010年起，北京等地就开始委托第三方的财务公司邀请包括教育、管理、财务等方面的专家在内的专业人士对教育经费使用进行事前、事中、事后评估，并在全国多地推广，这类评估的主体虽是财政经费，却与教育直接相关。麦可思公司进行的大学生就业调查、多家公司进行的大学排名也在一定程度上具有第三方教育评价性质，也有一些学校或政府委托第三方进行评价、撰写质量评价报告。由此看来，中国真实运行的第三方教育评价也就是近十年的事。

近十年来，在工商登记注册中包含教育评价业务的公司不断增多，总数达到万计，但大多数都未实际开展过评价业务。也有一些开展过实际评价业务的公司因市场不足等原因速生速灭。通过这次年会前的摸底调查，中国大陆真正实际开展过第三方教育评价的机构也就几十家，参加我们第三方评价机构联谊会的新老成员共33家，可以说目前国内开展教育评价业务的多数机构均已加入第三方教育评价机构联谊会。这33家当中开展教育评价业务的多少、深浅都有较大的差别。2015年第三方教育评价机构联谊会组建，本身就是中国第三方教育评价事业发展的重要事件，标志着中国第三方教育评价从单个机构打拼走向联合发展的新阶段。

二、第三方教育评价当前面临的挑战与风险

对于第三方的界定已有众多讨论，有人将它分为利益第三方和独立第三方。在实践中，当下中国教育评价的第三方比较多的还只是利益第三方，因为它们的评价标准往往是由第一方或第二方确定，第三方仅仅是拿着第一方或第二方的尺子去量一下施测对象，报告所量得的结果。从操作层面定义独立第三方，主要看它是否真正制定并使用自己的标准去进行评价。在中国当下第三方教育评价的发展仍面临不少挑战和风险，这需要从事第三方教育评价的机构不断深化认识。

1. 发展第三方教育评价面临的挑战

第一个挑战：你是第三方吗？政府提倡发展第三方专业评价近十年来，正是第三方的缺位使得第三方教育评价发展迟缓。如果没有真正意义上的第三方，无论政府发多少文件、出多少政策，都无法使第三方教育评价真正发展起来。

有人认为官方评估机构到它不具有行政隶属关系的地方实施评价就可以算第三方；有人认为半官方的协会、评估中心也可以算第三方；也

有人认为与政府没有关联的纯粹个人、组织，能满足公众对第三方需求市场的才算第三方。但这些都仅是从形式上进行区别。

从实质上说，只有具有了第三方意识才能算真正的第三方。第三方意识是从中立客观的立场看问题的意识，它在一定程度上是第一方和第二方的挑战者、追问者，甚至批评者，是实施第三方评价的必要条件。这种意识有了教育的专业基础，才能构成教育的第三方专业评价。值得注意的是，只有第三方教育评价机构具有第三方意识，还不能有效开展第三方教育评价活动，只有第一方和第二方当事人也具有了健全的第三方意识，产生了足够的第三方用户，第三方教育评价才能正常开展起来。受文化、体制及多重因素的影响，中国人形成健全的第三方意识还需要经历漫长的过程，还可能出现反复，这是对我们开展第三方评价的长期且具有韧性的挑战。

第二个挑战：第三方评价的市场有多大？这是不少第三方评价机构高度关注而又心中没有底的。准确地说，第三方教育评价的市场已经有了，但不像一些人想象的那么大，甚至在一定的程度上还需要利用非市场的因素辅助才能找到用户。第三方评价机构用户多少，又与各个机构的信誉与专业水平直接相关，这意味着现实的第三方教育评价市场不是天上掉馅饼，而是需要各个机构充分利用自己的技术等各方面资源去打拼拓展。

最终的结果必然是有市场的第三方教育评价机构得以生存，无市场的则会被淘汰。这样的结果很严酷，警醒每个涉足第三方教育评价的机构一开始就做好自己的定位，准确了解第三方评价的社会需求，依据自己的专业特长和资源优势确定自己的评价领域、专业与技术发展路径和长期的发展规划，做好迎接市场挑战的充分准备。

第三个挑战：专业水平能否快速有效提升？第三方评价机构的真正价值和独特的支撑在于专业化，在于用专业化的方式对数据进行分析，使得评价不再是差不多、走过场。

在中国现有的环境下，短期内"关系"似乎是决定第三方教育评价机构生存最为关键的因素。为满足政府信息公开需求，半官方评估机构的生存土壤和适应性更强，但这种状态仅能维持一段时间，由于不能完全保证立场中立，依然会产生"既当裁判员又当运动员，很难保证评价的客观公正"的现象。这个过程的时间长短,当然由多种因素决定,总归是有限的。长远地看,一个机构的专业技术水平是决定它能否生存下去最为关键性的因素,这样表达并不排除第三方评价还有其他决定其存亡的因素。

当今正是以信息技术为主的多种技术飞速发展时期,教育本身就是极其专业的工作,对教育的测评理论和技术自然复杂,可操作的技术也快速发展,尽管第三方教育评价机构可以引进借鉴一些国际成熟的专业技术,但是借鉴使用也得有消化能力,需要用户适应。因此,能否应对专业技术的快速发展的挑战,就成为第三方教育评价机构命运的长远决定因素。

2. 发展第三方教育评价需要防范的风险

在中国有些迟到的第三方教育评价成长发展的环境不算良好,自产生之日起就遭遇了"先天不足",在发展中依然会存在众多风险。

第一个是信誉风险。第三方遇到的困难主要在于观念,中国人的社会心理普遍不相信一切带有商业色彩的东西,于是政府、公众对于第三方公信力的怀疑根深蒂固。即便有政府的管办评分离政策提倡,是否信任和接受第三方专业化的市场服务,在社会民众和一些政府官员心中依然还是问题。

第三方信誉度的累积需要长期的诚实精细工作,信誉的累积需要经历一个过程,并不能要求第三方一开始就是完善的。一方面我们期望社会给第三方时间、空间加以改进,不能采取"一错即否"的态度;另一方面第三方也要有高度的责任感和警惕性,意识到任何一个第三方教育评价机构长时间积累的信誉都可能在一瞬间毁于一个小小的疏漏。所以,第三方教育评价机构要把信誉当成自己的命根子,采取足够牢靠的措施构筑控制和防范信誉风险体系。

对信誉最大的杀伤是造假或使用粉饰的数据统计,尤其要防范在利益驱动下的造假。这种现象在过去的大学评估和义务教育均衡评估中都大量出现并为世人诟病。第三方教育评价机构以什么样的态度、有多大能力解决作假问题,成为其信誉有无和多少的关键,也会成为市场发展的重要影响因素。

第二个是测评技术风险。任何技术都不是不会发生问题的,SAT的测试可谓技术成熟，可它还是经不起中国培训机构和考生的攻势，不得不因中国考生的明显答卷雷同而宣布成绩无效。对学校办学水平、效益和质量的评估，在世界各国都是很大的理论和技术难题，原因在于教育质量的评价很难被完全量化，质性评价又不具备可比性。因此，减少技术风险，一方面要在探索新技术上走在同行的前列，在使用评测技术上尽可能走在中间，使用成熟的技术，同时要注意使用的细节，做充分的分析和检验；另一方面要将工具测评和专业化评估与足够量的实地调查结合起来，尽可能防止因信息不足不全而导致失真。

第三个是资金链断裂风险。新建立的不少第三方教育评价机构是以其他资金积累作为基础创办评价机构的，有些可能还在比较长的时期内保持多种业务并行，仅仅依靠教育评价的业务难以保证机构的持续运行，而且在聘用新人员、开发新技术的时候都需要新的资金投入。第三方教育评价实现投入与回报平衡，短期内有较大的难度，所以需要理性投入，做好切合实际的规划，善于经营，适当利用其他业务补充资金。

只有赢得上述挑战，并有效防控了上述风险的第三方教育评价机构，才会有未来。

三、第三方教育评价机构联谊会未来的发展方向

依据国际上一些具有原创性的第三方教育评价经历了40年到60年的时间才走向成熟的历史考察，中国作为后发展的第三方教育评价国家，创立有公信力的评价机构也要花很长时间。中国整体的第三方教育评价成熟最短需要10年，如设想得长一点估计需要30年。

全国第三方教育评价机构联谊会建立的目标，就是以联合促发展，通过改善中国教育的评价机制，形成良性生态，把教育办得更好。

具体而言，就是将民间形式不同、关注点各异、相对弱小分散、信誉不高、各自为战的带有教育评价功能的机构联合起来，建立起各机构联络、交流学习、共同提升的平台。并在此基础上争取社会认同，拓展政策空间和发展机会，提高专业水平和能力，提升第三方评价的信誉。

第三方教育评价机构联谊会成立后，曾形成并发布《第三方教育评价共识》，明确中国第三方教育评价专业机构的发展处于起步阶段，建立并健全第三方教育评价是建立良性教育生态，提高教育质量的迫切需要。

第三方教育评价机构联谊会的使命，就是在这个过程中发挥专业的联合促进作用。对联谊会未来的工作目标和发展方向做出如下设想。

1. 拓展整体空间

第三方教育评价需要政府、学校、第三方以及社会的不断互动与积累，已经开展活动的第三方评价机构也深感中国在第三方评价制度、体制、机制方面缺少最基本的安排，成为面临的重要障碍。联谊会将通过政策、媒体、举办活动等多个渠道创造互动机会，破解体制机制难题，拓展第三方教育评价的整体空间。

政府无疑在第三方评价的发展上起到至关重要的作用。要推动政府强化第三方购买服务，有计划地列出需要纳入第三方评价的清单，通过招投标或议标的方式选择第三方教育评价机构，不能朝三暮四，今天给第三方一个项目，明天又不让做，后天又让第三方做另一项目，这样很难维持专业的连续存在。还要设法促使政府在基础教育评价项目、高等教育评价项目上对第三方评价机构一碗水端平，加快有政府或事业单位背景的评价机构改革，让它们参与公开投标而非当然地获得拨款或补贴，以培育更多自食其力的真正第三方。

联谊会将设法提高对第三方教育评价结果的使用和认识水平。引导社会、学校、教师、家长、人力资源部门熟悉并使用第三方教育评价结果，鼓励教育当事人依据实际需要使用第三方教育评价结果作为自己成长发展的参考依据，充分发挥评价的引导、诊断、改进、激励等功能。促进政府、学校或人力资源部门建立第三方教育评价结果使用机制，探索教育评价的政府、学校或个人的认可与采购模式，提升用户对第三方教育评价机构的认可度。打通政府对独立第三方评价机构的政府采购服务项目渠道，并给予政策、行业和环境的支持。

2. 协助第三方教育评价机构提升专业水平

联谊会短期内将协助各会员机构建立专业团队，普及专业常识，开展专业交流。现在已经开展的会员单位资质评定，既是邀请全国教育评价专业领域国内公认的专家对各会员单位进行专业授信，也是进行有针对性的专业指导。

长远的计划是建立第三方教育评价行业标准，包括确立服务标准，解决行业服务品质良莠不齐问题，逐步建立评价机构的专业标准，提高教育评价机构专业化程度，促进该行业整体专业水平提升。

《中华人民共和国标准化法》2017年修订版11月在人大通过，其中一个亮点就是鼓励团体标准的制定与发布。规范的第三方评价可以做一套标准体系，可联合几家单位一起起草和发布，在行业内起到树立标杆、提高威望、带领其他机构跟进规范化的目的。从信用评价标准化经验和第三方教育评价需求来看，有以下几个方面适合做成标准：

等级划分规则。例如：信用标准规定信用A级代表信用良好，失信风险较小；AAA级表示信用极佳，一段时间内几乎没有失信可能。教育评价机构联谊会已经启动会员资质评定，未来从长远考虑将在对会员机构进行评定的基础上做一个类似的规定，让不同的称号、等级所代表的水平成为标准，成为行业内通用的共识。

评价程序规范。目的是规范评价过程，使评价结果可信。成立专家委员会、评价执行小组，按照标准进行评价、评价结果的沟通与异议处理、评价结果的公开等活动。已经反复修订的《评价实施专业规范》在朝这方面努力。

评价指标。相当于评价模型。科学的评价指标、权重、打分规则，是保证评价结果尽可能贴近被评价对象实际状况的核心。标准可以针对被评价对象的分类，规定部分相同、部分不同的评价指标，把非本机构机密的可公开的指标及其打分规则写进一级、二级、三级指标，形成一个完整的指标体系。

以上3个方面是评价系列标准的主要组成部分，联谊会适时制定团体标准，并根据实施反馈的信息和需要在应用中及时修订。

各会员单位需要积极合作，及时有效利用联谊会创造的机会提升自己的专业水平，尽可能实现技术专业化、方案个性化、服务人性化、操作简便化，为个性化的成长发展提供高品质的评价服务。

3.完善行业治理与内部治理

行业治理是第三方评价机构的同行环境，内部治理是第三方评价机构的内部运行规则以及面对市场的应对策略，这两个方面又有相关性，是个别的评价机构无法解决的问题。联谊会一建立就遇到这方面的问题，先后制定并反复修改了《全国第三方教育评价机构联谊会公约》和《全国第三方教育评价机构联谊会教育评价实施专业规范》，并要求每个入会的机构在认同本会《章程》的同时签署这两个文本，这是目前我们所采取的行业治理与内部治理措施，希望各成员签了字就要严格实施，因为这既关乎中国整个第三方教育评价的发展是否顺利健全，也与每个机构的发展前景直接相关。

需要强调的是，联谊会的治理不是刚性的，需要各个会员机构自觉参与并遵照执行，它只是第三方教育评价机构的独立性、专业性缺失或受到威胁时的一根救命稻草，大家都自觉维护它，其力量就十分强大；如不维护它，在关键的时候就救不了你的命。所以，希望各会员机构像维护自己生命那样，确保上述两个文本的权威性。这不仅是为了保住第三方教育评价整体发展的信誉，也为了保护各个会员机构。各个机构都必须做到，若发现确有实据的违反者，只能请出。

这次会议我们提出实现"更大的联合、更大的机遇"的目标，全国第三方教育评价机构联谊会希望促进第三方教育评价机构多元多样态发展。专业性、客观性、自身的评估伦理会是第三方安身立命的根基。

再次强调我们的信念：建立更多专业水平高、服务质量好的第三方教育评价机构，完善中国教育评价体系，形成良性教育生态，中国教育才能办得更好。

第三方教育评价对教育质量提升的价值[①]

储朝晖

各位朋友上午好！这次论坛我们选址武汉与选择"发展第三方教育评价，促进教育质量提升"作为论坛的主题是有直接相关性的。今天有几个区使用过第三方教育评价的教育局的领导到会，会上也安排了他们的报告，他们切身体验到第三方教育评价对教育质量提升的效用。我从理论上分析一下它们之间的内在关联。

中国教育质量提升的关键制约在哪里？有三个因素交织相互影响：在教学上，内容、模式单一，与学生成长发展需要相差较大；在管理上，主要采用的是外延式管理，不太关注内涵发展，专业性过低，灵活性不高；在评价上，评价主体单一，评价权力过度集中，评价标准过于单一，与学生天性的多样性难以相符。管理影响评价，评价影响教学，教学影响学生，不愿受此影响的学生和家长就只能选择用脚投票了，未能形成反馈修正机制，也就难以改进。

集中单一评价导致教育质量"空心化"。这个过程比较复杂，在此只能简要表述。集中评价权必然导致评价标准单一，单一的评价就必然与不同个体的多样性难以相符，就不能依据天性为是、因材施教的原则满足学生多样性、个性化发展需要，于是标准单一的考试分数就成为评价教育教学质量高低的唯一依据。长期如此就必然导致应试绑架甚至摧残学生成长。表面上看学生考试分数提高了，似乎教育质量很高，但它与考生的良好职业生涯以及生活幸福相关度低，实质上学生未能健全成长发展。管理与评价权力过于集中导致教育评价模式与标准过于单一，催生"提分"培训快速增长，分高并不意味着质量提升，只能说明教育质量"空心化"。

[①] 本文为作者2018年11月24日出席在武汉江城大酒店召开的第三方教育评价机构联谊会2018年会暨第三方教育评价高峰论坛时的讲稿。

在宏观上，单一评价导致中国教育生态恶化。目前中国教育整体上处于生态难以平衡的偏态分布状态。典型表现为：内部不均衡，引发择校热；外部与教育发达国家存在明显的质量差，引发家长与学生用脚投票。由此产生更广大的影响是对中国社会产生较强的抽吸作用，将人、才、物等各种资源从乡村吸到城镇，从城镇吸到大都市，从西北吸到东南，从各城市吸到海外，在教育上阻碍教育匀质、常态发展，对社会则阻碍了教育实现人的幸福。

在面上看，教育质量不是孤立的存在，某个人或某个学校不可能不受所处环境影响，未能建立良性教育生态就不可能整体提高教育质量。唯有多元评价才能建立起良性教育生态，由此推断没有第三方教育评价在其中发挥作用的多元评价的教育区域就不可能出现真正的教育高质量。

评价集中单一还会产生其他的效应，这里列举几种：评价单一的教育事实上只能依照一个模板产生人的复制品，复制的好坏又以单一标准的知识学习去衡量，于是催生对学生"提分"需求，违背以人为本的教育原则。评价单一就不可能有真正的特色学校，各校都没有自己独特的教学内容，用趋同的内容，相同的方式，紧紧围绕提分，易于简单快速复制，单一产品"市场"广阔，结果必然是千校一面。在这种状况下，师生压力不断加大，对师生的伤害也不断加大，最终没有或很难有健全的人，何谈教育质量？

面对这种状况，从评价的层面需要做三种根本改进：

根本改进之一是由权力过度集中走向适度分权评价。这就需要政府放权，将专业权力从行政权力中分离出来，建立多元自主评价体系。因为标准单一源于评价权力集中，评价权力过度集中就必然导致评价体系、标准过度单一。分权评价才能建立适应学生天性多样性的评价体系。分权评价的关键是多主体参与，横向要建立第一方、第二方、第三方并存并能正常发挥作用的评价体系，各自发挥各自的独特作用，整体上推进教育质量提升。

根本改进之二是实行分级专业评价。能够对学生进行评价的人很多，有专业的和非专业的，专业的人中直接任教的教师应有一定的评价权力，并可以根据评价结果和状态对不同学生进行不同教学，这就是说了几千年的因材施教，多数国家教师写推荐信可以作为对学生的评价依据也源于此。学校也应对该校的学生有一定的评价权,特别是对学生在该校学习过程呈现客观真实的记录,可以依据自己对教育的独特理解和自身条件办出有特色的学校。招收学生的更高一级学校,中招时的高中和高招时的大学可根据自己对学生的能力与专业要求招生,各级评价之间可以相互参考、相互验证、相互监督,整体上就能建立多元、自主、开放、透明的教育评价体系。当下的问题是把评价全都寄托在高考一级上,直接教学的教师没有一点评价权,中小学也是如此,只有少数高校招生的时候参考中学对学生的评价。

根本改进之三是建立多元评价基础上学生自主选择评价。建立多元自主的评价体系后,学生根据自己的天性、优势潜能、职业生涯规划、发展目标确定选择哪种和哪级评价,自主选择评价类型与标准。这样才能真正实现评价为学生成长发展服务,是服务器而不是压制器和指挥棒,才有可能在现代教育评价理念下让评价回归本位。

教师评价、学校评价、第三方专业评价分级分类发挥各自评价功能,从根本上保障学生自主成长。

建立健全第三方教育评价是中国教育管理与评价体系自身的完善过程。2015年5月4日,教育部印发《关于深入推进教育管办评分离 促进政府职能转变的若干意见》,对深入推进教育管办评分离、促进政府职能转变提出了具体的要求,说明政府机构认识到这个问题并试图采取措施解决问题,但是它是数十年积累的问题,解决起来可能会有反复。现在大家多少看到一些反复的迹象,教育上恰恰因为以行政权力为中心出现的问题,不可能靠继续强化行政权力得到解决,而需要的恰恰是第三方。若无视这一基本逻辑,严重忽视学生成长发展的实际需求,导致教育低效,培养不出杰出人才的问题只会变得更加严重。

健全的有机体内有抗体发挥自身的免疫功能,缺少第三方的教育评价与管理体系本身必然是病态的,不可能办出健全的教育。政府及各级教育当事人要从这个全局作判断,并采取切实可行的措施,积极合作推进第三方教育评价在当地实行起来。

中国简政放权经过多轮反复,管理权还在继续扩张,第三方评价可治愈管理权过度病。第三方教育评价可以作为第一方、第二方的参考与决策依据,也是对过度行使的行政权力的制衡与监督。中共十九大将发展不平衡、不充分列为主要矛盾，教育不平衡、不充分缘于学校隶属于有层级的单一主体，办学与评价从单一主体转向多主体协调有序是实现平衡与充分的必要前提。如今人们需求已由有学上转为上好学，就是由单一需求向多样性需求的转化过程，单靠行政权力能够办学，但不能够办成多样性，不能办好学。在这一转化过程中，第三方教育评价是提升质量的必要前提与见证。

第三方教育评价是多元自主评价体系的一部分，多元就是有多个评价主体、多个标准，按照人的天性确立标准；自主就是在多样的标准中，由被评价者和评价结果使用方自主选择适合自己潜能和天性以及对自己有效的评价标准，让被评价者自己的优势潜能充分发展、发挥，让评价结果使用方能够准确选定对象。只有微观上实现了这样的目标，宏观上人力资源强国才能建成。

这样的体系靠政府垄断是建不起来的，靠计划模式是建不起来的，单靠第三方也建不起来，要靠专业的团队，多方协商，是多方协商的结果。发展第三方教育评价并不是不要第一方和第二方教育评价，它与第一方、第二方并行、互补、验证和相互印证，而不是相互排斥的关系。第三方教育评价机构与政府和学校没有直接利害关系，它依据自身评价的信誉获得生存和发展的基础。

第三方教育评价对保障教育质量的独特作用，在于它的独立性、客观性、公正性、中介性、规范性。它比第一方与第二方教育评价更具有刚性，要让教育评价更具刚性，教育质量更具包容性和可信度，就必须发展第三方教育评价。第三方教育评价所持的第三方立场，能从局外看教育、评价教育，能有效避免评价的盲区。第三方教育评价可以自主确立标准，用独立性、多样性的标准评价教育，评价标准确定可以更为人性化。第三方教育评价的评价过程具有博弈特征，可以在多个办学与评价主体间起到互促提高的作用。

综上可见，中国教育质量提升的关键制约因素有教学、管理和评价，而在评价中，集中单一评价导致教育质量"空心化"和教育生态的恶化。可以通过分权评价、分级专业评价、学生自主选择等方法改进这种状态。建立健全第三方教育评价，借助第三方的独立性、客观性、公正性、中介性、规范性，让评价更具刚性，能够发挥在教育质量提升上的独特作用。

第三方教育评价要通过专业服务提升竞争力[①]

储朝晖

各位朋友,感谢各位来到合肥。我们的论坛从去年的武汉到今年的合肥,显示出长江一带在发展第三方教育评价方面有相对好的基础,安徽至少有4家机构实际开展了第三方教育评价业务。这次论坛考虑到当下第三方教育评价发展的现实状况,将主题确定为"如何提升第三方教育评价竞争力",希望能切合各家机构发展的实际,有助于你们理清思路,明确方向。

怎么提升竞争力?对此,各家机构会有自己的实际经验,我认为有共性的是,通过自身更加专业的服务提升竞争力。

我从近来减负举措遇到的问题说起。自去年以来各级各地政府将减负作为一项重要工作,教育部发了文,各省也跟着发文,但各省发文的时候引发社会热议,浙江的减负《征求意见稿》引发争议,江苏的减负举措有人与文《南京家长已疯》,转发量很大。有人甚至认为"减负=制造学渣"。

这里需要明确的是,依据当下中国中小学生学业负担的状况,减负是个真问题,否则学生身心俱垮。那为什么政府采取措施减负又得不到家长、学校和学生的理解与配合呢?因为单一集中的评价没有改,家长和学生都不放心;在这种情况下,行政部门采取的减负措施,就好比在一群拥挤着跳龙门的鲤鱼中从后面拉下几条,而不是改进龙门的机制。发的文件中有众多的不许、严禁、整治,能否真的解决问题?我的判断是不可能。

[①] 本文为作者2019年11月24日出席在合肥举行的第三方教育评价机构联谊会2019年会暨第三方教育评价高峰论坛时的讲稿。

这种状况，意味着2014年9月4日国务院发布的《关于深化考试招生制度改革的实施意见》的局限，证实了社会对第三方评价的内在需求，任何机构或部门想绕都绕不过去。

进一步分析第三方教育评价外部环境与内在驱动不难发现，2016年下半年后，宏观政策上政府有进一步集中评价权的取向；客观事实不断证实集中所产生的问题越来越严重，更加需要第三方教育评价，减负、治理培训机构仅是这些深层矛盾的外显。政府集中评价权力加剧了一些问题的严重程度的背景，事实上给了第三方教育评价更大的机会和内驱力，以什么样的面目和态势出现，在更大程度上决定着第三方教育评价自身的发展状况。

在去年的论坛上，我讲了面对这种状况，从评价的层面需要做三种根本改进：一是由权力过度集中走向适度分权评价；二是实行分级专业评价；三是建立多元评价基础上学生自主选择评价。总目标是建立多元、自主、开放、透明的教育评价体系。这样的体系会不会自动建起来？不可能，单靠政府都不可能建成，所以，我们要以把教育办得更好，使更多孩子能够健全发展为目标，以"吾将上下而求索"的精神去追求。

而当下，自上而下推进第三方教育评价的力量确实在减弱。近年来，政府在非教育领域的第三方评价明显放宽引入，扩大了机会。教育领域则有更加集中权力的倾向，教育的第三方评价受多重因素影响有所压缩。但是应该看到，政府管理体制或某一时点的政策文本不是决定第三方教育评价发展的全部因素，学生学业负担过重等失序现象才是第三方评价发展的真正机会。第三方教育评价是建构良性教育生态的必要构件，要相信平衡机制和自然生态力量一直发挥作用，它们发挥作用就能为第三方教育评价发展提供机遇和条件。

正因如此，自下而上的第三方教育评价需求在增长。管理体制和政策都具有人为性，需求是客观存在的，政府的政策只能限制社会机构的评价行为，不能改变第三方教育评价的需求。第三方教育评价需求客观上是由民众对教育提升质量和对教育需求多样性决定的，更深层的力量源于对未来美好生活的向往和子女健全发展的期盼，在这个发展趋势不变的情况下，第三方教育评价就会草根般生长起来。

今天的会正好在"大包干"发源地的省会召开，第三方教育评价在中国发展的现实路径更大的可能是"大包干"模式，自下而上的持久变革，勇敢的人们先干起来才能获得合法性。自上而下发展的可能性小得多。

怎么发展呢？专业的服务是第三方教育评价的推进器。从我对中国近两百年的历史研究看，中国开放的大势决定着第三方教育评价发展的大势不可逆转。经得起检验的专业力量，通过不断证实自身的存在有利于人的成长发展，有利于减轻学业负担，有利于家庭决策，有利于学校发展，有利于通过教育追求人的健全和生活幸福，才能逐渐推进第三方教育评价向前发展，从政府权力范围内磨蚀过度集中的教育评价权。行政权力和专业权力是两种不同性质、不同特征的力量之间的互动，尤其不能简单认为政府管得多管得严第三方教育评价就没有空间，而是要发挥自己性质与特征之长在更高位、更专业的领域运用新技术寻找自己的发展空间。既不能长久希望通过行政权力的庇护、灰色获得发展，也不能针锋相对，而是要协商、合作，与行政权力分享，各扬所长。

第三方教育评价的关键竞争能力是什么？在专业领域的范围内，在于选取符合人的多样性成长发展的评价理念，在于将新的评价理论和技术应用于有需求的领域，在于对教育评价需求的增长有专业、敏锐的识别能力，并通过专业团队给予到位服务以满足需求。宏观上，第三方教育评价相对于行政权力的竞争力，体现在它对提升教育品质、建立良性教育生态发挥明显的作用。第三方教育评价机构专业、良好、有效的服务与需求方面双向互动，就会形成更加紧密的关系，就会互为需要，是外力难以攻破的。

所以，能不能在专业领域站得住、扎下根，是第三方教育评价机构竞争力强不强、稳不稳、持久不持久、能否快速提升的关键所在。

在此我再次明确，改进社将不懈推进自下而上的第三方教育评价作为长期稳定的工作内容，推进第三方教育评价是改进社的主要工作目标，是改进社改进教育的主要方式和工作重点。改进社根据当下的形势，选择主要以自下而上方式，更加注重促进每个机构会员做好自己的市场和业务，做实专业和经营，以各种可能的方式推进工作。若有适当时机也会在自上而下的方向发力。第三方教育评价机构联谊会开放接纳新会员，不追求多，要追求好，想方设法为各机构的专业提升提供帮助。改进社依然做第三方教育评价机构联谊会的主心骨,把工作做得更专业、更扎实、更精细、更有效。

希望各会员单位都能有信心、坚守责任,在困难面前坚持住,通过专业的服务为实现中国教育改革和发展,以及促进教育的公平和教育质量的提高做出力所能及的贡献,历史将会如实记下我们的努力。

从政府需求看第三方教育评价的前景、方向和策略[①]

刘文杰

摘要：随着教育治理体系和治理能力现代化命题的提出，政府管教育、学校办教育、社会评教育的"管办评分离"制度日益得到重视，处于体制外的第三方评价是这一制度的重要一环。第三方教育评价对于政府教育行政部门的工作推进具有重要意义和价值，它是政府转变职能，建设服务型政府的重要突破口，是评估、监测教育工作结果，完善教育政策和制度，提高教育工作绩效的重要路径。作为对体制内评价的重要补充，它具有公开透明、客观专业等特点。第三方教育评价机构应坚持独立性、专业性、权威性的发展方向，要以主动作为发展策略。

关键词：第三方评价；第三方评价机构；政府需求

教育评价是教育现代治理体系中的重要组成部分。关于教育评价的主体，一般认为大致分为三类：一类是政府的教育督导部门，它代表政府并对政府负责，在特定行政层级开展督政、督学和质量监测；第二类是教育评估院，一般都是教育行政部门直属的、专门从事教育评价的专业机构；第三类是社会化的第三方教育评价机构，因此第三方评价也称为社会评价，通常是由专家学者、社会组织、中介组织等根据自身的评价指标体系，按照一定的程序对教育行为进行评价。

[①] 作者为上海市浦东教育发展研究院副院长，本文为作者在2017年第三方教育评价论坛上的讲稿基础上整理而来。

一、第三方教育评价对于政府教育行政工作的意义和价值

第三方评价机制被现代社会广泛运用于经济和社会各个领域，教育领域也不例外。第三方教育评价的意义和价值在于改进教育行为，提高管理绩效，更好地加强事中事后监管，从而赢得受教育方和社会的信任。现代社会，如果教育行为的实施主体自己对自己的教育行为进行评价，其客观性和公正性会令人怀疑，其可信度和公众认同度也会大打折扣。反之，由第三方评价机构，尤其是专业性、独立性、权威性强的第三方评价机构来做出评价的话，其可信度和有效程度就会大大增强。第三方教育评价机构就是要在政府委托评估的大蛋糕中争取一定份额，把不适合教育督导部门和教育评估院的评价阵地拿下来，守得住，站得稳！

通常第一方与第二方两类教育评价主体是与政府教育行政部门关系极为密切的，从某种意义上甚至可以说就是政府本身，是体制内的教育评价力量。评价结果只在教育系统内部运用的一些评价行为是可以通过这两类机构来进行的。如果评价结果是在全社会运用，或者说评价结果是用来影响社会各界和广大家长对教育的判断的话，那么与政府教育行政部门密不可分的、具有体制内属性的这两类机构进行的评价行为结论则很难令人信服，很难不令人联想到这是在"自己评价自己"，或者是"自己表扬自己"。因此，在这种情况下，社会化的第三方教育评价机构的第三方的角色定位正是其存在的价值所在。

简言之，第三方教育评价可以为政府的教育行政提供更加独立、客观、可信的决策依据，也能更客观真实地检验政府政策执行的实际效果，作为新的决策予执行的校正依据。

二、实施第三方评价是政府教育行政部门的必然选择

要想在教育领域广泛而有力地推动第三方教育评价，政府的作为至关重要，因为政府是实施教育的最大、最重要的主体。当今世界，无论国内还是国外，教育尤其是义务教育都是由政府教育行政部门来实施是不争的事实。如果作为实施教育的最大主体的政府教育行政部门，不能主动将教育的评价权交给第三方评价机构，那么第三方评价是很难广泛

开展并发挥出积极作用的。反之，如果政府教育行政部门充分意识到现代社会发展的趋势，为了评价的公开公正、客观真实、科学信服，为了从受教育者那里获得信任和支持，必然需要主动将评价权交给第三方评价机构，这是社会发展和进步的必然，也是政府实现教育治理现代化的要求。而一旦政府教育行政部门这个最大、最重要的实施主体向社会释放需求，表明诚意，那么第三方教育评价的需求量将是无比巨大和旺盛的。

而政府为什么会有第三方教育评价的诉求呢？原因有两个方面。

1. 政府对公开透明、客观公正的评价的需求

在社会治理体系和治理能力日益走向现代化的背景下，政府的管理也要走向现代化。从评价角度来看，借助第三方客观、公正、科学的评价是促使政府实现自我革新、自主发展的重要推动力。把部分评价权让渡给社会，借用社会的评价来发现"另一个自己"，发现"更真实的自己"，并据此改进和完善自己，是政府加强自身建设，实现教育治理现代化的重要路径。合理分权是现代政府的一个重要特征，是提高政府工作效率的一个重要手段。转变政府职能，建设服务型政府需要政府做出民主、科学决策，而这些决策越来越需要科学依据。

第三方评价一方面能够为政府提供科学决策的依据，另一方面又能实现政府的合理放权，是促进政府向服务型政府转变的重要依据。第三方评价作为一种必要而有效的外部制衡机制，弥补了传统政府自我评价的不足，对推进服务型政府建设发挥了不可替代的作用。

近十几年来，上海市浦东新区等不少地方政府积极探索教育管办评分离，这一制度设计和安排正是体现出地方在改革方面的主动作为。厘清政府、学校、社会三方职能边界，把应该让渡给学校和社会的职能划转出去，既能激活各方办教育的动力和活力，又能强化政府责任，这就是"有限政府"的要义。因此，政府是推动管办评分离改革的关键主体和核心力量，没有政府放权就没有管办评分离的实现。政府对公开透明、客观公正的评价的需求是政府在教育评价领域主动作为的体现，值得肯定和推广。

2. 政府应对管理日益专业化和复杂性的需求

现代社会的一个重要特征是分工越来越细，专业性越来越强。社会

领域不断细分必然导致政府管理日益复杂化，这就要求政府管理要不断增强专业性。一个不重视这一变化趋势的政府，是不可能胜任精准管理和高效管理角色的。而政府里的各级管理者作为公务人员，是很难要求其在各领域都有一技之长的，就算有一技之长也很难要求其具备"多技之长"。面对管理对象的复杂性和管理领域的精细化和宽领域，政府想要实现其宏观管理的精准施策，必须借助专业化的综合服务，专业化的评价服务是其中重要的一种类型。

将上述论题聚焦到教育领域，其道理是一样的。随着教育事业的深入发展，当今教育改革早已进入到"深水区"，教育领域的思考和实践都呈现出精细化和深层次，深化课程改革需要从人类未来发展对人的基本素养的需求上寻找支点，集团化办学、学区化发展和师生学习共同体建设需要从组织理论中找寻依据，教学内容的更新迭代需要从高新科技中发现源泉，教师专业化发展的课程和路径的更新迭代需要从教师教育和企业人力资源开发中汲取养分，教育实施方式的个性化和多样化需要从网络、媒体和云中探索途径获取资源。总之，专业化、深层次教育改革需要精准对接和有效回应的政策加以引导和推进，而精准对接和有效回应的教育政策从哪里来？就要从多渠道、宽领域的教育专业服务中获取，其中之一就是专业评价。因此从第三方获取专业的教育评价，制定精准、有效的教育政策，促进教育改革和发展的不断深化，值得各方面高度重视。

三、政府对第三方教育评价的具体需求

1. 对本区域过往教育改革与发展的肯定、问题和建议

政府也有正常的人性需求，需要辛勤付出换来的成绩被肯定，需要有人给出对发展中出现的问题和瓶颈的判断和洞察，并希望获取具有前瞻性、针对性、建设性的意见和建议，尤其是这些需要能够在专业性强、权威性强的第三方评价机构那里获得。而那些非专业性、低层次、吹捧式的评价显然不能满足当今各级政府所需。从区域宏观层面来看，政府教育行政部门的评价需求主要包括区域规划实施的中期和终结性评估报告和咨询建议，区域特色定位科学性和前瞻性的评估和建议，政府财政性投入绩效的评估报告和建议，政府办学绩效与百姓的满意度和感受度是否对应和匹配的评估报告等，第三方可以在这些方面发力。

2. 对学校绩效评价的需求

在行政管理过程中，政府常常需要设立项目，投入专项经费，推动某项工作，与之配套的就是监测立项立得对不对，经费使用效益高不高，需要知道哪些学校更值得投入，哪些学校投入的回报率不高，这是下一步投入或不投入、投入多少、向谁倾斜的专业依据。这种业务是第三方评价的用武之地，是专业性评价的价值所在。比如对区域内特色高中创建的绩效评估，对学校创新实验室建设的绩效评估，对学校特色内涵项目的评估，对学校教科研项目的评估等。

3. 对校长的综合和专项评价的需求

一个进取心、专业性和领导力都强大的校长团队是区域教育事业发展的核心力量。而要想建设一支强大的校长团队就必须以评价来支撑，对校长考核和评价的结果是任免、提拔、有针对性培养校长的重要依据，这一点已成共识，无须探讨。需要探讨的是谁来评价校长、怎么评价校长、用什么来评价校长，这些是问题的关键。关于谁来评价校长的问题，可以是行政部门，可以是事业单位，也可以是家长，但也可以考虑由第三方专业机构来承担，前提是他们专业、公正。关于怎么评价的问题，确实要综合评价和专项评价相结合。综合评价是为了给出校长在思想作风、能力水平、进取精神等方方面面的整体考评，为提升、重用或是调用、退出提供参考依据。专项评价是为了给出校长有何特点、专长、弱点等方面的局部考评，为有针对性地安排岗位提供参考依据。比如：有的校长特别擅长把薄弱学校打造成合格学校，但不擅长把合格学校打造成优秀学校；而有的校长特别擅长处理棘手事情和困难局面，擅长把乱校稳定下来，实现由乱到治；还有的校长特别善于课程改革，或者擅长抓课堂教学改进，或者善于抓教师的专业发展等。这些都可以从综合评价和专项评价中获取信息，形成评价清单，为区域教育行政部门优化、调整和更新校长提供依据。关于用什么来评价校长的问题，就是要设计一系列科学、专业、有效的评价指标，实现一个指标对应一个群体、对应一个评价目标，做到一评一表。

同理，对教师尤其是优秀教师的考核评价是推进教师层次化培训的重要依据，把处于不同层次水平的教师放在不同层次的培训平台上，用不同的路径和方法加以培训培养，使之获得更适切、更实用的专业成长机会和条件。建立这种理想的层次化梯度培训机制，也要有专业性的第三方评价机构提供有效的师资评价加以支撑。

针对队伍的第三方评价还被广泛运用于学校或其他事业单位开展各级干部的竞聘、教师职称评定和年度评优等工作中，除了能够获得公正、客观、专业的评价之外，还有一点好处就是可以适当转移矛盾焦点，适用于一些高利害性评价事项。

4. 对基层单位专业评价的需求

随着绩效考核时代的到来，区域教育行政部门对辖区内学校进行年度考核，并依据考核结果下发奖励性人员经费是每年的常规工作，也是校长和教师都十分看重的。作为较高利害性评价的绩效考核评价也是可以委托第三方评价机构来实施的。在这里，第三方评价机构有四项具体工作可以承接教育行政部门的任务：一是评价指标体系的开发；二是评价过程的组织实施，包括查阅学校提供的台账，对校长、干部、教师和学生、家长、社区的访谈，然后据此给学校打分；三是对区域学校的分数进行统计、排序，并向教育行政部门提交考评报告和拟奖励学校的建议名单；四是根据历年考评的经验积累和教育发展的新形势、新要求对评价指标体系进行修改、补充和完善。这四项工作都具有一定的专业性，对第三方教育评价机构提出了科学、可信、权威等方面的要求。

5. 规范化、合法化的程序设计的需求

在教育行政部门推进治理体系和治理能力现代化的进程中，政府与社会的合作形式不断丰富，合作内容不断拓展，合作流程也同步得到不断规范。在这一过程中，政府经常需要对程序的合理性、合法性、合规性进行论证和评估，这又为第三方评价机构提供了新的业务内容和发展空间，如：招投标程序设计的规范性评价，政府购买教育服务的程序设计的规范性评估，区域高利害性招生考试的政策评估等。

四、第三方评价机构的发展方向和策略

1. 独立、专业、权威是第三方评价机构的发展方向

由于第三方与体制内的政府和学校既没有任何行政隶属关系，也没

有任何利益关系，故一般称为独立第三方。因此，独立是第三方的本质特征，离开了独立性，第三方评价就迷失了自身与生俱来的角色定位。

专业性是第三方评价生存和发展的根本保障。离开了专业性，第三方也就失去了存在的价值。无论是哪一个委托主体都无意将评价的项目让渡给一家毫无专业性可言的第三方，因为它既看不到成绩，也看不透问题，更提不出进一步完善的宝贵建议，而这些恰恰是评价的目的所在。

权威性是第三方评价的长期目标。权威性不是一蹴而就的，是要靠多年的评价实践和口碑确立起来的。因此，在独立的前提下，凭借多年的专业性，才能在业内赢得信任、赞誉，从而实现权威性。可以这样说，独立是专业的前提，专业是权威的根基，权威是专业的必然结果。

2. 做好在做的，告知还能做的，是第三方评价机构的发展策略

第三方评价机构应该以独立为前提，以专业为根本，以权威为目标，扎扎实实把在做的项目做好，以实践成果向委托方证明自己的作用和价值。与此同时，第三方评价机构还可以主动告知政府和学校等委托方自己还可做哪些方面的评价，还可提供哪些方面的专业服务。这种主动展示新增长空间的方式是委托方所欢迎的，更是第三方评价机构自身持续发展和成长所必需的。

《反思教育：向"全球共同利益"的理念转变》在摘要中提出："人们寄希望于教育能够培养给人和社会掌握适应变化并作出反应的能力。"其实，第三方评价机构也应该像这里所提到的"人和社会"那样，能够洞察新时代教育发展的新形势，培养自我适应变化和做出反应的能力，满足并帮助政府提高行政效能。

从加强自身做起，而不应只抱怨政府不作为，还是要多想想自己能够在哪方面有所作为，还是要多想想一旦有机会、有评估项目了，我们是否有足够的智慧、专业能力和业务素养抓住这个机会并产生良好成效。相信第三方教育评价机构能够沿着独立、专业、权威的道路一步一个脚印地走下去，发展教育，奉献社会，成就自我。

迟迟不就位的第三方教育评价[①]

储朝晖

2010年,《国家中长期教育改革和发展规划纲要（2010—2020年）》（以下简称《纲要》）明确提出："改进教育教学评价。根据培养目标和人才理念，建立科学、多样的评价标准。开展由政府、学校、家长及社会各方面参与的教育质量评价活动。"2013年,《中共中央关于全面深化改革若干重大问题的决定》再次明确："深入推进管办评分离，扩大省级政府教育统筹权和学校办学自主权，完善学校内部治理结构。强化国家教育督导，委托社会组织开展教育评估监测。"2015年，教育部下发《关于深入推进教育管办评分离 促进政府职能转变的若干意见》，部署构建"政府管教育、学校办教育、社会评教育"的格局。《纲要》实施时间已过半，第三方评价进展甚微，有必要对第三方评价的推进方式加以探讨。

缺位的第三方

提高教育质量是当下全民对教育最迫切的需求，中国教育能否发展得好，很大程度上取决于是否建立适合质量提升的机制，是否有完善的教育评价体系，尤其是科学客观的第三方教育评价体系。政府在《纲要》和各种文件中反复倡导第三方教育评价，遇到的尴尬是：谁来担当独立第三方评价者？

有人希望能从现有行政体系中分离出来。但在现有人事管理机制下，受人员身份、机构性质等因素限制，这种演变完全没可能，而且第三方评价组织的专业性、自主性与行政机构的执行特性难以兼存。从行政内部分离出的机构即便挂上第三方教育评价的牌子，其人员在思想理念、专业素养、运行机制等方面也很难适应。

[①] 2016年1月26日，本文发表于《光明日报》。

一些公立高校也试图在对基础教育评价中担当第三方评价者的角色，并且一些地方就这样做起来了，这也只能在短期内打马虎眼。因为公立高校与公立中小学在现有体制下与政府是"一母二子"关系，公立高校很难设置相对独立的评价标准。在第三方评价起步阶段，这能起到一定接引作用；从长期发展看，要么这些从事第三方评价的机构与现有公立学校母体完全脱钩，独立从事业务，要么就由于很难保持第三方特性而需要放弃评价职能。

在相关政策影响下，这几年民间也出现了一些形式不同、关注点各异、多少带有评价功能的组织机构，它们虽然具有第三方性，但总体上相对弱小、分散，信誉不高，各自为战。

简言之，由于中国第三方教育评价专业机构的发展处于弱势，因此政府倡导第三方评价的政策未能有效落实。这种情况下，寄希望政府单方面发展独立第三方评价，改变已有教育评价体系中过于倚重第一方评价和第二方评价的现状是不现实的。

需要多方协作的过程

短期内，在中国还难以有哪一家或几家独立第三方教育评价机构成长发展到足以独撑门面的状态。解决第三方评价主体缺位问题，既需要有人或机构愿意承担这方面责任，也需要相应的任何机构具备专业资质和社会认可度，这些都不是短期所能获得的。所以在起步阶段，需要众多相对弱小的第三方教育评价机构建立联络、交流、合作平台，改变各自为政局面，以合作促进中国第三方教育评价发展。

更重要的是在政府和这些第三方教育评价机构之间达成默契。第三方教育评价机构一方需要逐渐明确职能定位，尽可能不越位；政府一方，需要划清政府部门与专业评价机构的职能边界，改变包揽一切的现状，逐渐有序地向第三方教育评价机构放权；社会上，包括用人机构等第三方评价结果的使用方，要学会识别、选择对自己有用的评价结果，个人也要善于利用第三方评价为自己的未来发展、性向确定、学业和职业选择提供可靠依据。第三方教育评价机构重在发挥其科学、客观评价功能，政府与专业机构各司其职，第三方评价结果使用方各取所需，就会使整体教育评价工作朝健康、良性的方向持续发展。

也就是说，第三方教育评价是对教育事实的测量，是为形成新的教育需求提供依据，又是教育改进的重要杠杆。教育事实既包括全国层面教育的状况，也包括地方和区域层面的教育发展和质量状况，还包含学校的发展状况，更为普遍的是学生性向、学业测评和诊断系统。教育事实的多样性和教育需求的多元，使得第三方教育评价的需求、评价方式、评价主体必定是多元的，多样的第三方评价主体之间也需要协调、联络、互补，共同成长发展，整体上才能形成良性的第三方教育评价生态。

简言之，第三方教育评价的发展本身是多方协调的过程，单靠政府的主观意愿提倡，单靠第三方教育机构的单打独斗，或单靠社会的急切盼望都很难实现有效发展，而需要几方面在有共识的基础上，多多沟通、互动、协调，逐渐提高专业性、信誉度、规范性和需求层次。

这其中常出现的问题是，初生的第三方教育机构不完善，还会存在一些明显缺陷，社会上的人不仅不相信，还会抵制、蔑视，甚至揪住一些问题不放；政府从怕出事、不出事的角度出发，一出问题立马出手取缔。第三方教育评价本身缺少成长和发展、完善的时空和机会，也就长久发展不起来。

需要逐步迈过的门槛

推动中国第三方教育评价的良性与健康发展，除了多方主体的默契配合，还有一些关键性门槛必须逐一迈过。

第一道门槛是建立众多的多元和多样性的第三方教育评价机构。

缺少足够的第三方教育评价机构，教育的评价使用方就缺少可选择空间，也缺少有潜力的同行竞争，很难培育出良好的教育评价社会服务体系。在一定范围内多家专业评价机构的适度竞争为不同需求的对象服务，从多个角度发现教学实践中的问题，促进教育评价理论和技术水平不断提升。在良性竞争环境中，才能不断提高服务品质，使教育评价在真正能"为民所用"的同时，也能为政府提供更为真实、贴近教育实际的决策参考。经历过一个相当长的过程，才有可能形成类似美国国内若干家第三方教育评价机构占据绝对市场优势的局面。

第二道门槛是提高对第三方教育评价结果的使用和认识水平，建立第三方教育评价结果使用机制。

由于过去长期使用政府提供的教育评价,社会对第三方教育评价结果的信任度很低。必须引导社会、学校、教师、家长、人力资源部门熟悉并使用第三方教育评价结果,改变学校、教师停留在试卷加分数的评价现状,鼓励教育当事人依据实际需要使用第三方教育评价结果作为成长发展的参考依据,充分发挥评价的引导、诊断、改进、激励等功能。

第三方教育评价机构要积极与地方政府、学校或人力资源部门合作,探索教育评价的政府、学校或个人的认可与采购模式及流程,提升用户对第三方教育评价机构的认可度。政府需及时开放对独立第三方评价机构的政府采购服务项目渠道,并给予政策、行业和环境支持,最终需要将第三方教育评价列入政府采购项目,打通财政资金购买第三方教育评价服务的通道;招生学校、用人部门也需要采取认可一个,使用一个的办法,逐渐扩大使用第三方教育评价的服务。第三方教育评价机构则需要建立自身的评价服务定价规则。

在第三方教育评价使用方面,评价机构和评价使用方还可以发展教育评价的定制服务。了解并及时满足政府、学校、学生等多种教育当事方对教育评价的需求,依据需求提供相应的教育评价服务。第三方教育评价机构要做到技术专业化、方案个性化、服务人性化、操作简便化,为个性化的成长发展提供高品质的评价服务。

第三道门槛是建立并逐渐完善第三方教育评价行业标准。

评价行业标准是一个体系,主要包括:一要确立服务标准,立足于服务学生成长发展,推动学校质量管理改革,解决行业服务品质良莠不齐问题;二要逐步建立专业标准,改进命题技术、教育测量技术、统计与分析技术、评价技术,有效可靠地解决认知诊断、制定个性化方案等问题,促进该行业整体专业水平提升。

第四道门槛是形成第三方教育评价系统自身的完善机制。

首要是培养教育评价专业人才。教育评价的专业性要求必须有大量的专业人员,现有高校中教育测量与评价专业人才培养数量和水平远远满足不了行业发展的需求,要积极运用评价实践和专业教育两种路径培养教育评价专业人才。

同时要联合第三方教育评价机构以应对共同面对的问题。在评价理论和技术上相互切磋,确立全行业共同的、清晰的努力目标,从而促进行业整体服务水平的提升。

　　总之,建立更多专业水平高、服务质量好的第三方教育评价机构,完善中国教育评价体系,中国教育才能办得更好。

为什么需要第三方教育评价与考试[①]
——教育评价与考试的人本、科学、公正之路

张勇

长期以来，我国一直采用"计划分配、行政考评、招考一体"的教育评价与考试模式。教育评价与考试主要来自教育行政系统内部，教育行政部门既当"运动员"又当"裁判员"，考试评价主体不明，科学性、客观公正性存在系统性问题；惰性体制，导致考试与评价理论和技术仍停留在几十年前的水平上，与素质教育取向严重脱节。教育评价与考试改革，成为我国深化教育改革的重中之重。

2013年"两会"期间，全国政协副秘书长、民进中央副主席、中国教育学会副会长朱永新教授提交了《关于发展"第三方"教育考试与评价体系的提案》，引起轰动，各大媒体纷纷转载。十八届三中全会关于考试与评价改革的内容，再次涉及教育考试与评价的第三方化问题，中国教育评价与考试改革的第三方化之路浮现了出来。如今，第三方教育评价与考试亦是全球教育之主流。

一、教育评价与考试为何要走第三方化道路

教育评价与考试的"主体单一""模式单一""理论陈旧、技术落后""方法单一""功能单一""指标单一"等问题严重，导致非人本、不科学、难公正、欠合理等诸多积弊，严重阻碍了中国教育改革与发展，以致中国教育学会副会长朱永新教授说"庆父不死，鲁难未已；考试不改，教育难兴"。

十八届三中全会颁布的《中共中央关于全面深化改革若干重大问题

[①] 本文曾在《中国青年报》2014年1月29日、《内蒙古教育》2016年第4期以及《湖北教育》等发表问题内容不全相同的文稿，本书收入为整合稿。

的决定》确定了要"深化教育领域综合改革",考试与评价制度改革部分明确提出了"形成分类考试、综合评价、多元录取的基本模式;健全考试与招生相对分离、学生考试可多次选择、学校依法自主招生、专业机构组织实施、政府宏观管理、社会参与监督的运行机制;构建衔接沟通各级各类教育、认可多种学习成果的人才成长'立交桥'"。简要概括就是:评价与考试制度改革,要走第三方教育评价与考试模式。

考试与评价制度改革为何指向第三方化模式呢?《中共中央关于全面深化改革若干重大问题的决定》及随后的教育部解读,明确地给出了关键词:以人为本、公平、科学、合理。

二、第三方教育评价与考试,对我国而言,是舶来品

教育评价与考试的第三方化肇始于西方,源自人类教育的科学化思想和客观公正理念,具体体现为对教育科学化、对教育测量评价的有效性、可靠性、可信性的内在追求;也是教育科学化高度发展,对教育评价科学、客观公正性的追求,及教育专业化分工客观要求等所决定的。

教育产生之始,教育实施、教育评价、教育咨询同时伴生,三者一直相伴发展。教育测量评价的是教育实施成效,教育评价结果则需要教育咨询来转化而促进教育实施的改进与发展。教育的这种原生性功能结构,决定了教育评价由测量、评价、诊断三种基础功能,构成一个完整的基础系统结构。教育评价的其他功能(如选拔、预测等)则是在此基础上延伸、转化和合成出来的。教育评价的这种内在系统结构是教育评价第三方化的客观原因之一。

学校的出现,使得教育实施、评价、咨询得到了积累和长足发展。从大约公元前400年至19世纪末叶这段历史时期,在人类教育评价史上称作"考试时期"。这段时期教育实施的内容主要还局限于文法、修辞、逻辑等;教育评价(此时称考试)的方式主要有"问答"(口试)和"论文"(笔试)。此时教育测量还未产生,对口试和论文,是依靠施教者或管教者通过观察和阅读,进行人工评分,我国的科举考试采用的也是这种模式。这种评价带有很大的主观性、随意性、随机性。从理论和技术角度来看,也就无客观性和公正性可言,更无教育评价第三方化的可能。在这段历史时期中,基于客观公正理念的"第三方评价"于15世纪的欧

洲在社会、经济领域产生并得到了长足发展，很快延伸到了其他领域。到18世纪，"第三方评价"的理念和思想形成完整的系统。

教育评价不但决定着教育发展，更关乎受教者的命运和社会经济政治的发展，因此，其能否有效和客观公正，至关重要，对教育评价的有效性、客观公正性的追求成为学者和学人的梦想。

18—19世纪的科学革命浪潮，使教育奠定了科学化思想；实验心理学和教育统计学的发展，为减少教育评价的主观性、随意性、随机性问题提供了理论和方法。伴随着教育科学化的萌芽，教育评价开始了客观化、数量化和标准化之旅，走上了科学、有效、可靠、可信的征途，教育评价的第三方化也由此奠定了基础并成为可能。

20世纪初至30年代，教育评价以心理测验、智力测验为标志进入了"测量时期"，测量理论的形成和纸笔测验的测验技术在教育中开始得到广泛应用，评价的中心任务是"用科学的方法，求客观的标准，以矫正主观方法的弊端"，强调以量化的方法对学生学习状况进行测量。测量技术的科学性和专业化要求，导致实施教育的学校和教管部门无力承担测量评价功能。为解决教育评价的客观化、数量化问题，第三方专业机构开始从教育测量的角度登场。

20世纪30—50年代，教育评价进入了"目标中心时期"，或称"描述时期"，美国学者泰勒（Tyler, R.）提出了以教育目标为核心的教育评价原理（泰勒原理），并提出了"教育评价"（education evaluation）概念，从而把教育评价与教育测量区分开来。这一时期的特征是对测验结果作描述，评价的目标不再是学生本身，而是什么样的学习目标模式对学生学习最有效，由此形成了教育评价的"泰勒模式"（行为目标模式）。随着泰勒模式的推广，大学入学的标准化测试开始，基于客观公正理念的"第三方评价"思想和方法也得到系统的导入。这个时期，教育评价理论和技术的实施，使得第三方专业机构从评价的角度再次登场，如SAT等大型第三方考试与评价纷纷成长起来。

20世纪50—70年代，教育评价进入了"标准研制时期"，或称"判断时期"。以泰勒的学生布鲁姆（Benjamin Bloom）为主，提出了对教育目标进行评价的问题，这一时期注重了价值判断问题，目标参考测验也在这一阶段发展起来，并使"泰勒模式"成为主流模式。美国教育学家斯克里文（Scriven，M.）、斯塔克（Stake，R.E.）和凯洛格（Kellogg，T.E.）等人对教育评价理论作出巨大的贡献，斯塔夫宾（D.L. Stufflebeam）提出"CIPP模式"，斯克里文提出"目标游离模式"，推动了评价标准的发展。这个时期是如此的重要，以至学者们把1967年界定为美国教育评价发展的转折点。在这段历史时期，教育测量标准、评价标准以及教育评价的标准化问题都得到了空前的解决，使得第三方教育评价成为主流模式。

20世纪70年代后，进入"建构时期"，或称结果认同时期，这一时期非常关注评价结果的认同问题。关注评价过程，强调评价过程中评价给予个体更多被认可的可能，重视评价对个体发展的建构作用，因此又称为"个体化评价时期"，评价的以人为本时代由此开始。

80年代开始，项目反应理论把教育评价引向了计算机化和因人施测的方向，模糊评价法发展了教育评价的数据处理技术，以古巴（Egong Guba）和林肯（Y.S.Lincoln）等人为代表，认为评价就是对被评事物赋予价值，评价本质上是一种心理建构。

20世纪80年代中期后，美国哈佛大学的加德纳（Howard Gardner）教授的多元智能理论革新了智力测验（传统教育测量评价的核心基础理论），使得传统教育评价受到巨大的冲击，"多元智能模式"浮出水面，一个新的教育评价历史时期拉开了序幕。理论和技术的高度科学化、专业化发展，和对人本、科学、客观、公正的高度追求，使得第三方教育评价与考试更加普遍和成熟。

三、第三方教育评价的不可替代性

随着教育科学化与对教育测量评价的有效性、可靠性及可信性的内在追求越来越高，随着权利意识觉醒对教育测量评价的人本化、科学化、客观公正的需求越来越高，以及教育分工专业化客观要求等的高度发展对教育评价研发、实施等科学化、专业化程度要求也越来越高，教育实施、评价、咨询走向高度专业化分工，教育评价的第三方化，委托独立的、专业的第三方机构实施教育评价和教育咨询成为必然和普遍模式。

第三方教育评价与考试有着不可替代的优势：（1）独立性，第三方评价与被评价方无隶属和利益关系，因而能不受干扰地进行评价，可以避免在发现问题、分析原因和做结论时避重就轻、主观评价；（2）客观公正性，第三方评价的独立性有助于保障评价过程的公正、公开，从而提高评价结果的公信力；(3) 专业性，第三方评价机构拥有专业的评价人才和技术，在评价内容的选择、评价指标的制定、评价数据的处理、评价结果的判断等方面拥有相应的专业理论基础和专业化工具，可大大提高评价的科学化水平，有利于增强评价结果的可信度和权威性；(4) 进步性，第三方评价机构由于其社会化性质，需要在竞争中求生存和发展，因此特别重视评价理论和技术不断提升与创新，更加关注评价产品和服务质量的不断提升与改进，具有天然的发展潜力与不断进步性。

采用第三方教育评价与考试是全球主流教育国家的共识。评价与考试是教育改革与发展的牛鼻子，教育评价与考试的第三方化，对当今中国教育改革而言，尤为重要和关键。中国教育评价与考试如何迈向人本、科学、公正、合理？改革之路就在于第三方化。

国内已出现独立的第三方教育评价和考试研发，并在国内十多个省份进行了推广，取得良好的效果，不仅得到了国内教育界的广泛认可，也获得国际知名院校及学者的认可，为中国教育评价和考试的第三方化道路做出了积极探索。

为什么需要独立第三方教育评估[①]

向郜华

教育领域第三方应该是教育行业冷静的"旁观者",价值无涉的"观察员"。引入独立第三方评估体系,是治理思路的重大转变,是教育评估行业健康发展的契机。新一届中央政府成立以来,国务院对所作决策部署和出台政策措施落实情况开展全面督查。国务院督查工作的一大创新是引入了"第三方评估"。由此,第三方评估日益得到各界重视。

不可否认,在各行各业评估监测的实践中,比如环保、交通、民政等领域有官方背景的评估监测单位在相关事业的推动中发挥重要作用,教育领域亦不例外。然而,也正是随着第三方评估运用的日益广泛,尤其是官方各行业相关评估监测单位特有的背景与相关方"剪不断理还乱"的各种关系,质疑其公信力的声音也在增多,认为其实质上是类似于垄断委托的"第二方评价"。随着时间的推移与历史的检验,如果所谓的类似"第二方"的官方评估监测机构不积极改制发展,公信力已经或将成为影响评估良性发展的瓶颈。当然,国家相关部门正在推广相关改革。

在国外,真正的第三方就是独立的第三方或者相关独立组织。在西方,多数情况下是由非政府组织(NGO),即一些专业的评估机构或研究机构充当第三方。这些非政府组织可以保证作为第三方的独立性、专业性、权威性的要求。

那么,什么是教育领域独立的第三方呢?从概念判断,教育领域第三方应该与"第一方""第二方"既不具有任何行政隶属关系,也不具有任何利益关系。说简单些,教育领域第三方应该是教育行业冷静的"旁观者",价值无涉的"观察员";真正的教育领域第三方评估监测是独立于政府教育主管部门及其他部门之外的第三方组织实施的评价,也称外

[①] 作者为第三方教育评价机构联谊会主席团成员单位专家,本文原载于《中国教育报》2017年4月6日第6版。

部评价。

政府部门需要第三方教育评估监测机构。十八届三中全会明确指出，要"深入推进管、办、评分离"。要发挥社会评估组织即第三方教育评价机构的作用。2015年，《教育部关于深入推进教育管办评分离 促进政府职能转变的若干意见》指出，在做好内部评估的同时，要主动委托第三方开展全面、深入、客观的评估，评估结果作为评价政府及其主要负责人教育行政工作业绩的重要参考。引入独立第三方评估，有助于避免政府在评价体系中既当运动员又当裁判员，体现了政府更加开放地接受监督的胸怀，也凸显了政府着力地推进行政体制改革的决心。

学校、培训机构等需要第三方教育评估监测机构。教育质量监测是为学校、培训机构等发展提供基础的数据，是事实诊断，是为评估奠定基础，学校的评估是为了学校不断地改进。一个学校或一个培训机构等发展得好不好，是否符合办学愿景，能否满足老百姓对教育的优质需求，不是靠上级组织评出来的，而是由家长、社区、专家或委托第三方评估机构共同参与评价的结果。比如，世界上名牌大学是由专业的第三方社会组织评估其毕业生就业的状况、对社会的贡献等，这些数据报告才是最真实的评估，也才最能说明问题。

教师需要第三方教育评估监测机构。教师队伍建设需要权威而真实的问题诊断报告。用第三方专业评估监测机构"换一只眼看教师"，既能保证看待教师相关业务优点及问题的专业性，也能彰显看问题的实际性，并更加接地气。比如教师的口碑，在独立第三方评估机构的客观引导下，家长和学生也会坦诚以待，说出真实的想法。值得强调的是，第三方不仅仅是发现教师的问题，更重要的是挖掘教师的优点与长处，促进教师专业水平及师德水平的增值和发展。

学生需要第三方教育评估监测机构。对于学生来说，学科学业水平、身心健康等状况几年前就已经进入了第三方的监测视野。然而，评估监测的结果只向政府和学校公开，没有向家长和社会公开，监测报告只对小部分人负责，而且有可能在结果不尽如人意的情况下故意隐瞒。由此，独立第三方的需求再一次呼之欲出。第三方教育评估不仅能够满足学生的知情权，使学生了解自己的真实学习生活状态，而且对于社会各方的相互信息对称和沟通也很有价值。这方面已经有了相关案例，比如四川省内江天立（国际）学校天骄班及家长聘请独立第三方重庆天正教育评估监测中心给每个学生评价监测，提供相应的个体监测评估报告。

  教育领域是一个复杂的巨系统，从系统论角度而言，在国家供给侧改革的时代背景下，有需求才有市场。同样，有供给亦才有市场，二者相辅相成。引入独立第三方评估体系，是治理思路的重大转变，独立的第三方教育评估监测机构是教育评估行业健康发展的契机。第三方教育评估的核心意义就在于客观、公正和独立，独立才能公信。第三方评估要吸纳更加广泛的社会力量积极参与，使问题论证更加科学、实事求是。

现代大学必须建立独立的第三方专业评价[①]

储朝晖

第三方专业评价是现代大学质量持续提高的保障，政府评价与自我评价不可替代独立的第三方评价。管大学的机构和人员不能参与评价大学，评价大学的机构不能参与办大学或管理大学，办大学的机构和人员又不能参加评价大学和管理大学，就如同运动员和裁判员，各司其职，应彻底实现管、评、办分离。

第三方评价是现代大学制度的重要构件之一，这种评价能够从制度设计上保证客观、专业、公正。第三方评价结果相对可信，可以成为政府、学校和社会等各方面的选择或抉择参考，也为大学不断改进自己提供了有价值的参照。

长期以来，中国大学在体制设计上是管理者、评价者、举办者合为一体的，这种体制存在严重的缺陷。

一是评价标准和手段带有严重的行政化倾向。政府集管理、举办和评价于一身，类似于老子评价儿子，评来评去总是看到可爱的一面，难以全面真实地反映出大学的实际质量状况，反而是那些善于投机卖俏的大学得到的关爱更多，难以激励和推动整体大学教育水平的进一步提高。

二是缺少大学的其他利益相关者参与评价的机制。学生、家长、校友、用人单位都能提供特定角度的大学评价信息，也能开展一定的评价。缺少这些方面的大学评价本身是不完整的，科学、规范的大学评价制度就必须设置不同利益相关者和社会组织共同参与的机会，形成自评、他评、独立的第三方专业评价相结合的评价模式，才能契合建设现代学校

[①] 本文原载于2013年3月28日《中国科学报》。

制度的需要。

三是缺乏专业性。此类对大学的评价活动主要是由行政部门抽调的一些大学行政领导参加，缺少大学评价方面的专业人员；所提供的材料多为专为评估评价准备的，而非大学的常态数据；所采取的形式是参观、考察、看材料、听汇报，而非平等访谈和随机采样；多用综合性、模糊性指标，缺少精细定量分析。一些人将这种评价简单归纳为造假加送礼。

四是评价的指标设计不科学。依然沿袭了计划经济时代大一统式的硬指标，如生均土地面积、生均房屋建筑面积、生均投资设备、生均师资等，对师资质量、生源质量、校园文化、办学理念等这些更有价值的内容有所忽视，或以难以量化为由干脆不考虑。

有鉴于此，要构建的是科学、规范的大学评价制度体系，其中重要的工作之一就是建立并逐渐完善大学的第三方专业评价，让一定量的大学第三方专业评价组织得以建立起来，并让它们在没有政府干预的条件下建立行业自身的规则，在相互竞争中建立自己的信誉，在相互竞争中优胜劣汰。第三方专业评价组织不但可以更好地体现不同利益相关者对大学的利益诉求，而且由于它们不直接受政府的管理，专业性强，可以更好地保证评价的客观性和科学性，对大学学科、专业、课程等方面的建设起到持续的促进作用。

1994年国务院颁发的《中国教育改革和发展纲要》实施意见就已经明确提出："要建立健全社会中介组织，包括教育决策咨询研究机构、高等学校设置和学位评议与咨询机构、教育评估机构、教育考试机构、资格证书机构等。"但由于行政权力的过于强势，少量建立起来的中介性组织在夹缝中生存，性质还有待明晰，运作也有待规范。一些民间力量对教育管理的参与目前还得不到政府的认可，如近年来在中国兴起的大学排行，其应有的作用还没有发挥出来。政府常常以不规范、不可信为借口就将新建不久的中介组织扼杀掉，或挤压其生存空间，整体上难以形成良性生态。

任何一个组织机构都有一个发展过程，不能企望它一建立就很完善。因此，一方面要厘清现有的组织机构的性质，明确其定位，另一方面也要制定相应的法律、法规和政策等，鼓励民间社会中介组织建立行业内部的规范，以促进其健康发展。具体来说，第一，政府职能转换是发展教育中介组织的社会基础和动力，必须充分发挥第三方专业评价组织的功能，把本应该由它们承担的职能从政府的行政职能中剥离出来，政府将这种评价作为依法管理的依据或参考。第二，加快大学第三方专业评价组织的法制建设，建立和完善法制体系，使第三方专业评价组织的活动真正做到有法可依和有法必依。第三，政府要给第三方专业评价组织发展让渡空间。政府可以参与对这些组织的评价，不应该对它们的存在和发展任意干预，使第三方专业评价组织在竞争中优胜劣汰，健康有序地发展，改变长期以来"强政府、弱社会"的状态。

正因如此，《国家中长期教育和发展规划纲要》提出：鼓励专门机构和社会中介机构对高等学校学科、专业、课程等水平和质量进行评估；建立科学、规范的评估制度；探索与国际高水平教育评价机构合作，形成有中国特色的学校评价模式。

与国际评估机构的合作，可缩短中国独立第三方专业评价机构成熟的过程，也可加快建成高质量、开放、为国际社会所认可的大学。因此，与国际高水平教育评估机构的合作，或直接参与它们的评价活动，让中国的大学质量标准与国际接轨，不但有利于提高中国大学在世界上的竞争力，还可以提高中国大学对世界各地生源的吸引力，使中国大学变得更"大"。

中国第三方教育评价的核心问题辨析及政策建议[①]

李亚东　俎媛媛

摘要："用第三方评估促进政府管理方式改革创新"，教育系统也不例外。"第三方教育评价"在西方发达国家已经形成了相对成熟的市场和完善的运行机制，中国教育评价实践起步较晚，教育评价法规建设严重滞后。近年来，在政府职能转变和购买服务的推动下，第三方教育评价"逐步热闹起来、火热起来、发展起来"，加强第三方教育评价的政策制度建设已刻不容缓。鉴于"第三方（机构）""第三方（教育）评价"等方面存在着争议，本文结合国内外理论研究和实践探索，围绕第三方教育评价政策制度建设的6个核心问题进行深入辨析，并就出台《关于积极推行第三方教育评价的指导意见》提出相应的政策建议。

关键词：第三方；教育评价；政策制度

中共十八届三中全会明确提出"推广政府购买服务"，国务院十分重视"第三方评估"工作，李克强总理明确要求"用第三方评估促进政府管理方式改革创新"。2014年国务院在各地政策落实情况督查工作中首次引入"第三方评估"，国家民政部、财政部、科技部和发展改革委等部委积极响应，相继印发有关文件，积极培育、引导和规范"第三方评估"。时任国家行政学院党委书记陈宝生指出："今后第三方评估将会成为政府管理中的一个常态化的事情。第三方评估也将在中国逐步热闹起

[①] 本文作者曾参加2016年在成都举行的第三方教育评价论坛交流，本文曾发表于《教育发展研究》2018年第21期，原标题中"中国"为"我国"，内文也有修改。作者李亚东，同济大学教学质量管理办公室主任，研究员；俎媛媛，上海外国语大学国际工商管理学院副研究员。

来、火热起来、发展起来。"①推进第三方评估是大势所趋，教育系统也不例外。2015年教育部发布了《关于深入推进教育管办评分离 促进政府职能转变的若干意见》（以下简称《若干意见》），明确"大力培育专业教育服务机构。扩大行业协会、专业学会、基金会等各类社会组织参与教育评价。制定专业机构和社会组织参与教育评价的资质认证标准。将委托专业机构和社会组织开展教育评价纳入政府购买服务范围"。可见，完善第三方教育评价*的政策制度已摆上教育部重要议事日程。

目前，自称为"第三方"开展教育评价的国内机构多种多样，不同类型的机构具有不同的行为特征：隶属政府的机构主要依赖政府委托，评估活动中容易"角色混乱"，甚至充当"二政府"；依托学术的机构具有相对独立性，往往缺乏法人资格；面向市场的机构具有中介性，但势单力薄、举步维艰。总体上，中国第三方教育评价社会参与度不高，机制不健全，评估活动缺乏规范，处于分散凌乱状态。之所以出现上述问题，综合分析主要有四大原因：一是政府简政放权尚未到位，社会组织参与的空间有限；二是为了生存，评估机构需要依附政府，往往又带来独立性与权威性之间的两难；三是评价法规严重滞后，评价机构缺乏资格认可和行业规范；四是主体之间关系不顺、角色混乱，评估机构难以合法介入②。

从政策学的角度来看，政策解决问题的程度，一方面取决于经济社会发展环境，不可能超越当时的实际；另一方面也反映了政策主体对于政策问题的理解和把握，认识水平往往左右政策内容③。为了完善中国第三方教育评价政策制度，避免陷入"一放就乱，一管就死"的困境，有

---

① 转引自王洋.如何让"第三方评估"发挥威力[N].中华工商时报，2015-03-06. http://news.hexun.com/2015-03-06/173782163.html.
本文系教育部首批认定新工科研究与实践项目"新工科专业'三位一体'评价制度研究与实践"、教育部委托项目"完善第三方教育评价政策制度研究"（教政法司函〔2016〕43号）的部分成果。
* 作者注：国际上普遍认同，"Assessment是一种对结果分等的Evaluation"；联合国教科文组织（UNESCO）明确把评估（Assessment）定义为"一种判断式评价（Evaluation）"。尽管学术研究对"评估"与"评价"的概念有不同界定，但我国高等教育多用"评估"，而基础教育多用"评价"；同时，对机构习惯称"评估机构"，对活动往往用"评价工作"。由于在国家有关政策法规和教育行政部门文件中，对"评估"与"评价"没有进行明确区分，故本文如没有特定说明，视"评估"和"评价"为同义词。
② 李亚东.质量保障：从管治到治理——中国特色高等教育质量保障治理体系研究[M].上海：学林出版社，2017：80-99.
③ 黄建钢，骆郁.新公共政策学[M].北京：北京大学出版社，2010：207.

必要就有关核心问题理论联系实际进行深入辨析，同时对政策设计（制定或完善）提出建议。

一、关于"第三方"及"第三方教育评价"的认识

1.如何界定"第三方"

在经济活动中，第三方通常指合同关系双方的两个主体之外相对独立的、有一定公正性的第三主体；在法律事务上，第三方一般又称为第三人，指除双方当事人之外的，在法律关系和法律诉讼关系中，与标的或者诉讼有关的第三人[1]；在社会学研究领域，"第三方"又往往与"中介组织""缓冲组织"等概念相混用。"百度百科"对中介组织的定义是：那些介于政府与企业之间、企业之间、商品生产者与经营者之间、个人与单位之间，为市场主体提供信息咨询、培训、经纪、法律等服务，并从事协调、评估、检验、仲裁等活动的机构或组织。

学术界对"第三方"的认识可以见仁见智，但政策制度设计必须做出明确界定。基于"用第三方评估促进政府管理方式改革创新"的视角，结合"推进国家治理体系和治理能力现代化"和推进事业单位改革以及"大力培育专业教育服务机构"，建议对"第三方"的界定主要归于组织属性，并强调应具有"第三方"特征（独立性、中介性、公正性和专业性）。具体地说，"第三方"是指具有独立法人资格和相应能力的非当事方专业机构或学术组织，主要包括专业服务的公益类事业单位、由民政部门批准独立设置的社团组织和民非企业、经工商注册的教育服务公司等。不具备独立法人资格的科研机构和学术团体，可以通过政府委托代理的方式承接并独立开展第三方教育评价活动。各地要坚持放管结合、优化服务，通过政府购买服务，并充分利用现有教育评价资源培育和支持公益类事业单位、学术社团组织、教育中介机构和其他民办非企业单位等转型发展，成为第三方教育评价的专业机构。

2.怎样认定"第三方教育评价"

对识别"第三方评价"的分歧，主要集中在评价活动的主体关系认

---

[1] "第三方" [EB/OL].https://baike.so.com/doc/5682983-5895661.html.

同和内涵认知上。不同的视角对"第三方教育评价"会有不同理解，主要可概括为四种：一是从利益关系来看，强调"利益无涉"。如北京市政府教育督导室将"第三方机构"界定为"与市政府教育督导室和被评估监测方均无直接经济利益关系的组织机构"。二是从组织关系来看，强调"非行政隶属"。一些社会组织强调，第三方与"第一方""第二方"不仅没有利益关系，也不应该有任何行政隶属关系。三是从法律关系来看，强调"独立法人"。一些教育服务公司认为，第三方评价关键在于它是否真正独立，这取决于它能否承担民事诉讼和负有法律责任。四是从工作质量来看，更注重"评价的专业性"。专家学者们则认为，科学性是评价的生命线，这主要取决于评价的专业性，承担第三方教育评价的机构应包括高等院校、科研院所和相关学术团体等。可见，教育作为（准）公共产品，不同利益相关者有各自的主张。

就评价内涵的认知而言，评价属哲学范畴的概念，本质上是进行价值判断，是一种特殊的认识活动。对评价活动进行分析，评价是评价主体依据一定的标准（尺度），对价值主体与价值客体之间的价值关系进行评判。可见，影响评价结果的主要是标准，决定评价活动是否具有公正性的，根本不在"谁在评"，而在于判断时所用的标准（谁的尺）——是否具有"公正性"。从广义上讲，只要使用的是具有第三方特征（公正性）的标准（尺），不论是谁都可以施行"第三方评价"。据此，从事第三方教育评价的机构组织可以是多种多样，关键要看它所使用的那把"尺"是否具有"第二方"特征。

由于存在"第三方"主体身份的复杂性以及"教育评价"活动的特殊性，而且这些复杂性与特殊性又交织在一起，因此"第三方教育评价"的主体身份往往难以认定，也就无法对其有效引导和规范管理，这是第三方教育评价政策制度建设需要解决的一个棘手问题。作为政策对象边界必须是明确的，行政管理中引入第三方评估机制，是把"第三方"界定为"既非政策制定者，也非执行者"（即不是利益相关方）；教育部在《若干意见》中也明确，大力培育专业教育服务机构。扩大行业协会、专业学会、基金会等各类社会组织参与教育评价。制定专业机构和社会组织参与教育评价的资质认证标准。将委托专业机构和社会组织开展教育评价纳入政府购买服务范围。因此，建议将"第三方教育评价"界定为：

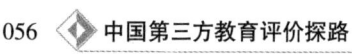

政府通过购买服务或委托代理，由符合相应资质要求的第三方机构或非当事方组织（无利益关系）具体承担，按照公正标准和科学程序独立开展工作，并对所进行的各类教育评价活动结果负责。

二、关于"第三方教育评价"项目和标准的来源

1.如何获取"第三方教育评价"项目

"教育评价"的需求可以来自政府、学校、社会（包括行业组织、用人单位、社会团体及代表公众的媒体等）多方面，在"用第三方评估促进政府管理方式改革创新"视野下，"第三方教育评价"的需求主要来自政府。随着政府简政放权和管办评分离，政府对"第三方教育评价"的需求越来越大，但这并不意味着政府可以把所有教育评价都交给第三方，也不是所有教育评价项目都适合第三方来承担。因为政府深化"放管服"改革仍强调"该管的要管好"，坚持"强化国家教育督导"与"委托社会组织开展教育评估监测"并举。可见，"第三方评价"不可能取代"政府评价"，推进管办评分离打破的是以往政府对教育评价的垄断，将"市场能做的还给市场，行业能管的交给行业"，注重发挥社会评价的作用。

另一方面，"第三方"如何获取教育评价项目？以往专业评估机构主要依靠与行政部门的隶属关系进行"公务分权""职能转移"或直接"委托"，这些获取方式在事业单位改革中将会被大大"瘦身"。以往社会评估机构要争取政府的"委托"，主要靠"拉关系"和"搞攻关"，现在谁也不敢胆大妄为。随着政府职能的转变，教育公共治理领域内的委托代理行为越来越多，"第三方教育评价"就是典型代表。委托代理分为公开招标、单一源委托两种形式，以及竞争性谈判等。在委托代理框架下，委托与被委托方权责分明，即政府将教育评价任务委托给第三方来承担，政府负责资金和制度支持，第三方负责提供服务[1]。今后，政府"购买服务"将成为第三方获取教育评价项目主要方式，《国务院办公厅关于政府向社会力量购买服务的指导意见》（国办发〔2013〕96号）是重要的规范依据。

---

[1] 葛孝亿.第三方教育评价的法理基础与运行机制——委托代理的视角[J].教育学术月刊，2017（3）.

明确"第三方教育评价"项目来源及获取方式,对培育、发展和规范第三方教育评价事业具有重要意义。建议将"第三方教育评价"项目划定为：主要适用于需要作出公正性和中立性的评判,并适合和能够由第三方机构组织提供的各类教育评价。政府要防止购买或委托明显不适宜第三方提供或只能由政府直接负责的教育督导评价项目,第三方评价也不能取代政府评价和社会评价。为了防范和杜绝相关方利益输送,或者利用评估谋取不正当利益,建议对政府购买服务的项目实行信息公开,确保具有相应资质条件的第三方平等竞争,自觉接受社会监督。凡通过单一来源采购方式实施的政府购买服务项目,要严格履行审批程序,做好事前公示,加强项目成本核查和收益评价工作。对于尚不具备政府购买服务条件的地区,以及不适宜按市场竞争机制进行竞标的教育项目,可由政府采用委托代理的方式,按照信息公开、民主决策和合同管理等规范程序,结合事业单位分类改革的实际,优先委托专业性强的事业单位和科研机构、学术团体等具体组织实施。委托项目按照政事分开、政社分开和"费随事转"的原则,双方签订委托合同,充分尊重被委托方的独立性、专业性和公正性,积极引导事业单位和社团组织走"独立自主"和"去行政隶属"的转型发展之路。

2."第三方教育评价"标准从何而来

在"第三方教育评价"中,"标准从何而来"是颇有争议的,这不仅涉及评价的科学性、公正性,也关乎"第三方"的自主权、评价权。现实中第三方教育评价标准的制定主要有两种模式：一种是委托方(如教育行政部门)制定评价方案(包括评价标准、评价程序和结果使用等),第三方机构具体执行和进一步细化指标,如教育部《关于推进中小学教育质量综合评价改革的意见》中给出了一些关键性指标,但需要第三方教育评价机构结合实际将指标进一步细化量化,使其具有可操作性；另一种是委托方(如教育行政部门)将评价权力完全交给第三方,由其自主研制评价标准和程序,如上海市教育评估协会接受上海市教委的委托开展中外合作小学认证,自主研制了一套被普遍认同的质量基准(合格标准),考虑到中外合作办学的自主性和多样性,在具体实施过程中还共同商定具体的、个性化的认证指标。严格地讲,前一种模式还算不上真正的"第三方评价",很大程度上是"第三方"为政府"代理",这样的评价是政府评价的"职能延伸",具有较浓的"二政府"色彩。这也是一些专业评估机构(直属教育行政部门)自称为"第三方"时,遭受社会普遍质疑的缘故。

按照第二种模式标准该如何选择?这对"第三方"的专业性是一大挑战。教育作为(准)公共产品本身具有多样性,不同的利益相关者有不同的教育价值观及其价值取向。表现在评价标准选择时免不了出现"公说公有理,婆说婆有理"的局面。第三方评价与政府评价、学校评价和社会评价有所不同,它不是真正的价值主体,其立身之本在于中介性(包括中立性和公正性),必须兼顾到教育利益相关各方的价值诉求。面对多元价值主体(教育利益相关方)进行外部评价,关键在于承担第三方教育评价的机构在标准的选择上尽可能寻求"公道"。增强第三方评价的"协商"和"共同构建",从中找到多元主体的"最大公约数"[①]。这正是"第四代评价"理论所倡导的,也是第三方教育评价政策制度值得推崇的。建议第三方机构大力加强能力建设,能够做到自主研制评估标准及方案,并加强评估专家团队的专业培训和能力提升,确保第三方教育评价的科学性、公正性,赢得社会的信任。

三、关于"第三方教育评价"的准入与监管

1. "第三方教育评价"准入由谁负责

国内对于第三方机构的资质准入主要靠行政主管部门的前置审批和登记备案,根据国外的经验可采取多渠道的资质认可:一是"准入式"。由政府(或教育行政部门)和相应的行业(或社团)组织公布资格标准和认可程序,经过政府和行业的认可即获得准入资格。二是"招标式"。由招标方提出具体的资质要求,评标方负责对投标方进行资质审查,通过竞标获得招标委托项目同时获得资质认可。三是"委员制"。各地建立有关教育评价委员会,对第三方教育评价机构组织进行资质认可,供政府和学校自主选择。建立政府部门(或成立专门委员会)和行业社团进行"双重"资质认可制度,并不断完善科学有序的运行机制—激励机制(政府购买与市场供给)、规范机制(资格认可与元评价)和治理机制

---

① 李亚东.试论我国教育评估中介机构的构建[J].教育发展研究,2002(11).

（政府监管与行业自律）等①，这是中国第三方教育评价政策制度建设的重要任务。

借鉴国外的先进做法，建议国家及地方积极探索多渠道资质认可的准入制度。除了行政管理部门对第三方机构准入进行前置资格审批外，按照"谁购买，谁把关"的原则，由招标方对承接"第三方教育评价"服务者进行资质认可。鉴于中国各级各类教育实行分级管理、分工负责，建议全国性政府购买和委托的第三方教育评价由教育部教育督导局统一负责进行资质认可，各地教育行政部门负责对本辖区内第三方教育评价的机构组织资质认可工作。同时，鼓励政府购买方采取制定规范性文件或签署委托协议的方式，向具备相应条件的专业评估机构或专业学会、行业协会等委托开展"第三方教育评价"机构组织的资质认可。境外第三方机构未经当地政府主管部门或相关行业协会的资质认可，不得在本地从事教育评价活动。教育部门与民政、工商等行政审批部门以及行业组织密切配合、通力合作，加强信息共享和工作联动，形成分工负责和齐抓共管的教育公共治理新格局。

2. "第三方教育评价"活动怎么监管

国内对于第三方机构的资质准入主要靠行政主管部门的前置审批和登记备案，而过程监管普遍存在"只批不管"的现象。基于各地的实践调查，目前国内对第三方机构的监管方式主要有三种：（1）由登记管理机关和业务主管单位监督管理；（2）由委托方（教育行政部门、教育学会等）监管；（3）由政府、社会监督。对现有"第三方教育评价"政策文件梳理发现，各地对第三方评估机构的资质要求主要聚焦在其合法性、自律性、专业性和经费来源、社会声誉方面。难能可贵的是，上海市教育评估协会在《章程》中明确规定，根据有关法规授权或政府委托，负责机构准入资质与专兼职评估人员资格认定。从整体发展来看，中国第三方教育评价与发达国家相比发展比较滞后，监督主要依靠政府主管部门和委托方，主体单一、力不从心，缺乏评估行业自律管理组织和社会各界的广泛参与。

---

① 李亚东.质量保障：从管治到治理——中国特色高等教育质量保障治理体系研究[M].上海：上海人民出版社，学林出版社，2017：327-331.

加强对"第三方教育评价"外部监管，是保障中国"第三方教育评价"健康发展的重中之重，建议建立以政府为主导、多元化、多维度对第三方教育评价的监管机制，加强事中事后监管，并建立健全退出机制。要加强对政府购买和委托项目的全过程监督，防止暗箱操作，强化经费审计监督和评价活动"元评估"，大力推行信息公开和利益相关方满意度调查。严肃查处借政府购买服务之名进行利益输送以及层层转包和变相收费等各种违法违规行为。充分发挥政府的行政监管、行业自律和社会媒体及利益相关者的监督作用，建立健全第三方教育评价的绩效问责机制，加强对第三方教育评价机构的动态管理。

　　总之，中共中央和国务院对大力推进"第三方评估"作出了重要部署，教育领域的第三方评价是中国教育评价制度的重要组成部分，是政府评价、社会评价的有益补充，也是深入推进管办评分离的突破口。目前，中国第三方教育评价尚处于起步阶段，现实中存在着数量不足、专业性不强、质量不高和发展不平衡等突出问题，以及良莠不齐、鱼目混珠的现象。积极推行第三方教育评价是深入推进管办评分离、建立健全多元参与的教育评价体系、构建教育公共治理格局的重要举措。尽快制定印发类似于《关于积极推行第三方教育评价的指导意见》的政策文件，稳妥推进第三方教育评价是支持各类社会组织提供第三方评价服务，保证第三方教育评价的健康发展的必由之路。

第三方教育服务也需第三方评估[①]

熊丙奇

教育行政部门应从第三方力量的独立性、专业性出发,在选择第三方力量时,引入民主管理、公开选拔、招标机制。

据媒体报道,前不久,成都成华区教育局宣布,将探索引进专业性强的第三方评价机构,开展教育满意度、学校办学绩效、师德师风等方面的测评,以测评结果来制定相应政策。在笔者看来,这是值得肯定的进步。在学校办学评价、教育项目监测、学校食品安全监督中应该引入第三方力量,避免评价中的行政因素影响和形式主义。

《教育规划纲要》指出,要培育专业教育服务机构,积极发挥行业协会、专业学会、基金会等各类社会组织在教育公共治理中的作用。引入第三方力量,是对纲要精神的贯彻落实。推进第三方参与教育公共治理、服务,将是教育部门下一阶段进行教育管理改革的重要任务。

要把第三方参与教育公共治理、服务做好,需要做好对第三方参与治理、服务的顶层设计,而不能让第三方治理服务流于形式。第三方参与教育治理和服务,能否起到助推教育发展的作用,关键在于第三方是否具有独立性和专业性。如果第三方不独立、缺乏专业性,其工作在教育行政部门领导下进行,只对行政部门负责,那么,第三方就会成为摆设,甚至成为行政部门达成自身意图的"工具"。另外,委托第三方可能涉及政府购买,因此,如果缺乏对委托购买第三方服务的监督,很可能会出现利益输送等新问题。

值得注意的是,一些教育部门和学校有引入第三方力量的尝试,可是,在具体实施过程中出现诸多问题,一些第三方教育服务已被叫停。比如,2011年,湖北省教育厅就叫停了自考助学中的"第三方招生",

---

[①] 原载于《中国教育报》2014年12月16日第2版,《内蒙古教育》2016年第2期转载。

明确规定自考助学不得委托任何个人或中介机构介入招生宣传或参与招生。其中一个重要原因是，一些机构故意混淆办学性质和层次，误导考生和家长，还有少数中介机构为了收取回扣，代替招生，进行虚假宣传，这是第三方机构完全逐利所致。

在推进第三方参与教育公共治理、服务过程中，这些教训必须吸取。教育行政部门应从第三方力量的独立性、专业性出发，在选择第三方力量时，引入民主管理、公开选拔、招标机制。可以说，第三方服务的生命力，在于充分的市场竞争。

比如，学校食品安全社会监督员，除政协委员、人大代表之外的委员，不能由政府部门直接聘任，而应该通过民主选举产生。而政府部门聘请第三方机构委托管理、评价，需要进行公开招标。若不进行公开招标，直接委托给某一机构，则可能滋生权力寻租，也可能导致承担教育治理、服务任务的第三方机构缺乏专业性和独立性。这一问题在第三方评估中尤为突出。我国长期以来实行行政评估，第三方专业评价并不强，目前要推行教育第三方评价，如果操作不当，一些不具资质却有行政背景的机构充当第三方评价，很可能搞坏第三方评价，让学校、老百姓对其不信任，难以形成公信力。

这就要求对第三方服务本身，也要进行第三方的评估。说白了，不是一引入第三方，教育就推进了管办评分离改革。不具独立性、依附行政体系的第三方，只是形式上的第三方，实质还是管办评一体；不具专业性的第三方，会搞砸第三方，让老百姓依旧相信行政的权威，而不利于推进教育的去行政化。

中国职业技术教育发展尤其需要第三方教育评价[①]

储朝晖

尊敬的各位英国朋友、中国同行，大家好！

感谢举办方给我与大家交流的机会，正好1985年我走上工作岗位的时候到了一所普通中学改制办职业高中的学校，一边教高中物理，一边兼任进行教育体制改革的教改实验员，后来我们依据陶行知教育思想提出农科教结合，1988年由当时的农业部部长何康报告中央在全国推广。自那以后我的教育研究中一直保持对职业教育的关注。

中国职业技术教育薄弱的原因是什么？我通过直接的调查分析认为主要在以下方面：

首先是私立学校的产权及发展空间得不到相应法规保障，受到多方面不公正对待。1985年前后中国各地有大量私人办的职业学校或培训班，当时的政府行政管理部门可能会因为没有使用某个部门编的资料而让学校关门，办学的时间、条件、师资、课程安排、生源等太多的理由都可以让职业学校的举办方血本无归，至今这个问题还没有解决，所以民办的职业教育比例较低。

其次是社会对职业教育需求的多样性与政府控制严格的学历的规范性、单一性形成矛盾。职业教育与生活技能直接相关，规范性较弱，与生活及各行各业的生产比较接近；普通教育与生活离得比较远，其中一些甚至千百年不变，比较规范、比较单一。而教育管理部门习惯于单一、规范的方式，使得职业教育在行政管理部门的各种单一要求面前难以发展起来。

[①] 本文为作者2018年5月28日在中英职业教育合作发展联盟于北京梅地亚中心举行的成立会上的讲稿。

再次是对职业教育质量没有客观界定，这就与今天讲的第三方教育评价主题相关了。没有客观公正的评价，导致不能形成办得好的就继续发展下去，办得不好的就被淘汰的良性循环。公立学校与私立学校在生源、师资及其他资源上存在争夺，公立学校即便办得不好靠学历文凭和教师编制就能取胜，办得好的民办职业学校反倒可能因此招不到学生，请不起教师而生存不下去。

从专业角度看，中国的现代职业教育发展存在以下的障碍：

第一方面是价值迷失。现代职业教育的价值基础是生利，生有利之人，制有利之器，产有利之物。而长期以来中国将职业教育的价值教条化，办得与普通教育没有多大差别，上很多普通必修课，职业学校的教师大多没有一技之长，自己都难以靠职业维系生存，以这种方式教学生只能办成消耗越来越大的教育，不可能持续。

第二方面是管理体制过度行政化。造成现代职业教育困境的根源是管理体制，职业学校原本应是与产业关联更密切的教育机构，现在却大都成为政府怀抱中长得很虚弱的孩子。政府老在喊重视职业教育，喊我这个孩子面黄肌瘦，你们都照顾他一些，却不愿把这个孩子放下地让他自己走路，走向企业与企业结合。政府一边大力发展职业教育，一边在大力破坏职业教育的内在生存动力与能力。

第三方面是社会根基被掏空。职业教育与普罗大众的生活联系被切断，黄炎培曾说职业教育"使无业者有业，使有业者乐业"，它与每个人的职业生涯联系紧密才能有深厚社会根基，而当下大众从观念上不信、鄙视职业教育，在需求上难以有可接触到的使用，由行政部门挥来挥去，使职业教育自身变为一个庞大而又低效的消耗而非生利体系，教师、学生和社会大众避之不及。

职业教育发展需要实行"三放"：

一是放开学校举办权，改变公立学校单打独斗局面，需要建立相应的法律法规保障私人、企业以及其他非公机构创办职业教育的权利。

二是放开办学形式，给多样办学合法的身份。长短结合、课堂实习结合、正规与非正规结合，形式要随实际需求而变，而不能用普通学校的形式要求、束缚职业学校的办学行为。

三是放开第三方教育评价，政府对职业教育的投入与发展规划，要依据专业机构可信的评价结果，依据办学绩效不加区别地对待各类职业学校，只要办得好，无论公立学校和私立学校，政府都应该一视同仁地给予资金与政策支持，对那些办学效率低的学校一定要改组或撤销。

职业教育需要第三方评价做什么？首先，通过第三方教育评价介入重新定义脱离产业与学生生活的职业教育，使有效的职业教育能更好地生存发展，降低对行政的依赖性。这样做才能分清哪些职业学校是对社会与大众有效的，哪些是无效的，作为此后决策的依据。其次，让职业教育利用更具公信力的评价结果，更大程度上回归市场，离开政府怀抱自主动起来，并能稳健地走得更远。职业教育被企业和受教育者感受到有效，就可以很快获得社会信誉，就会有更深广的社会根基，就能获得更好的发展。再次，通过第三方教育评价提升办学质量，为职业教育质量保障和教育教学改进注入动力，从而提升教育质量，让职业学校把质量作为自己前行的根基。最后，为多元主体发展职业教育提供更公平、公正的条件，没有第三方教育评价的职业教育发展的各个环节都充满不公平、不公正，直接与教育的基本价值相违背。

长期以来，中国职业教育未能与第三方教育评价组合，发展职业教育第三方评价遇到的困难有哪些？一是职业教育的市场观念不足，学校和管理方难以在市场框架下，按需求购买或采用职业教育第三方评价服务。二是关键理念尚不明晰，相关当事方需提高对职业教育第三方评价的认识，政府、职业院校及其他职业教育办学主体需要积极改变观念。三是第三方教育评价机构发挥主体性，通过完善组织机构建设、制定行业规范、增强质量和服务意识等，促进职业教育第三方评价市场完善，这个过程各方积极配合需要三五年，否则可能比较漫长。

在职业教育领域开展第三方评价同样需要政策支持。2011年，教育部、财政部启动了"支持高等职业学校提升专业服务产业发展能力"项目，明确要求重点支持建设的高职专业必须实施第三方评价。这一政策受多重因素影响落实得并不理想。2018年5月，国务院印发《关于推行终身职业技能培训制度的意见》，其中明确要求"（十一）建立技能人才多元评价机制；（十二）建立职业技能培训质量评估监管机制"。这种"多元"，既针对评价标准，也包括评价主体。第三方教育评价主体从高职院校内部向外部转移，适应了高职教育改革发展的趋势。

最后，对发展职业教育第三方评价提三点建议：

第一点，在评价内容上可以选择评价职业学校资质、管理、教学、毕业生就业率、就业质量、企业满意度和创业成效，平等对待多元办学主体，政府可依据绩效给予资助，降低行政驱动。

第二点，通过第三方评价可以变职业教育的供方主导为需方主导，切实依据企业需要和学生成长发展需求组织教学、实施管理，进行评价，避免个人和企业"被职业教育"。

第三点，第三方教育评价聚焦到评价学生，变学历模式为职业生涯支持模式，以人为本，将学员学习需求作为第一依据，学习效果作为绩效依据，增强灵活性、针对性。

简而言之，中国职业教育发展受限的根本原因是管理与评价体制，政府管控较多，评价体系单一，职业教育尤其需要第三方教育评价。切实依据产业和企业的需要、学生发展的需要培养人，将职业学校由学历模式转向职业生涯支持模式，这些都可以由第三方教育评价探索出更多可能性。

教师教学能力的第三方评价实践探索[①]

黄晓婷

教师教学能力评价一直是我国教育的热点问题,因为它对促进教师专业发展、提升学生学习效果起着重要的作用。目前,教师能力评价种类繁多。从评价性质来看,既有教师资格考试、绩效评估等总结性评价,也有日常听评课等形成性评价;从评价方式来看,包括传统的纸笔考试、课堂观察、档案袋评估、自评问卷以及用学生成绩等作为教学产出的指标。

尽管已经有了很多的实践经验,教师教学能力评价仍然面临着很多争议和挑战。原因之一在于教育主管部门、教师、家长等不同的利益相关者对评价目的、标准、方式和结果等存在分歧。由于教师教学工作的复杂性高,很难用一项评价满足方方面面的需求。教育部门主导的教师评价往往在较大的范围内开展,无法采用很细致的评价方法,所以很难给教师提供有用的建议。而学校内部的评价,多数依赖校长和同事的主观判断,评价的科学性和公平性也难保证。

随着我国管办评分离的《关于深入推进教育管办评分离促进政府职能转变的若干意见》的颁布,第三方评价发展迅猛。专业的第三方评价可以在一定程度上提高教师评价的科学性和针对性,但目前大部分只针对学生学业水平进行评价,对教师的评价较少。因此,本文以"新生态学校教师评价"为例,介绍该评价实践所采用的六个步骤,并探讨如何通过这些步骤提高教师教学能力评价的科学性。

步骤一:明确评估背景

明确评估背景即通过与评估的主要利益相关方充分沟通,明确评估

[①] 本文原载于《当代教育家》,2017年第3期,作者系北京大学中国教育财政科学研究所教育评价中心主任、第三方教育评价机构联谊会学术委员会特聘专家,收入有修改。

的目的。鉴于时间和资源的局限，单次评价难以全面地反映教师教学活动的质量。因此，只有明确了该次评价的主要目的及目标的重要性排序，才能选取最适宜的评价方法。例如，"新生态学校教师评价"是为某市多所小学提供建设"新生态学校"、提升本校办学品质的评价活动。这就决定了该评估项目是形成性评价，旨在寻找教师教学中存在的不足，并提出建设性的建议。

步骤二：确定评价标准和范围

尽管我国已经制定了《中小学教师专业标准》，且不少地区都有绩效考核、职称评定等教师评价指标体系，但这些评价标准都服务于特定的目的。因此，针对不同的评价目的和被评价对象，仍需灵活调整评价标准。此外，由于参与的学校都是区域内的优质校，因此可以适当拔高要求，对标省级、全国乃至其他教育发达国家的优质课堂。

评价范围包括内容范围和抽样范围。对教学工作的全面评估涉及课前、课中、课后等多个方面，全面、细致的评价固然可以获得详尽的信息，但时间和人力成本也非常高。依据评价的主要目的，选取最相关的评价内容可以大幅提高评估效率。"新生态学校教师评价"的主要目的是评价教师能否在课堂上落实以学生为本的理念，因此仅聚焦在课堂教学环节。抽样时，由于该项目以学校为分析单位，不针对教师的个人水平评估，因此按照科目随机抽取部分教师就可以满足评估需求，从而降低评估成本。

步骤三：设计评价工具

适切、科学的评价工具是成功实施一项评价活动最终目的的关键。国内外广泛使用的评价工具有观察量表（如CLASS）、自评量表、学生问卷，每种工具评价的侧重点不同，各有优势和局限。在已有量表能够满足评价需求的情况下，直接选用最适宜的量表是最高效的做法。但往往每项评估都有其特定的背景和要求，这就要求评价者从理论基础和实践经验出发，修改已有的量表或精心编制新量表。

在"新生态学校教师评价"中，评价者依据评价的实际需求及小学版CLASS的理论框架，编制了包含3个一级指标、18个二级指标的新量表。一级指标包括：情感支持——教师是否成功营造了平等尊重、学生自主思考、自由探索的课堂氛围；教学支持——教师是否为学生提供了充足、适切的知识、学习方法和思考方法；课堂组织——教学组织是否具有灵活性、多样性和创造性。每个二级指标对应一道5点计分的题，由评分员通过课堂观察和补充访谈进行评分（见下表）。

评分员对师生互动的评价示例

1	2	3	4	5
a.仅与少数（不足1/4）学生有互动 b.绝大部分互动为机械记忆知识的问答		a.与半数或半数以上学生有互动 b.有部分（1/3或以上）互动为讨论学习方法或思考方法等		a.大部分（2/3或以上）互动具有启发性，鼓励学生主动思考 b.学生会主动发起深入的讨论

·计分方法．对于1分的描述，只要满足其中1项，就计1分，不再对后面的描述进行判断；对于3分的描述，如仅满足部分，则计为2分，全部满足计3分；对5分的描述，如仅满足部分，则计4分，全部满足计5分。

步骤四：评价准备

评价准备包括评分员培训与预评估，是提高评价信效度的重要环节。培训能帮助评分员熟悉即将使用的量表，统一评分的严格程度，从而提高评分员内部的一致性。"新生态学校教师评价"的评分员由老校长、资深教研员和评价专业人士组成。由多名不同背景成员组成评价小组，有利于保持第三方评价的客观性和公正性。在评价培训中，评分员们逐条讨论量表中的描述，并对典型案例进行分析，形成一致的评分意见。

预评估能有效地发现评价工具中模糊不清、有歧义、不易操作及不适用的地方，为及时修改和完善评价工具提供重要信息，提高正式评价结果的信效度。为节约时间和成本，"新生态学校教师评价"使用已有的课堂教学视频资料进行预评估，通过预评估对量表中一些模糊的定义（如部分、少量等）进行明确界定，提高量表的可操作性。

步骤五：评价实施

在评价实施的过程中，第三方评价要做到客观、公正，尽可能减少对正常教学秩序的影响。在课堂观察中，评分员要做"隐形人"，尽量不引起学生的注意、不影响老师的教学行为。在访谈中，要遵循平等、尊重的原则，倾听教师的意见，不要用带有价值判断的语言引导作答。

步骤六：评价结果报告

结果报告主要分为量化结果和质性分析。不同的评价目的、内容和方式决定了结果报告组成部分或侧重点的不同。"新生态学校教师评价"

的结果报告包括得分和质性分析两部分。得分除了各二级指标的项目得分外，还包括加权总分。计算这些分值的主要目的是使学校间的横向比较和校内多次评估的纵向比较更为简便易懂。需要注意的是，该项目要求评分员在完成每所学校的课堂观察和访谈后，即时完成打分，避免因记忆模糊产生的误判。

质性报告的形成过程略为复杂。评估组首先就项目分及总分与校长和相关教师进行沟通，讨论有疑义的评分。在外部评估组和校内成员基本达成一致后，评估组就评价中发现的课堂教学中的不足之处提出针对性的改进建议。最后，评估组和该校校长及相关教师再次沟通，探讨建议的可行性，并最终形成评估报告。因此，评估报告的质性分析部分在某种程度上也被视为学校提升教师教学能力的初步规划。

除了上述六个评估步骤外，"新生态学校教师评价"项目还把教师评估和集体教研、参观、培训等活动有机结合起来，形成可以为教师提供专业发展支持的系列活动。较之相对独立的单一评价活动，这些活动更易获得教师的认同和积极参与。此外，有研究表明，教师亲身参与标准制定、工具设计或评估过程的评价活动，更易认可其结果，并将结果运用到自己的教学改进中去。因此，我们建议第三方评价在保持客观、中立的同时，要尽可能调动教师的主动性，让教师参与到评价活动的各个环节中来。

实施第三方学业质量评价的区域探索[1]

姚敏

摘要：四川成都市青羊区引进"第三方"学业质量评价系统，运用 ACTS 学业评价技术进行试题命制和解析赋分，实施可靠、可信的检测，生成多元、多维、多指标、结构化、多种类的成绩报告单（学生、班级、年级、学区、区域），清晰地呈现出学习、教学、教研、管理、教育决策等方面的客观现状，从而诊断出问题成因，并提供科学的教育咨询和改进方案，形成了"目标—测试—诊断＋甄别—处方"的完整评价，使教育质量评价的功能得以归位和发挥。学校因此从"被动接受"考试转变为"主动求医"，主动参与评价，获得咨询指导；教师从"为分而战"转变为"因人施教"，变培养"考生"为培养"学生"；教研从"浪漫模糊"走向"科学精准"，教研工作变得更加科学有效。

关键词："第三方"评价；ACTS 学业评价系统；ICTS 综合素质评价系统；学业评价技术；成绩报告单；教育咨询；青羊教育

中国教育发展到今天，一路创新，一路改革，但仍有不少问题为人诟病，其中学业质量评价、教学应试化、减负提质等都是长期以来被公众热议的话题。

一直以来，学业质量评价被"考试"代替，判定学生、班级、学校、区域学业质量高低的依据通常是"纸笔测试＋分数＋平均分＋排名"。测试目的和结果的单一笼统带来的后果是唯分数论。而且，这样的分数并未起到对个体进行学习诊断、甄别，以帮助教师进行分层分类的个别化教

---

[1] 本文发表于《中小学管理》2014年第5期，作者姚敏时任成都市青羊区教育局副局长。四川成都市青羊区引进"第三方"学业质量评价系统，运用本会主席团成员单位北京公众教育研究院开发的 ACTS 学业评价技术进行试题命制和解析赋分，实施可靠、可信的检测，生成多元、多维、多指标、结构化、多种类的成绩报告单（学生、班级、年级、学区、区域）。

学的作用，导致了后续教学的同一性——通过加大习题量，追求分数和排名，再根据分数和排名，加大练习量，形成恶性循环。

"考试"亟待被科学的学业质量评价所取代！近年来，青羊区一直在尝试改变，如测试题目由分学科向"学科+综合"改变，测试工具由单一的纸笔测试向"纸笔测试+访谈问卷"等改变，测试结果由单一的百分排名向"百分排名+描述性报告"改变……这些改变花费了大量的人力、物力，但并未从根本上解决问题：学校仍然缺乏参与评价的积极性，教师"谈考色变"，评价并未实现对管理和教学的优化……这些现象让我们一次次追问：教育质量评价的目的、意义、工具、模式、途径、结果运用等，怎样才能更科学、有效、可靠、可信、公正？怎样才能去应试化？怎样才能切实实现以人为本，从根本上服务于教与学的改进和内涵式提升，实现我们的改革目标和教育理想？

与此同时，我们也在思考减负提质的问题。虽然在四川成都市历年的教育质量监测和课业负担监测中，青羊区小学的教育质量一直名列前茅，课业负担排名靠后，但我们深知，减负提质仍有空间。眼下"减负"的途径很多：控制作息时间和作业时间、降低学习难度、考试变游戏……但我们不难发现，这些途径并未真正触及"减负"的核心问题——通过个性化评价和个性化教育，提升学生的学业素养，从而让学生学会学习。我们希望能探索出一条科学有效的减负提质的路子，让大家不再在课业负担的外围绕圈子。

在国家政策的支持下，青羊区教育局在学业质量评价改革方面选择了"走出体制，借助专业组织"的"第三方"模式。在大量、广泛调研的基础上，我们选取了一个比较成熟（研制+实验16年，推广8年；样本覆盖20多个省，有效样本量达到100万人次以上）、符合教育部推进中小学教育质量综合评价改革意见的评价系统：ACTS学业评价系统和ICTS综合素质评价系统。

一、何谓ACTS学业评价？

ACTS的全称是Ability-Competence Test System，即学业素质能力评价系统。ICTS的全称是Intelligence-Competence Test System，即综合素质能力评价系统。这两套系统由一家民间教育评价研究机构研发，在已推广试用和使用的20多个省广受好评，并被中国教育学会采用，作为"教育部中小学教育质量综合评价改革实验"的评价技术系统。ACTS学业评价技术以教育目标分类学、认知建构理论、多元智能理论等在国际上被广泛应用的教育理论为基础，借鉴国际最新的测量评价发展趋势，通过构建一个以"知识、技能、能力"为显性维度，以"方法、过程、策略"和"情感、价值、态度"为隐性维度的三维多元多层测量评价技术模型，以多元、分项、多维的方式，来测量、评价、诊断和甄别学生在"三维目标"和"学科学习目标"上所取得的成绩，以及存在的问题、原因和未来发展的潜力。它力求从根本上解决当前学科教育评价不能诊断、反映课程目标和课程标准的问题。

通过对比研究我们发现，这两套系统的整个评价流程和解决技术，在教育质量评估以及解决教研、教学等问题上有着突出的优势。以ACTS学业评价系统为例，其技术解决方案如下：

1.根据评价目的，确定评价实施的时间和样本

ACTS学业评价系统可根据教育行政部门或教育科研部门的评价目的（需求），随时、有针对性地进行测试评价。比如：为更好地运用"最近发展区"和"脚手架"理论，对掌握程度不同的学生实施个性化教学和辅导，可采用适合新学期伊始使用的配置性评价；为了解教学在学生身上产生的效果，及时调整教研方向、教学进度、教学重点，弥补前期教学的不足，可采用适合学期中间使用的过程性评价；而学期末的终结性评价，则可综合评估在一学期结束时，全部教学和训练对学生的知识掌握、技能习得和能力养成所产生的影响，为教研部门、教师和家长下一步制定符合学生学习情况和特点的学习计划提供了重要的参考；选拔性和鉴定性评价不仅可以呈现出学生的知识、技能和能力发展情况在群体中的位置，同时还能呈现学生的学习特点和学习潜能。

2.试题命制（或活动项目设计）和解析赋分

目标确定后，我们进行试题命制（或活动项目设计）和解析赋分。ACTS学业评价系统有成熟的、符合国家新教改要求的信息化专家系统——ACTS评价技术平台，实现了ACTS学业（素质）评价技术在教学业务中的校内信息化自助应用和教学管理、研究、教与学等协同服务应

用。命题赋分可由第三方独立完成，也可和使用方共同完成，还可由使用方独立完成。因为有评价技术信息化平台系统，所以教研员和骨干教师的全程参与得以实现。在反复精研测评目标、课程目标、学生年龄特质，以及确定每一道题目所含目标细目的过程中，他们的教学思维品质和能力会大大提高，并映射到日常教学中，提高日常教学的科学性和效度。

3.实施可靠可信的检测

为保证测试结果的信度和效度，这两套测量评价系统都开发了多种信息化的信效度分析工具和信效度、难度、区分度统计分析评估工具，并开发了考务、管理等信息化系统，以确保考务工作的可靠和可信。

4.数据统计与分析报告

ACTS学业评价系统已高度数字化、信息化。测试结束后，通过网阅和数据导入，该系统能快速精确地处理数据，自动生成多元、多维、多指标、结构化、多种类的成绩报告单（学生、班级、年级、学区、区域）。报告单集成了强大的学业诊断和甄别功能，具有精细的个体诊断甄别功能、科学的教师评价功能和精细化的教育质量监测功能。教育行政部门、教育科研部门、校长、教导主任、教师、家长、学生均可在不同的报告中获取自己需要的信息。这些清晰、具体、有效的信息，可以用来改进教育决策、管理、教研、教学、学习、辅导等。

5.提供咨询和改进方案

教育实施、教育评价（诊断与甄别）、教育咨询是伴生体，三者构成教育改进与发展的一个"自组织系统"。教育评价评估的是教育实施的成效，教育评价的结果则需要教育咨询来转化，以促进教育实施的改进。在教育实施、教育评价之后，如果没有教育咨询，那么这个"自组织"循环系统就不完整，教育评价也无法真正发挥出改进教研、管理、教学、学习的功能。尤其是在教育评价日益专业化、多目标、多内涵的情况下，教育咨询的作用将更加突出。

ACTS学业评价系统提供的成绩报告单、信效度分析报告、信效度难度区分度统计分析评估报告等，集成了强大的学业诊断和甄别功能。这不仅是教育咨询（学业咨询、授业咨询、管理咨询）的基础和依据，也是教育咨询实现科学化、人本化的体现。

不难看出，ACTS学业评价系统是一套比较理想的具有"目标—样本—测试—诊断+甄别—处方"等要素的评价方案。

二、ACTS学业评价带来的变化

实施ACTS学业评价系统两年来，我们发现了几个有意思的转变：

1. 学校从"被动接受"到"主动求医"

过去由于技术受限，我们难以给学校、班级、学生等提供科学精准的评价报告，简单、模糊的分数排名，不仅不能靶向解决管理和教学中的问题，反而给学校造成一种居高临下、威权判断的印象。而ACTS学业评价更多的是诊断，并提供改进方案，学校可以从班级和学校报告中看到学校管理、校本教研、教师专业发展中存在的问题，并获得改进的咨询指导。这种"体检报告+诊断处方"的评价，使学校如久患遇良医，渐渐地，它们从过去的被动接受"考试"转变为主动参与评价。

2. 教师从"为分而战"到"因人施教"

由于ACTS学业评价能给教师提供班级报告和每个学生的个人报告，所以教师拿到的不再是简单的分数，而是翔实的数据和数据背后存在的问题。一份个体报告即是一个鲜活的孩子的真实学习情况，报告呈现的问题不仅仅局限于表面的知识与技能，还有学习兴趣、学习动机和学习自信心等非智力因素方面存在的问题。这有利于教师改变对学生的认知，尤其是对所谓"差生"的认知。教学不再是为分数而"眉毛胡子一把抓""一人生病，全班吃药"，而是尊重个体差异、扬长避短的"因人施教"，从培养"考牛"转变为培养"学生"。

同时，学生个体报告为教师研究学生提供了科学依据，使教师在引导学生进行"学、习、思"建构学习时更加准确、有效，不浪费精力、时间和资源，有效地实现了减负提质。班级报告与年级报告科学精细地反映了教师的职业素养、专业能力、教学能力、价值取向、教学风格与习惯、教学绩效等，有效地解决了教师专业成长中存在的一些问题。

3. 教研从"浪漫模糊"到"科学精准"

传统的教研以教材分析和教法指导为主，而由于"一千个读者就有一千个哈姆雷特"和"教学有法，教无定法"，所以教研实效往往大打折扣。现在，教研员根据ACTS区域报告单，可以快速、准确地识别各校在教学中存在的问题，从而有针对性地制定教研计划，使教研工作变得更加科学有效。

4. 家长从"望子成龙"到"望子成才"

在教师发生改变的同时，家长也在变。过去，所有的家长都奔着相同的目标——高分数、高排名。当评价方式发生变化后，家长可以从报告单中清楚地看到孩子的短板和长处，还可以通过咨询服务，科学分析孩子今后的发展方向。

从这些转变中，我们欣喜地看到，ACTS学业评价始终关注学生、教师、学校的发展和教与学的改进，始终体现服务意识和科学精神。它从科学设定考查目标、明确价值导向，到通过多种成绩报告单清晰呈现出管理、教研、教学、学习的客观现状，诊断出问题的成因并提供改进方案，直接作用于管理者的管理行为、教师的教学行为和学生的学习方式，从而使教育质量评价的功能得以归位和发挥，学校层面的减负提质也因此有望找到突破口。

三、实施"第三方"学业质量评价的思考

从"考试"到"评价"，从自己摸索到购买"第三方"服务，这个改革的过程给我们带来了一些启示和思考。

1. 教育改革必须重视教育的人本性和科学性

长期以来，分数、排名、升学率成了我们的唯一追求，让我们不自觉地用落后的理念和方式，从事最应该讲人本、讲科学的工作。教育改革必须唤醒教育者对每个个体和客观规律的尊重。如学业质量评价，只有做到评价的有效、可靠、可信，用数据和事实呈现学生个体的差异，用评价目标进行价值引导，教师才可能基于学生的认知和成长规律，客观、公正、公平地对待每一个学生，科学实施"教、导、启"，使教育真正回归到"人本"轨道上来。

2. 教育改革关键在于找准着力点和突破口

教育改革面对的问题看起来错综复杂，但我们仔细梳理后就会发现，

各个问题并不是孤立存在的，找准一个着力点，打开一个突破口，往往会起到纲举目张、事半功倍的效果。如学业质量评价，看起来只是在评价方面实施改革，但当它成为科学教研的有力工具时，带动的却是教育咨询、区域教育管理研究、学校教学管理、教师教学理念及行为改变、减负提质等系列工作。一个点上的改变，带来的是多米诺骨牌般的连锁反应。

3.教育改革必须在"田野"中发生

任何一项改革，无论行政部门出台多少文件、开多少会，只要行动不落实到一线操作层面，最终的效果都难以保证。这从一线教师对历次课改的认可度和执行度上可以看出来。因此，改革项目的契合性、可接受性、可操作性等十分重要。如ACTS学业评价系统，其理念、操作和结果运用等，无一不与新课改理念紧密结合，无一个与教师的教学行为、学生的学习等紧密结合。教师的全程参与，让教师认识到改革的必要性和重要性，同时感受到由过去简单排名的压力转变为教学改进动力的愉悦。只有教师为教育改革真正的中坚力量，改革才能在"田野"中扎根、生长。

4.教育改革呼唤建立教育咨询师培养认证体系

教育咨询起源于20世纪初的美国，到20世纪50年代时，美国学校咨询师协会（简称ASCA）成立。1997年，ASCA提出了"学校咨询项目国家标准"，其中明确提出，学校咨询"是一个帮助人的过程，它主要通过协助人们做出决策和改变行为来实现这种帮助。学校咨询者的工作对象是全体学生、学校教职员、有关家庭和社区成员。学校咨询计划的目标是促成学校教育达到最大成功（包括取得最理想的学业成就、合理的社会性、情绪和职业发展）"。到目前为止，美国已有10万余名训练有素的学校咨询师在公立学校工作。在欧洲诸国和日本，教育咨询师队伍也在快速成长。而在我国，教育咨询师的培训、认证工作尚未发展起来。这个问题若得不到解决，将严重影响我国教育的改革和发展。ACTS学业评价系统的教育咨询工作基于科学人本的教育评价的"测量、甄别、诊断"功能，以及由此延伸或合成的"导向、预测、选拔"等功能，是改进学习、教学、教研和管理的利器，为建立中国教育咨询体系做出了有益的探索。

第三方机构参与区域教育评价的思考与实践[①]

徐学俊

一、问题提出

（一）政策背景

中共十九大把立德树人作为教育的根本任务，重申深化教育领域综合改革的重要性。《国家中长期教育改革和发展规划纲要（2010—2020年）》提出要改革教育质量管理制度。实现教育现代化，必须建立与之相适应的现代教育质量管理体系。转变政府职能、改进宏观管理，也必须强化管理评价工作，发挥管理评价的引导作用。

长期以来，单纯以学生学业考试成绩和学校升学率评价中小学教育质量的倾向没有得到根本扭转，导致了重分数轻素质、重知识传授轻全面育人、学生学业负担过重等突出问题，严重影响了学生的全面发展、健康成长，制约了对学生社会责任感、创新精神和实践能力的培养。许多发达国家和国际组织把改革教育质量管理评价作为诊断教育问题、完善教育政策、改进教育教学的重要举措，并收到了良好的效果。因此，很有必要借鉴国际经验，建立一套符合中国国情、能够解决实际问题的第三方中小学教育质量管理评价体系。基本建立体现素质教育要求、以学生发展为核心、科学多元的中小学教育质量管理评价制度，切实扭转单纯以学生学业考试成绩和学校升学率评价中小学教育质量的倾向。坚持育人为本，把学生的发展作为学校一切工作的出发点和落脚点，评学校看质量，评质量看学生。由单一评价变为综合评价。

[①] 作者为第三方教育评价机构联谊会主席团成员单位、资质合格单位武汉华大教师教育发展研究院专家，湖北大学教授。

中小学教育质量管理改革主要有两大任务：一是要建立健全中小学教育质量管理体系，包括建立教育质量管理评价指标体系、健全评价标准、改进评价方式方法、科学运用评价结果等；二是要完善推进教育质量管理评价改革的保障机制，包括协同推进课程教学、招生考试等相关改革，加强专业基础能力建设，保障评价经费投入等。

（二）切入现实

教育质量是学校的立足之本、生存之根。只有坚持不懈地狠抓教育质量管理，才能确保培养出高素质的人才。实践说明，构建科学且操作性强的教育质量管理体系，才能将提高教育质量的工作落到实处，才能不断提高办学水平。要使学校教育质量管理步入科学化、规范化、制度化的轨道，确保教育质量及教育综合实力的全面提升，必须构建具有科学性、操作性强、切合中小学教育实际的教育质量管理体系。近三年来，武汉华大教师教育发展研究院作为第三方教育评价机构，在满足地方教育需求，提升基础教育管理质量水平，建立教育质量管理体系，参与武汉市黄陂区、洪山区等区域推进教育评价等方面进行了有益的探索。

二、确立第三方教育质量管理评价目标

（一）学校目标

在第三方机构的直接参与对口帮助下，以学校教育质量管理为评价对象，以学校管理科学化为重点；评价过程及结果既是学校经常性自我评价的依据，又是第三方机构进行检查或指导的基础。评价的作用在于确立衡量一所学校的标准，推动学校坚持正确的办学方向、实行目标管理，通过评价及时反馈、及时调整、发挥学校办学优势，克服办学不足与缺点，不断提高被评学校教育质量和办学效益，从而全面实现教育改革与发展目标。

在对管理模式实践探索的基础上，结合对其他质量管理模式的分析和黄陂区初中学校管理的现实思考，确定该区初中教育质量管理的学校目标：树立新的管理理念，构建质量管理体系，运用整套过程方法，建立不断改进的机制。

1.树立新的教育质量管理理念

帮助校长和教职员工转变观念是实施教育质量管理的关键,把"以学生为中心""教育服务""全面质量管理""持续改进"等观念植入教育管理,满足学生多样化学习和社会多样化人才培养的需要,公正评价教育,建立自我改进、自我完善的机制。

2.构建初中教育质量管理体系

初中教育质量管理体系为实施教育质量管理所需的组织结构、程序、过程和资源。教育质量管理体系的策划是确定学校质量目标与方向的一次思想解放。建立该体系首先要对教育质量方针与教育质量目标进行策划,使学校对教育质量明确化、具体化、公开化,其内容主要包括学校对教育价值的认识,对教育目标、教育质量管理任务的陈述,对教育质量管理体制和方法、教育质量评估活动与学校决策关系的说明等。按照国际教育质量管理体系标准对学校教育质量方针与目标进行策划,体现科学、法制以及发展、创新的要求。

3.建立提高教育质量的保障系统

使所有影响教育质量的因素都处于受控制的状态,就要使学校校长及教职工明确保证教育质量应达到的要求,为规范教育质量管理提供良好的基础。通过预防为主而非一味依赖事后把关的教育质量文化的形成,使教育质量管理机制建立在先进的教育质量管理理念以及全体教职工对教育质量管理的正确理解上。

4.促进被评区初中学校形成办学特色

各学校因为各自的具体教育目标、所采取的教学过程、组织规模和结构、可支配的教育资源等的不同,会构建出不同的教育质量管理体系,尤其是各校独有的与学校组织结构、运行机制和师资能力与素质紧密结合的过程,更增强了教育质量管理的独特性,通过有效和高效的运作,就会形成学校的教育质量核心竞争力,形成各自的办学特色。

(二)全区目标

第三方教育评价机构会同区教育局精心组织、统筹协调,充分调动各方面的积极性,对于被评区确立以下目标:

建立健全全区教育质量管理的良性工作机制：制定具体的实施方案，落实明确的改革具体任务、实施步骤和进度安排。

培养施行教育质量管理的优秀校长和教师：第三方机构将会同区教育局，组织校长和骨干教师进行专题培训，指导学校把握好教育质量管理改革的总体要求、制定好实施与改进方案，确保教育质量管理评价改革工作顺利推进。

建立一批教育现代化和教育质量管理改革实验学校：进一步完善教育质量管理评价指标、标准体系和相关配套改革，发挥实验学校的示范引领作用。

形成教育质量管理评价资源的共享机制：建立教育质量管理评价资源平台，组织专业人员制定评价操作指南，开发科学的评价工具，实现教育质量管理评价资源的共享。

促进全区教育质量及管理水平明显提升：经过三年的评估推进和指导改进，教育质量有明显提高，在武汉市远城区中处于先进水平。

三、构建第三方教育质量管理评价策略

（一）目标管理与过程管理相结合

教育质量目标管理依据预先确定的目标任务，把整个教育质量管理划分为若干连续的环节，明确规定各个环节的任务、要求、活动方式，把既定的目标要求都纳入各个质量管理环节之中，进而对整个过程实行严格的控制，具有其特有的管理优势。过程管理则着眼于合理地确定管理程序和规范，限制管理工作的随意性和离散性，按照预期的路线逐步走向预定的目标。目标管理和过程管理应该紧密结合，取长补短，发挥"整合优势"。教育质量目标是有过程的目标，教育质量过程是有目标的过程。教育质量目标管理与教育质量过程管理相结合是学校教育质量管理的必然选择。

（二）刚性管理与柔性管理相结合

刚性管理主要是严格按照规章制度、责权分配来实现由支配到服从的管理。其侧重于外力强制和严格执行，对管理方而言易操作，效果易

显现。柔性管理则是指在研究教师心理和行为规律的基础上采用非强制方法，由教师内心产生一种潜在的说服力，从而把学校意志转变为教师自觉行为的一种以人为中心的管理。刚柔相济的管理模式是学校教育质量管理的自然选择。学校教育质量管理体系应该以刚性管理为基础，通过规范性的制度来约束、监督、评价，保证学校教育质量目标的实现，同时运用柔性管理的方式在学校内部建立相对宽松的环境，培育良好的教育质量文化，使师生能自由地展现自己的个性，发挥自己独特的魅力，通过提高师生满意度来保证学校教育教学质量的持续提高。

四、明确第三方教育质量管理评价原则

科学性原则。评价的内容和方法必须符合教育教学和人的发展规律，严格遵照各学科课程标准的相关规定。

发展性原则。整个过程都要体现发展性，最终目的是促进教育教学质量稳步提高，促进持续均衡发展。

全面性原则。内容要全面，包括对教育效果的监测和对教育过程的监测。

操作性原则。应易于操作，将日常教育教学管理评价工作纳入整个评价体系，日常教育教学管理工作就是自我评价、自我诊断、自我提高的过程。

持续性原则。评价过程是一项持续性的工作，规范持续的过程管理是教育质量的保障。

系统性原则。在全面分析影响教育质量各个维度和相互关系的基础上，使影响教育质量的各要素、管理过程各环节紧密联系，形成有机整体，以便实现有效评价、科学诊断、持续改进、稳步提高。

全程性原则。对教育全部过程各个环节监控。要加强教育工作过程的环节性管理，明确教育工作过程各个环节的质量标准，使各方面得到有效的全程控制。

五、第三方机构参与地方教育评价的问题及建议

地方教育行政部门引入第三方机构参与中小学教育质量管理评估，

一方面要让教育评价的结果真正能"为民所用",鼓励教育当事人依据实际需要,使用第三方教育评价结果作为成长发展的参考依据,充分发挥评价的引导、诊断、改进、激励等功能;另一方面也能为政府提供更为真实、贴近教育实际的决策参考。教育质量提升不是空喊来的,更不是等来的,教育质量提升取决于行政管理水平,取决于校长和教师素质,取决于课堂教学效率,取决于教育教学研究。因此,建议各地教育行政部门要将管、办、评分离工作纳入重要议事日程,目前此项工作仍然是雷声大雨点小,真正落地存在诸多阻碍和困难。

武汉华大教师教育发展研究院作为第三方教育评价机构,会同相关专家在评价实践中投入了大量的人力、物力,做出了积极的努力。但由于时间紧、任务重,评估工作信息采集不够充分,有些评估意见不一定准确,成绩和问题查找还有待进一步核实,需要持续跟踪、指导、了解并及时满足政府、学校、学生等多种教育当事方对教育评价的需求,依据需求提供相应的定性定量相结合的教育评价服务,同时要做到技术更加专业化、方案更加个性化、服务更加人性化、操作更加简便化,在提高第三方优评价服务品质的同时,促进教育质量及管理水平不断提高。

社会力量教育治理内涵、特征、理论依据及机制建设刍论[①]

向帮华　贾毅　白宗颖

摘要：教育治理本质是多元主体共同参与的教育共治。社会力量作为多元主体之一，有义务依法参与和监督教育治理；同时，治理理论、公民社会理论、新公共行政理论为社会力量依法参与和监督教育治理提供了理论指南。社会力量依法参与和监督教育治理具有公正性、独立性、合法性以及有限性，是故需要在政府"元治理"层面、法治层面、第三方教育评价层面建立健全其运行机制，以确保社会力量高效发挥教育治理的效用。

关键词：教育治理；社会力量；教育共治；机制建设

时下，"教育治理"无论是在教育理论还是在教育实践中被提到的次数越来越频繁，已然成为一门"显学"。教育治理强调多元主体参与，关键是突出社会力量参与教育治理的力度。从《国家中长期教育改革和发展规划纲要（2010—2020年）》中"推进管办评分离"，"积极发挥行业协会、专业学会、基金会等各类社会组织在教育公共治理中的作用"，到2014年袁贵仁在全国教育工作会议上明确指出"要大力推进教育治理体系和治理能力现代化，构建政府、学校、社会三方面的新型关系，建立起有效的制度体系，形成政府宏观管理、学校自主办学、社会广泛参与的治理格局，大力推进教育管办评的分离"[②]，再到2015年5月4日教育

[①] 本文曾发表于《中国高等教育评估》2016年第3期，作者简介：向帮华，第三方教育评价机构联谊会主席团成员单位重庆天正教育评估监测咨询服务中心顾问；贾毅，重庆市教育学会副秘书长；白宗颖，重庆天正教育评估监测咨询服务中心发展研究所副所长。

[②] 袁贵仁.深化教育领域综合改革加快推进教育治理体系和治理能力现代化[N].中国教育报，2014-02-13(1).

部正式下发的《关于深入推进教育管办评分离 促进政府职能转变的若干意见》中，明确强调要到2020年建立政府依法管理、学校依法自主办学、社会各界依法参与和监督的教育公共治理新格局。诸文件使得教育治理的观念日渐深入人心，同时也为社会力量依法参与教育治理、实现教育共治提供了政策依据。但是，如何通过社会力量的参与优化教育治理，达到教育善治，从而实现我国的教育现代化，成为当下亟须解决的问题。

一、社会力量依法参与和监督教育治理的内涵

治理是在政府管理与市场调控双重失灵的情况下产生的。就我国而言，治理作为一个概念虽然是一舶来品，但从20世纪末就已成为学界研究的热点。自十八届三中全会提出"建设国家治理体系，推进治理能力现代化"之后，治理、国家治理遂成为政策法制的关键词，得到了国家各级、各界专家学者的重视。教育作为基础性服务事业，在我国处于优先发展的战略地位，教育治理的成功与否，关系到国家治理现代化的水平。

"教育治理"是相对于"教育管理"而言的，一字之差却有霄壤之别。"教育治理是多元主体共同管理教育公共事务的过程，它呈现出一种新型的民主形态。教育治理的直接目标是善治，即'好治理'；最终目标是'好教育'，即建立高效、公平、自由、有序的教育新格局。"[1]强调多元主体共同参与、共同治理，也就是教育共治，为多元治理主体搭建了表达利益诉求的平台，体现了教育治理主体的多元性，其中，社会力量就是最主要的教育治理主体之一。教育共治只是教育治理的手段、途径，实现教育治理现代化、达到教育善治，形成良好的教育生态，提高教育质量，追求教育公共利益最大化才是教育治理的最终旨归。

要达到这一最终目的，首先就应该对"社会力量"这一身份进行廓清。社会力量是指能够参与和作用于社会发展的基本单位，可以是个人也可以是各类法人。而对于教育治理而言，社会力量具有特殊性。参与教育治理的社会力量，是相对于教育"管"方和教育"办"方而言的，

---

[1] 褚宏启.教育治理：以共治求善治[J].教育研究.2014(10)：4-11.

具有独立性和第三方的特性。参与教育治理的社会力量就是教育"管"方和教育"办"方之外，包括社会公民、企业、党政机关事业单位、独立社会结构等在内的综合。依法，是对社会力量的要求，即要求社会力量对教育治理的参与和监督应该合乎法律制度，没有法律制度作为依据，就会造成秩序混乱、效率低下，出现教育乱治，影响教育善治的达成。所以，社会力量要依法行事，遵守《宪法》《教育法》《义务教育法》《高等教育法》等法律，参与和监督教育治理。社会力量的依法参与和监督，体现了教育治理的真正要义。

二、社会力量依法参与和监督教育治理的特征

社会力量依法参与和监督教育治理，旨在达到教育公共服务利益的最大化，形成教育善治。"衡量教育善治与否有十个标准，即参与度、回应性、透明度、自由度、秩序、效率、法治、问责、公平、效能。"[1]除此之外，社会力量作为主要的治理主体参与和监督教育治理还具有自身独特的特征。

（一）公正性

没有绝对的公平，只有合理的不公平，即相对的公平，也就是公正。社会力量依法参与和监督教育治理的公正性，首先，体现在社会力量作为教育治理主体之一，在教育治理面前，拥有公正的参与机会。相对于以往政府一方独大，对教育事业大包大揽的教育管理模式而言，社会力量在机会和治理主体"人格"上，与政府、机关以及办学主体处于平等地位。也体现了教育治理的公正性。其次，社会力量依法参与和监督教育治理有利于实现教育公正。我国地域幅员辽阔，东、中、西部教育发展极不平衡，存在地域性差异；而就同一地域而言，乡村、城镇的发展水平也有较大差距，体现了城乡教育发展的不平衡；再者，即便在同一个班级中，每个孩子也会有相异的秉性、特质与天赋。针对地域、城乡以及个人教育发展的三重差异与差距，我国不可能也无须实行统一、同等、标准化的教育供给。公共教育服务应该了解各地域、各城乡，以及

---

[1] 褚宏启，贾继娥.教育治理与教育善治[J].中国教育学刊.2014(12): 6—10.

学生、家长、教师等个体代表不同的利益诉求，从而提供急需的、有针对性的、多元化的公共教育服务。社会力量依法参与和监督教育治理恰好为各方教育主体搭建了一个价值利益诉求表达的平台，表现了教育治理的民主性，使得公共教育服务的供给能够有的放矢，从而真正达到教育公正。

（二）独立性

就我国而言，教育事业（主要指公立教育）主要是政府主管，学校按照国家政策及教育方针来经营的模式。社会力量之于教育，本身就带有第三方的独立性，社会力量既不从属于政府官方的管理部门，也与学校办学主体没有利益冲突，独立于政府和办学主体，是真正的价值无涉。同时，社会力量只是教育治理多元主体的一方，政府、办学主体针对教育治理会有不同利益价值的诉求表达，有时会产生利益矛盾与冲突，社会力量可以利用自身的独立性优势，对其进行斡旋，起到协商、润滑作用。另外，社会力量依法参与和监督教育治理的独立性，还体现在社会第三方教育治理机构的独立性上。独立的社会教育治理机构包括两类：一类是上海市教育评估院、江苏省教育评估院、重庆市教育评估院等，属于市教育委员会或省教育厅管理的直属事业单位，虽属于第三方独立教育治理机构，但有一定的官方背景；另一类是重庆天正教育评估监测咨询服务中心、北京公众教育评价研究院、北京新赛纪科技信息有限公司（比赛360网）、学分在线（北京）国际数据科技有限公司等，属于真正的独立第三方教育治理机构。这些独立第三方教育治理机构拥有独立的技术、专业人才、经费来源、操作程序等智库，能够独立自主地参与教育治理，提供教育决策参考。

（三）合法性

首先，社会力量参与和监督教育治理位列法理之内，法律和政策允许社会力量参与和监督教育治理，并给出了适当的政策指引。其次，社会力量依法参与和监督教育治理蕴含有法治精神。体现了依法治国、国家治理现代化的全面建设，全国各行各业，无论官民都要依法行事，有法必依、恪守法规。教育治理作为国家治理的基础，社会力量参与时也应该遵守法律法规，同时，社会力量还肩负监督教育治理合法与否的责任。最后，体现了教育治理的人文法治精神，教育治理为了保护大多数教育主体的利益，尤其照顾弱势群体的利益诉求，关注各类教育主体的多元需求。教育治理中社会力量的依法参与和监督与这一主旨高度契合，显现了教育治理的人文品质。

（四）有限性

加大社会力量依法参与和监督教育治理的力度，是改革教育治理的要点，但这并不意味着社会力量的无限参与，社会力量依法参与和监督教育治理有其有限性。首先，政府在教育共治中依然起主导作用，掌舵教育治理的方向。其次，为提高效率，教育共治作为教育治理的手段容易导致多方利益主体的利益冲突，不利于达成一致的妥协，致使决策过程延误，从而造成决策资源的耗费，耗时耗力。再次，社会力量代表性问题。社会力量作为教育治理的主体之一，自身含有复杂性，代表性缺失就成了棘手问题。最理想的社会力量代表应该涵盖各级各类群体，弱势群体更应该得到特别照顾，从而代表广大教育主体的根本利益。然而，社会力量的代表往往会被经济利益巨大的群体所垄断，严重影响代表性的全面性。最后，社会力量参与的意识和能力问题。意识支配行为，社会力量有了参与教育治理的意识，才会积极参与教育治理。然而，社会组织、企业、学生、家长等社会力量并不是都具有参与教育治理的积极意识，仍然存在大部分教育主体作壁上观，对教育治理充耳不闻的问题。再就是社会力量参与教育治理的能力问题。教育是一项专业性极强、牵一发而动全身的系统事业，需要一定水平的专业理论素养与技术装备，这就对社会力量依法参与和监督教育治理提出了更高的要求。

三、社会力量依法参与和监督教育治理的理论依据

促进社会力量依法参与和监督教育治理真正落地，使其得到真正落实，需要一定的理论得以支撑，即，使社会力量找到依法参与和监督教育治理的理论依据，使其具有理论可能性。

（一）治理理论

20世纪90年代以后，随着社区组织、民间互动组织以及社会志愿团体的兴起与壮大，这些社会力量对公共生活管理的影响越来越大，推动了政府改革的步伐，也成为公共管理未来发展的趋势。治理是相对于管理而言的，较之管理中政府作为唯一主体的排他性单中心社会管理，治理更加突出公共部门和私人部门共同参与的多中心协同调和治理。针对共同治理，各国专家学者提出乐"善治"的理念，强调政府与公民等社会力量合作管理公共生活，同时也鼓励社会力量积极参与治理，追求公共社会利益的最大化。由此可见，转变政府职能，促进政府放权、分权是治理的重中之重。就我国目前的教育治理而言，在我国官本位的文化背景之下，亟须依据治理理论转变政府职能，推进政府简政放权，鼓励社会力量作为独立第三方依法参与和监督教育治理。

（二）公民社会理论

公民社会理论是20世纪80年代为探讨国家和市场之外的交流领域内能够发挥公共性作用的团体组织而兴起的理论。80年代到90年代在东欧发生的民主化浪潮，对公民社会理论的兴起起了决定性作用。公民社会理论揭示了国家、公民社会和市场经济三个领域既相互区别、独立存在，又相互影响相辅相成的关系。公民社会理论认为公民社会是国家和市场之外的领域，从另一个角度也可以看作是与国家和市场有对立关系的概念。但是，必须注意的是国家和市场并没有被公民社会所完全取代，虽然公民社会对国家的行政以及市场经济提出异议，但并不代表对国家和市场进行完全否定。实际上，政府还是要在公共治理中起到宏观决策与掌舵作用，公民社会与政府以及市场实际是对抗性与补充性共存的二重关系。

（三）新公共行政理论

20世纪60年代末，人们开始重新思考公共教育行政中社会参与的问题，其中最主要的是对"政治与行政二分论"进行反思与批判。新公共行政理论认为，政治跟行政的关系并不像"二分论"者所认为的那样泾渭分明，行政管理者事实上并不仅仅局限于公共政策执行的角色，而是经常会参与公共政策的制定,并且在实践中,要想在政策制定与政策执行之间划清界限也异常困难。新公共行政理论对"二分论"的反思批判,证实了将教育管理者独立于政治与公民之外是不可能的,也是毫无必要的。要想增加政府之于社会公众的公信力,不是要将政府从中抽离,而是要促进政府分权、放权,转变其一方独大的单中心管理模式,进而增加社会力量的参与程度,这也是行政合法性要求合法性行政国家必须要根植于积极的公民参与文化环境中的体现。

四、社会力量依法参与和监督教育治理的机制建设

虽然,我国目前已经存在教育共治的现象,但并不成熟,社会力量依法参与和监督教育治理尚属新生事物。如前所言,社会力量依法参与和监督教育治理是一个牵一发而动全身的复杂系统,含有诸多关键要素,需要彼此协调合作,这就亟须建立一套全面、协调、有秩序的运行机制,保障社会力量顺利、有效参与和监督教育治理。

(一)形成政府"元治理"机制

社会力量依法参与和监督教育治理,形成教育共治,意味着政府势必要向社会释权与分权。教育共治抑制了政府大包大揽、过度干预的不当行为,但这并不表示政府作用的完全消弱与退出。在教育共治中依然需要政府发挥其主导作用,以掌控教育治理的正确方向,只不过政府发挥主导作用的范围与形式发生了改变。教育共治并不等于教育共责,在多元参与、教育共治中势必会出现决策与问责问题,这就需要一方教育治理主体承担"责任主体"这一角色。政府作为公共利益的代言人,理应责无旁贷地担当这一角色。因此,"要实现国家治理体系的现代化,必须重新审视国家权力的分配,尤其是政府权力的配置与运作。"[1]也就是要求政府在教育共治中发挥"元治理"作用。具体表现为确定教育发展方向、发展目标与发展标准,进行多元主体的目标细化,并制定行动目标和行为准则,以及规划远景与愿景;统筹协调各治理主体的利益冲突,维护公共利益,追求教育公共服务利益的最大化;通过制定问责程序与

---

[1] 汤梅,卜凡.论现代国家治理体系中的政府权力配置与运作[J].探索.2014(1):4-7.

问责制度，对教育治理的效果进行问责，为教育共治提供一个稳定的制度环境。鉴于此，政府应积极转变政府职能，通过善政朝着善治方向发展努力。

（二）完善法治机制

社会力量参与和监督教育治理的前提是"依法"，社会力量应具有法治精神，必须依法行事，法治是教育共治的前提与基础。依法，一方面体现在符合依法治国的理念，遵守母法《宪法》和《教育法》《义务教育法》《高等教育法》《教师法》《职业教育法》等法律法规。另一方面，中央、地方各级各层要制定社会力量参与教育治理的有关配套法律法规。综观世界各国，为了保证社会力量成功有效参与教育治理，都制定了相关法律法规。例如，英国教育部于1991年颁布了《家长宪章》(A Parent's Charter)，保障了家长作为社会力量参与教育治理的知情权，规定了家长在哪些方面、通过何种渠道能够获取教育治理的有效信息。美国的《不让一个孩子掉队法案》规定，接受法案第一条款经费的学校如果连续三年失败，校外人员可以通过学生辅导补习的方式参与学校治理；如果连续五年不合格，学校必须要转换管理模式，包括交给私营管理公司经营。日本最具代表性的社会力量参与教育治理的制度是学校运营协议会，"推进教育治理中的社会参与，必须不断完善社会参与技术和策略，包括转变政府职能和角色，加强政府与非营利组织之间的合作，在政府与公众之间建立信任，并在法律法规、教育机制以及组织结构等方面给予保障"[①]。

2004年修订的《地方教育行政组织与职能法》将学校运营协议会制度作为法定的学校管理制度，从而明确了社会力量参与教育治理的法律依据。我国目前针对社会力量参与教育治理只是制定了相应的政策文件，例如2015年5月4日教育部下发的《关于深入推进教育管办评分离 促进政府职能转变的若干意见》，并没有建立起保障政策有效实施的法律制度，不能明确社会力量参与和监督教育治理的法律地位，不能为社会力量"正名"，名不正，则言不顺；言不顺，则事不成。因此，我国应该制定各类法律法规以保护社会力量参与教育治理的合法地位，并对社会力

[①] 蒲蕊.论教育治理中的社会参与[J].中国教育学刊.2015(7)：26-31.

量参与和监督教育治理做强制性规定。例如，制定《社会力量参与和监督教育治理保障法》、《公民参与法》以及《家长委员会章程》，等等。

（三）建立健全独立第三方教育评价机制

教育评价具有以评促建、以评促管、以评促改的功能，是教育治理的重要渠道。因此，有必要建立健全社会力量作为独立第三方参与教育评价的机制。

首先，建立相应的机构机制。目前，我国已经下发了促进教育管办评分离，推进教育治理的政策文件，但是国家、地方并没有设立专门负责教育管办评分离的部门，以对全国、地方的教育管办评分离进行宏观统筹调控。因此，国家、地方层面应该设立专门的机构部门专管教育管办评分离事务。例如，国家教育部可以单独成立教育管办评事务司，抑或在教育督导办公室下设教育管办评分离部门，统筹全国的教育管办评分离。相应地各省、直辖市、自治区以及地市级、区县级单位也配备成立教育管办评办公室，以掌控当地的教育管办评事项。

其次，建立独立第三方教育评估机构资源共享机制。目前我国真正社会（民间）独立第三方教育评估机构为数甚少，以2015年11月15日中华教育改进社发起的全国第一届独立第三方评价机构联谊会参会机构为例，包括公众教育评价有限公司、学分在线（北京）国际数据科技有限公司、重庆天正教育评估监测咨询服务中心在内共有十家第三方教育评估机构。在独立第三方教育评估机构新生之时，评价机构的评估方法、评估技术、评估积累经验、评估资料是无形资产，是赖以稳健发展的根本。在第三方教育评估机构本来就不成熟的情况下，每个评估机构不能"各自为政"，彼此互设交流藩篱，应该互相联结、抱团应对、加强交流。在软性数据资料方面应该在保证机构知识产权的前提下，建立一套完善的资料共享机制，使全国独立第三方教育评估机构能够得以共享彼此的数据资料，共同解决面对的发展问题，以便独立第三方教育评估机构能够迅速壮大。

最后，探索科学的评估结果公布体系。由于评估结果具有敏感性和有针对的保密性，一般情况下，教育评估结果的公布比较谨慎，公布的对象也有严格的选择性与针对性。随着我国社会对教育评估及其结果重要性的认识，评估结果的公布越来越引起公众的关注，评估结果的公开性成为业内、业外人士关注的焦点。向社会各界公开教育评估的结果，提高评估结果对教育决策咨询以及参考服务的效能已成为大势所趋。为此，要针对不同的评估客体制定差异性评估结果公布体系。对于承担的省部级、市级项目或者接受委托的省部级、市级项目要适度扩大评估结果的公开范围，尝试建立省级—市（州）级—区（县）级—乡镇（街道）级—学校级之五级发布体系；另外还可以通过媒体面向公众开展新闻发布会，接受媒体以及受众的监督，以促进相应教育地区教育质量的提升，也提升社会独立第三方教育评估机构的社会影响力和公信力。"而对于接受委托的个别单位和机构的委托项目，其评估结果就应该考虑评估结果的保密性，一般采用点对点的发布方式；针对具体单位、机构的实际评价结果，采用保密式档案报告发布形式，仅限于评估客体相关人员掌握。与此同时，针对长线评估项目还要制定定期反馈发布方式。"[1]

五、结语

时下，我国正处于深化教育改革的浪潮之中，从政府大包大揽、一方独大的教育管理到鼓励社会力量依法参与和监督教育治理，形成教育共治，无论是在理念还是行动上，都体现了教育治理的公正性、公平性、民主性、独立性以及合法性。教育治理强调多元主体的共同参与，社会力量作为重要的治理主体，在我国一直处于尴尬境地，因此，我国必须在国家及地方层面建立健全社会力量依法参与和监督教育治理的运作机制，畅通社会力量依法参与和监督教育治理渠道，充分发挥教育治理的有效功用，推动我国的教育共治，达到教育善治，促进教育公正，进而提升我国的教育质量。

---

[1] 向帮华.刍议省级基础教育质量监测体系[J].教育理论与实践，2013(32)：18-21.

第三方教育评价的走势与应对[①]

储朝晖

各位主要从事具体业务，在实际工作中遇到过很多危机和困难。为了应对各种情况，今天我就"第三方教育评价的走势与应对"这样一个话题和大家做一个交流，分析一下第三方教育评价的走势，与大家交流一下应对策略。

一、近两年第三方教育评价的变化及走势

近两年教育评价的变化，宏观上表现为第三方教育评价环境的波动。

1. 第三方教育评价环境的波动

2018年以来，随着自主招生政策收紧，教育评价权力进一步集中，第三方教育评价用户相对减少；对比赛竞赛活动的要求严格，对评价的门槛提得更高了，使一部分原来已经开展的第三方教育评价活动不能继续。这些变化一个比较显著的特征是政府在把评价权力进一步集中，原来的一些评价机构可能现在就没有了，原来评价机构能做的一些多样性评价可能也减少了。微观上，专业方面的发展还没有跟上，使得原来很多人认为这种评价是我可能做的甚至在这个方面投入了很多精力，花了很多钱，结果做不了了。这两个因素都可能让很多机构怀疑第三方教育评价的路走不通。

就拿第三方教育评价机构联谊会来说，本来有60多个成员，今天的会就没有到齐，没到齐有多种原因，其中有一种原因就是这个机构本身就在波动状态，它就没有真正地走向稳定。

在看到第三方教育评价遇到这些问题的同时，事实上可能很多人没

[①] 本文为作者2019年5月12日在由中华教育改进社和第三方教育评价联谊会联合举办的张勇博士追思会暨第三方教育评价发展研讨会的讲稿。

能看到政府集中评价权力也遇到了很多问题，或加剧了一些问题的严重程度，最典型的是评价单一和评价权力集中使得比拼考分更紧张，学业负担加重，校外培训增多。这些问题也在发展变化，比如都到省一级中考，一个省的情况差别很大，特别是山东，青岛跟聊城的差别就太大了。然后，教学上就会直接受到影响，在此就不展开讲教学问题了。

评价权力集中本身是遇到新的问题的前提，又由于中国原来的评价权力相对于世界其他国家而言就是集中的，现在进一步集中就会使集中之利减少，集中之弊发展到极致。从1950年以后政府包揽就是基本的特征。1980年后有的人呼吁要建立小政府大社会，简政放权，但直到现在事实上政府管得更多，不光是教育评价方面，其他方面也是这样。当这个问题发展到一定程度的时候，自然会有一个新的转机、新的转变。

2. 第三方教育评价的需求客观存在并在增长

我的基本判断是第三方教育评价的需求客观存在并在增长。这一需求在增长是什么原因呢？一是整体的教育从过去"有学上"到现在"上好学"，从过去追求"有没有"，到现在追求"多样性，多层次"，就必然使得原来那种过度集中的评价难以满足现在的需求。集中的评价必然是单一的，单一的评价必然不能满足多样性需求，两者之间是矛盾的。而第三方评价的需求是怎样产生的？就是从多样性产生的。多样性的教育需求必然要有多样性的教育评价，无论是政府有多大的力量都无法做得到。也就是说，政府的政策只能限制社会机构的评价行为，不能改变第三方教育评价需求。第三方教育评价需求客观上是由民众对教育提升质量和对教育需求多样性决定的，在这个发展趋势不变的情况下，第三方教育评价只会增长，如同这些年受相同动力驱动的民办学校在各地增长那样。

非专业的单一行政机构不可能满足所有多样性需求，就包括刚才讲的综合素质评价，现在一些政府机构讲综合素质评价就是将一个学生的品德+学业成绩+社会活动，用这样一种总分模式评综合素质，总分模式又分成ABCD、甲乙丙丁几个等级来评价这个孩子，这样做从理论上说是站不住脚的，起码是没有考虑几个方面是否具有可加性，评定的成绩得分是否等值。因为一个孩子的综合素质，或者做一个孩子的综合评价一定需要一个多样性的角度，不存在标准答案，不存在一个单一的模板。

特别是从国外的一些高校招生的情况来看，一个学校的招生团队招学生的时候就有一部分内容不能折算成等级，也不能折算成分数，要靠什么呢？要靠更多方面的第三方评价结果作为参考的依据，形成一个个性化的多样化的综合评价依据。

第三方教育评价需求的增长需要有专业的识别能力才能做出准确的判定，也需要专业团队才能满足需求。这两方面双向互动。具体到每个人来说他都是多样化的，随着教育质量的提高，需求的增长，多样性的提高，自然地会引发第三方评价需求增加。这个需求，外行难以感知，需要每一个第三方评价机构认真研究分析，找到自己可以发展的点。

3. 从政府管理体制改革视角看第三方教育评价

从政府管理角度来看，根据《中国教育现代化2035》的文本，实际上对第三方评价这两年有一部分领域放得更开了，有一部分领域收得更紧了，不是一概地整个地收紧。近两年政府在非教育领域的第三方评价明显放宽引入，扩大了机会；在教育领域的第三方评价受多重因素影响有所压缩，所以在教育的第三方评价的领域实际上相对萎缩。但是，财政的第三方评价稳步增加，我是2010年开始参加北京的教育财政经费绩效第三方评价，这块蛋糕很大，现在我所知道的北京市基本上各个区县都把教育经费的绩效评价纳入第三方评价。一开始是分单项评估，现在是综合评估，对一个学校或者一个区一年教育经费使用的绩效进行评估。找评估专家做评价，筛选其中经费占60%以上的大项目做评价的依据，给出总体评价结论。这个评价实际上给了我们很多的机会，但是这个评价原来做得比较多的是会计公司、财务公司。会计公司、财务公司做有它的优势，账理得很清晰，所以，每一次评价他们搜集的资料都是成堆的。教育评价机构能不能在这方面有更多的发展，需要大家考虑，往这个方向发展有一个重要的前提：就是你的公司里有非常专业的规范的财务审计人员。

政府管理体制是决定第三方教育评价发展的最为重要、最为关键性的因素，其中最为关键的是科学决策在行政运行中的地位，从政府包揽转向政府从不专业的领域退出。《中国教育现代化2035》是一个规划性的文本，它没有体现体制变革的东西。这个体制到底怎么变呢？尤其近两年的形势发生变化，中美关系有很多变数，到底怎么变呢？现在任何人也都没有决定怎么变的能力，最终是由世界整个大局决定的。政府向什么方向发展都一定要跟上时代，在这个时代要求你变化的时候，不变就落后。所以，要有一些至少不是完全固定、一成不变的观念，要有变动发展的观念。

从另外一个方面来看，政府是决定第三方评价的主要方面，但政府管理体制又不是决定第三方教育评价发展的全部因素，平衡机制和自然生态力量一直发挥作用。不是说政府这样做第三方教育评价就没事干了，也不要有这种想法。真正决定第三方评价发展的还有两个重要的因素，第一个因素是社会：家长希望把孩子送到哪个地方某个机构做个评价，这不是政府决定的。这些年低龄留学的情况不断发展，事实上就是对政府某些工作做得不理想的一个回应，也不是政府决定的，是社会决定的。第二个因素是很重要的因素，就是在座的每一位以及第三方评价机构自身。第三方评价机构自身怎么去发展呢？这是一个很重要的决定因素。

4.用更长远的目光看第三方教育评价

以更长远的眼光看当下的第三方教育评价，就是要过一道坎，要看到第三方评价机构未来的发展趋势。我有一个基本判断，中国现在开放是不充分的，尽管开放四十年了，开放依然不够充分。中国的开放不充分且还会出现波折，但这个波折不代表未来的方向，开放的大势是谁也不能反转的，是不可能发生逆转的，它决定着第三方教育评价发展的大趋势不可逆转，决定了第三方教育评价不可能越来越少，从1990年到现在第三方教育评估价前进的步伐是艰难的，但不可能越来越小。过去几十年"两个增长"同时出现，这里"两个增长"跟大家理解的不一样，一方面是政府权力范围不断地增长，不断地扩张，看学校里的事20世纪80年代政府管多少，90年代政府管多少，2000年以后政府管多少，2010年后政府管了多少。我们可以从中发现，政府的权力在增长，管的范围在增长。但是，另一方面民间活动范围也在增长，原因是经济社会发展的内涵与分工细化，外加信息技术的高速发展。政府的权力在增长，民间的社会的空间也在增长，并不是说政府管得多了就没有社会，相对于过去来说，社会的空间也在增加，这两个增长同时在进行。

所以，不能简单认为政府管得多管得严了就没有空间，而是要在更高位、更专业的领域运用新技术寻找自己的发展空间。民间的空间和政府的空间都在增长，不是简单的一个加一个减。从过去十年民办学校的数据就可以看得出来，就可以理解这种关系，尤其是在2010年《国家中长期教育和发展规划纲要（2010-2020年）》发布以后，事实上幼儿园中公办园增长了100%，但进公办园的孩子只增加了20%，民办园数量也增长了，进民办园的孩子增长了80%，怎么才能让公办学校有活力？公办学校以前有活力吗？现在没有活力是相对于民办学校来说它显得没有活力了。从这个角度来说，是整个社会经济发展的内涵、整个教育发展的内涵，未来的教育的内涵远远比现在教育的内涵要大，在这个内涵增长的过程中，其中有很大一部分就是民间力量发展的空间，有一部分就是社会第三方评价发展的空间，特别是利用信息技术等各方面的因素发展的空间，所以要看到它基本的格局，不是一个增长了另一个就必然下降了，而可能是两个同时增长。不能简单地认为政府管得多了管得严了就没有空间了，而是要发现、找到那个新的空间，这个新的空间在哪里呢？在一个更高位更专业的地方，不是在原来那个浅层次的地方，不要在原来那个地方去找，不要在那个同位的地方去找。这个很重要，要找到新的技术，就是要从评价技术上发展才能解决这个难题。有新的技术你马上就有一片新空间。

5. 第三方教育评价机构要在政策变化周期性中积蓄自身力量

从历史看，政府的政策都存在周期性调整，周期越来越短。我从1983年开始做教育研究，发现中国政策的周期性是很有意思的，就包括评价、管理以及其他方面的教育政策，包括经济发展都有周期性的，要找到这个周期性。物理学上讲周期也叫波，然后在周期性的不同区段、不同波段，找到不同的机遇去发展。

引发周期性变化的因素有很多：第一个是当事人的执政理念；第二个是经济条件和财政状况；第三个是第三方教育评价自身的发展状况。这三个都会发生变化。有人说，最近可能不会发展变化，我就告诉大家，去年上半年的经济政策跟习近平与企业家谈话以后的经济政策就已经发生了很大变化。经济上如此，教育上也会发生这样的变化。去年11月份中共中央发文加强学前教育，强调普惠园达到80%，因为财政经费不够，各地出现强制普惠，反响很大。我认为可以且有必要办普惠园，但不要强制推行普惠，今年3月5日，李克强总理的《政府工作报告》中就讲得很清楚：三个条件，第一安全，第二收费合理，第三家长放心。达到这三个条件的政府都要支持，这就是个变化了。

关于评价方面，有很多政策意图不公布。什么不公布？不公布的就是没最后确定，没有最后确定就是还在摇摆，在摇摆就有机会。有眼光的机构善于在周期性发展的不同阶段采取不同的策略，而非简单生生灭灭。要善于在休闲季节积蓄自身力量。

二、改进社继续坚定推进第三方教育评价

改进社继续坚定推动第三方教育评价，这是推进教育改进的关键按钮，不会因为张勇去世就改变过去的想法。我有通过第三方教育评价推动教育变革、推动教育良性发展、推动良性教育生态形成的想法是长期调查与实践的结果，至少是在我的脑子当中经过几十年酝酿以后形成的，不是个短期的事。从1983年开始做调查，长期调查让我生成一个基本的观点：要撬动中国教育向良性发展，要改进，最关键的是评价，要建立多样性的评价就必须要第三方评价。所以这个认识是十分坚定的，不会因为某一个事件发生就改变。

首先，认识和定位不变。

第一，推动第三方教育评价是提升教育品质，建立良性教育生态的必由路径。这个良性生态1950年以后就逐渐地消失掉了，消失的原因就是政府对教育管理与评价的包揽。所以，我现在做的另外一项研究就是主持编撰《中国现代教育社团史》丛书。从1898年到1949年中国有百余个教育社团，我最终选了29个社团，每个社团写一本史，我自己写《中国现代教育社团发展史论》。为什么要做这个研究呢？就是当时社团作为社会的一个重要方面对教育发展起了非常重要的独特作用，它不是政府所能替代的。未来把教育办得更好，也必须是这样多主体参与的，这是不可能有改变的。实现这个目标可能有很多困难，可能要克服很多的难题，要解决很多难题，但是，向这个常态发展的大方向不可改变的。要在这样一个周期性变化中积累自己的力量，靠某一个人主观的想象不行，即便你这个人权力再大，都不可能改变这个趋势，都不可能在非常态条件下实现教育更好的目标。

第二，推动第三方教育评价是改进社从2011年恢复重建以后定下的

主要工作目标，今后这个目标依然是坚定的。推进第三方教育评价也是改进社改进教育的主要方式和工作重点，改进社将继续以各种可能的方式推进工作。在第三方教育评价机构联谊会上，我就说得很清楚，不可能让你们每个第三方评价机构以后都发展得很好，但是我们有这样一个机制，就肯定要把比较好的机构向前推，至少我们是维持的力量，相互激励的力量，让你们走得更远。

第三，改进社与第三方教育评价机构联谊会的关系定位不变，依然是发起者、主心骨。我们改进社是第三方教育评价机构联谊会的发起人，首倡成立的机构，以后遇到什么问题、什么挫折，我们依然是要顶上来的。刚才有人问到我们的资质评估还要不要做，实际上资质合格跟各地政府的入库是有关系的，可以作为参考依据之一。我们第三方评价机构联谊会对会员做资质评估只是起步，评估就只设了个合格，长期设计再分级，过去评价有4家通过了。我们还要做，如果想做这个资质评估的机构提出申请，至少三个月之前提出来，然后我们请专家，要有一个过程，如果有申请达到两家以上，我们就开一次资质评估会。

其次，工作重心要下移。

当下与2015年刚刚组建第三方评价机构联谊会时不一样，那个时候我们不能准确地知道全国真正有多少评价机构做第三方教育评价，现在我们基本上知道，掌握的数据基本上是比较实的。所以，前些年我们把重心放在建立各评价机构的联络上，基本上想的是宏观上建起联络，开会让更多的人知道，在起步阶段这是必要的，今后还会继续做好联络工作，但不是工作重心。现在我觉得这个阶段已经过去了，今后工作重心要下移，更加注重每个机构会员做好自己的市场和业务，做实专业和经营，迎接新的发展机遇。我们不再把重心放在开那个大会让更多的人来参加，我们需要把每个能活下来的评价机构做精细。今天来参会的成员也应该知道，也应该顺应这个变化，说得直白一点，每一笔的生意你都要把它做好，就是某个单位招标，你去投标，你获得了这个机会，你就把每一件事做好。然后在每一件事做好的基础上，提高自己的专业性，提高自己的声誉。

当然，公开性的大规模的活动每年保留一次年会和第三方教育评价论坛，保持日常联络，开放接纳新会员，不再做更多的大型活动，年会由会员单位申请，有几家会员单位申请了以后，会根据几家的情况来做个评估确定由哪家主持召开。确定后再跟秘书处签个协议，基本上是这种方式确定年会举办方。

再次，要把具体工作做实。

秘书处继续保持跟各个会员的联络，也保持开放接纳新的会员，新会员机构想加入达到标准就可以，但是不在乎一定要做很大的活动，找什么媒体，所以我们的活动基本不找媒体。过去也没找过媒体，有很多是我们做了工作以后，媒体把消息发布出来的。把联谊会做实是我们的基本定位，把工作做得更加专业、更加扎实、更加精细、更加有效，这是我们的目标。

由于主席团成员负责人之一张勇去世，这次要做好人事与组织调整，拿出已经延误了的年度工作计划，哪一个时间由谁来做什么事，尽可能列出切实可行的内容。再就是去年就想编一本《中国第三方教育评价探路》，收集了一些资料，要尽快完成。张勇过去写了一些文稿，我当时也跟他说能不能把你的东西结成一本书，他答应说"好的"，可他最终发给我的稿子只有六篇，显然成不了一本书，所以接下来公众看能不能有人把他过去的稿子整理一下，最好把它放到教育改进丛书出版出来。我的《向更好教育改进》是第一本，第二本可以把张勇的文稿放进去，前提是出版社认可它的质量，要把这个作为一件具体的事来做。

三、第三方教育评价发展的对策

当下第三方教育评价机构面对现实需要一些对策。因为具体的对策我很难讲，一定要由各个会员机构自己来定，我在这里讲几个大逻辑，讲一个大的方向。

先讲一个真实的例子，这个例子也是发生在四川。当时就有人组织了以优秀校长为团队的人做了一个评价的量表。然后在四川一些学校进行第三方评价，得到被评学校、行政部门以及各方的好评，感到发挥了以评促建作用，做得蛮好。后来就有人看到这个商机了，一家大学的公司把他们的量表盗取，出售赚了20万元。然后买到这套量表的人如获至宝，赶紧用它对学校进行评价。结果评价反馈的意见一团糟，效果不好，又认为自己是上当受骗了。

为什么要讲这个例子？就是说第三方教育评价的机会在哪里，机会在你的专业性。你仅仅有某个机构的牌子也不行，你仅仅拿到很好的量表也不行。好的工具还需要专业的使用者，第三方评价未来较长时间要在这方面下功夫，你的整个专家团队要让人家信得过才行。就像我原来学物理的，我非常崇拜数据，但是我后来发现数据有它的缺陷。你不懂专业的人用这个数据，跟懂专业的人用这个数据得出的结论截然不一样，效果不一样。

所以，接下来发展不光是要有好的工具。就有好多机构跟我讲，你能不能给我一个做校园安全评估的工具，我们可以出高价买去用，我说你讲得太轻巧了。我告诉他：你要是真想弄，派几个人来，我找专家指导你们一起做一个初稿，看你这些人是不是合适的，最终没谈成。问题在哪里呢？他只是有做生意的基本想法，我拿钱买了量表给人家做测评，给人家做评估，这样做做不好。必须确确实实有几个人能懂这个专业，然后用上一个专业工具，再找几位这个领域的专家，这个事才能做好；否则的话就是浪费。第三方评价一定是要经得起实践检验的，一定是要这样做。

我想告诉大家的对策主要有以下几点：

一是守住底线。

评价机构不管你是大的小的，不管你是刚成立还是做得有一定声誉了，一定要守住底线。由于环境变化，评价机构的生存与发展更加困难，不能因为环境对我们来讲好像更苛刻了，我们就放一把；也不能因为好像赚很多钱了马上就放松一把。这两种想法都是很危险的。我们要守住底线，包括专业的底线和道德底线。千万不能越过专业与道德底线，越是环境艰难的时候越要守住底线，越是艰难的环境守住底线越难；环境非常好的时候也越要守住底线，环境越好守住底线也越难。环境非常好与非常坏这两种状况都有可能使道德与专业底线失守。

联谊会的成员要团结、联合，共守底线。守住底线靠哪一家不行，你要到另一家挖墙脚可能就守不住自己的底线了。所以，至少是过去进联谊会协议已经签了的各家成员都要守住这个底线，尽力维护各家合法的权益、权利和诉求。现在各地方的相关部门确实千奇百怪，各种各样的都有，就是有一部分工作人员在行政权力之外去做一些事。在这个时候各家机构还是要依法维护自己的权利，不能说我就让你一把吧。因为每一个维权实际上都可以让政府变得更严谨，如果大家都不去维权，对明显侵犯自己利益的事也忍着，社会就会变得更坏。

二是保持自信。

我自己对开展第三方教育评价是有自信的。至少从整体、长远看我是有自信的。包括教育在内的第三方评价永远不可能是政府的长项，民间是第三方不可替代的主体。因为政府永远不可能成为第三方。所以，这个事政府是做不了的，是没有可替代性的。这一点一定要坚信。第二，行政包揽体制本身难以解决自身的问题，也难以靠自己获得新生，无论采取什么样极端的态度，都必然需要第三方助产。就包括，高考、中考政府能做得好吗？事实会说明。所以，无论采取什么样的一种极端的态度，最终都需要第三方。如果仅仅是要求完成义务教育课程标准的内容，政府去做评价完全可以；但是要培养一个健全的人，完全靠政府评价是不可能的，我的一个基本判断就是这样的。培养一个健全的人就必须是多样性的，就要满足多样性需求，满足多样性需求就需要第三方教育评价，就是这么简单的逻辑。

目前所见，不少的第三方教育评价机构难以维持的首因还在自身，不在外部，自信是继续发展的前提。没有发展好，主要的原因还是在自己的专业不够用，自身的条件不好。如果自身专业条件是好的，你就应该相信自己不会被淘汰。

三是创造条件参与教育财政经费绩效评估。

这方面有较大的政策空间，财政部印发了《关于推进政府购买服务第三方绩效评价工作的指导意见》（财绩〔2018〕42号），我们要注意发展这方面，大家不要把全部精力放在这里，但是如果有条件就可以向这方面发展。至少有这样一个业务作为一个过渡让你渡过难关，这类评价给评估机构的经费也是有限的，每一个项目给评估专家的经费也是有限的，很多专家就不愿做，时间有空档才去。做这一业务的好处是：这一领域经过十年的发展，标准和程序比较成熟、规范，操作难度较低；这一领域经费来源相对稳定；可以此为生存基础，选择自身有优势的其他领域拓展发展。所以，要注意发展这方面，用它做一个过渡。

四是找到政策与需求的交叉区域。

这个交叉区域在哪里呢？第一个，有需求，政策许可的，这肯定是有空间，大家都觉得没问题。第二个，有需求，但是没政策的。这依然是有空间的，被不少人忽视了。比方说你做传统文化，有没有政策？什么是合格的传统文化机构？没有，但是这个因为有需求所以有空间。第三个，政策很严，自身有条件符合政策，自身条件也合格，也是有空间的。这三种情况都是有空间的，不要以为政府要求很严就没空间了。

讲一个具体的相关政策不好的例子，去年政府花了大量的精力来治理培训机构，后来效果是什么？其中一个效应是小的培训机构都不能生存了，大的培训机构因供求关系变化生存得更好，当初政府想到过这个结果吗？这个政策的制定者想到过吗？我敢肯定没有想到。现在这些大的培训机构相对力量更大，报名更火爆，活力更强，招生价码更高，所以要求更严了。如果我这家评价机构确确实实实力很强，遇到这样的机会恰恰发能够展得更好，大家要找这样的空间。

五是思路开放增强竞争力。

现在我们依然是思路不够开放，第三方教育评价的需求是多样的。第三方教育评价的需求不像高考、中考那么呆板，不只有高考、中考那些方面，它是多样性的，能不能找到这个需求，找到需求后能否为满足需求将评价发展起来？它是一个新的存在，要不断校准自己能满足多样性需求中的哪一种，不断地找到满足教育多样性需求的那个点或者那一个区域。在寻找满足多样性需求的基础上探索自己发展的独特性，明确自己发展的独特性、创造性的东西，发展自己独立的空间，从而为自己找到发展的立足之地。我印象中新东方开始的时候与它同类的比，更早更好的是"九强"，"九强"当时很强，但是最后发展的结果是不一样的。

将形成区域内的教育良性生态作为我们最高的追求，也是持续发展的条件。要追求第三方教育评价机构自身发展，因为这是个前提，但是自身发展不是你最高追求，最高的追求就跟改进社的追求一样，把教育办得更好，把教育生态创建得更良性，这才是我们应有的追求。只要有这样的追求在脑子中不变的话，就有发展空间，遇到再大的难题也能克服。

最后，在变局中明确自己的定位。

整体的策略就是明需求，走大路。走大路就是找到规律，走一条其他具备相同条件的人都可走通的路。不要说是开后门这条路才走通了，你能老是开后门吗？现实当中也确实可能被迫需要开后门，也要找关系，但这不是大路，要走大路。要细化自身满足多样性需求的具体定位，包括时间、布点、专业方向、评估内容、个性化程度，刚才讲年终评估，它就是在一个固定的时间段。要注重解决当下问题，形成符合自身发展的长久的策略体系。

  我就拉拉杂杂地讲这些。如果大家还有其他的问题，我们再在会下通过其他方式讨论。

第三方教育评价的市场拓展策略[①]

储朝晖

今天又有两家机构通过了联谊会学术委员会的资质评估成为资质合格会员,向它们致以祝贺!希望其他会员积极申报,使之成为提升会员专业水平,为会员授信的一个常态过程。

考虑到不少机构的人员原来从事教育工作,没有做过教育评价,对第三方教育评价存在两种不切实际的想法:一种是脑子中几乎没有多少市场观念,以为只要把专业做好就可以了;另一种是以做生意的思路做第三方教育评价,以为照一般商品销售的套路就能获得市场份额。第三方教育评价发展主要需要依靠市场的方式获得用户,但它又不同于销售一般的商品,也不是一般的服务,更接近于一种专业性的服务,所以今天我就这个问题与大家进行交流。

一、第三方教育评价的市场状况

中国的教育评价客观上存在一个份额不小的市场,含有考试和监测,主要包括高考、中考、高初中学业水平考试以及其他考试和教育质量监测。而这些市场份额基本上被相关行政部门以计划的方式内部掌控或垄断,发展第三方教育评价从这一视角看就是将教育评价的计划方式中的一部分转化为市场方式,将垄断转化为多主体适度竞争,将仅由第一方、第二方举办转化为有第三方参与的三方各自发挥所长共同举办。

由于在统计上需要事先确定统计项目及其内涵的范围才能开展统计,对于第三方教育评价而言当下还很难做得那样精细,所以下面引用的第三方教育评价的数据主要是通过约估获得的。

[①] 本文为作者2018年5月19日出席在北京师范大学京师大厦举行的第三方教育评价机构联谊会第二次会员单位资质评估会议后的会员研讨会上所做的讲座稿。

1. 第三方教育评价市场总额

第三方教育评价有市场、有业务，但不大。2017年中国教育市场总规模约为9万亿元，各种途径获得的事实说明第三方教育评价市场已经有了，有机构在这方面招投标实现了购买。第三方教育评价市场总额没有规范准确的统计，全国范围内约为0.1亿—1亿元。第三方教育评价市场总额大约占教育市场总额的0.001%—0.01%，极其微小，尚不具有稳定性。

在现有状况下，相对独立的第三方教育评价机构在教育考试、教育质量监测评价领域市份额很小。第三方教育评价机构的市场业务和机会在以下方面：学校评价、绩效评价，比如学校年度目标考核，一个县就有不少学校进行评估，而且每年都有；校长职级评价，实行这一制度的地区一两年要进行一次；学校办学水平督导评估，3—5年一个周期；示范性普通高中和其他单项示范性学校评估；某些单项的专项督导评估，虽不确定但也常有；行政机构绩效评估，目前不多，未来尚可预期；财政专项项目的资金使用绩效评价，已经有较多地方开展；各种形式的教育调研、教育咨询、教育规划研制等其他评价。

2. 第三方教育评价市场的特征

第三方教育评价市场比较明显的特征可以说是具有偶然性、不稳定。从用户这边看，个别领导的喜好可以决定是否使用第三方教育评价；从第三方教育评价机构看，其中不少是怀着一种情怀或专业兴趣、能够做一点事情、养几个人，遇到困难和问题就会动摇，双方都有不稳定性。从评价业务角度看，除了教育财政方面的第三方评价在北京等地稳步上升，区域、教学、管理、安全、学生、教师等方面的第三方教育评价市场依然空白或不具有稳定性；已经开展第三方教育评价的地方和领域未形成常态，今年进行了，明天未必还继续进行。

3. 第三方教育评价市场发育状况

第三方教育评价市场发育呈点状，尚未形成面。所谓点状是指第三方教育评价仅仅在政府放权和改革意识较强的地区列出单个项目开展第三方评价，在时间上未必有连续性，也未必能向更广的面上拓展。开展第三方教育评价的地区的政府将第三方教育评价市场门槛设得较高，甚至想象为法力无边的神，现有的教育评价机构难以承接。公立教育机构广泛使用第三方教育评价的观念尚未形成，体制、机制尚未形成，导致面上的市场尚未发育。

4. 第三方教育评价主体投资收益不定

现在进入开展第三方教育评价的机构多数此前从事其他产业，有一定经济基础，依靠其他产业获得的资金投资，只有极少数依靠自身的第三方教育评价业务回报维持运行，或进行新的投资。投资收益的不确定影响新投资，投资收益不稳定又影响可持续性。现在进入的人和机构在一定程度上是带有情怀、专业运用成分，他们不少人对亲身经验的教育不满，想投点钱以第三方评价的方式改进一下。现有投资者们的市场拓展的意识和能力不强，对用户的吸引力不够。

第三方教育评价需要专业人员做，投资人可以不专业，但不能够去担任专业职务；专业人员需要较好的待遇，保持长期稳定；第三方教育评价不能实行商务代理，做大的可能性非常小或者根本没有；谨慎地、专业地做，能够把机构养好，但人员养不了很多。

5. 第三方教育评价用户特征

由于中国此前没有第三方教育评价，人们都不知道这个概念，使得第三方教育评价的用户呈现出生疏、零散的特征。第三方教育评价的用户对第三方教育评价的产品及使用不熟悉，对评价过程也存在想当然的因素；使用第三方教育评价的用户体验空白或很少，没有有意识与第一方、第二方教育评价进行区别和对比，不少人就以为它们之间没有什么不同。有一个县教育管理部门打电话给我们，说要对该县的校园安全进行评估，说着后来就冒出这样一句话："你们评估后能不能确保这些学校就不出现安全事故了呢？"这一问，事实上就无法继续谈下去了。

用户零散，指他们尚未结成集群，难以进行大面积深度开发。

6. 第三方教育评价对教育的作用

现在到各地提起第三方教育评价，对此感兴趣的人还是不少，甚至不少人主动打电话询问，说明第三方教育评价对教育改进与发展已经起到"鲇鱼效应"，对面上的教育改进影响巨大，具体体现在观念、技术、评价、实践等方面。但对具体的用户作用参差不一，其中一些产生的积极作用很大，另一些作用则较小，甚至还存在部分不良作用。第三方教育评价现在发生的各种作用，都是它后续发展的必要基础、试探和前奏，这一段都是第三方教育评价发展需要经过的历程。它对教育改进的作用也在一定程度上取决于这个基础，所以进行评价和使用评价的时候不能不慎重，因为良好的作用将有利于今后的工作，不良的作用将阻碍今后的工作。

二、决定第三方教育评价市场拓展的主要因素

决定第三方教育评价市场的主要有四个方面的因素：政府教育管理体制改革的进度，能给第三方教育评价的使用让出多大空间；用户对第三方教育评价的了解程度、需求多少、使用效果；专业同行对第三方教育评价的认可程度、使用情况；国际教育同行对中国第三方教育评价的认可程度、采用多少。下面结合中国第三方教育评价的实际状况加以分析。

1. 政策取向明确但未充分落地

展示政策取向的政策文本有：2010年，《国家中长期教育改革和发展规划纲要（2010—2020年）》明确提出"推进专业评价"，这个文本中主要还是指高校；2013年，《中共中央关于全面深化改革若干重大问题的决定》进一步明确推进管办评分离，"委托社会组织开展教育评估监测"；2015年，教育部发出《关于深入推进教育管办评分离 促进政府职能转变的若干意见》，明确"以推进科学、规范的教育评价为突破口，建立健全政府、学校、专业机构和社会组织等多元参与的教育评价体系"，表述更加具体。

2017年9月24日，中共中央办公厅、国务院办公厅印发《关于深化教育体制机制改革的意见》，重申"建立健全教育评价制度，建立贯通大中小幼的教育质量监测评估制度，建立标准健全、目标分层、多级评价、多元参与、学段完整的教育质量监测评估体系"，明确强调"健全第三方评价机制，增强评价的专业性、独立性和客观性"，又进一步细化了。

第三方教育评价意味着原有政府部门要放权、让权、限权，这是一般政府部门所不容易做到的。第三方教育评价意味着原来通过行政管理的事务转向市场方式规范，转变需要过程。当第三方教育评价机构出现时，是否被政府部门现有当事人看得顺眼、用得上？如果既看不上眼，

又用不上就无法向前推进，现有关于第三方评价政策多为面上提倡，可操作性太低。

可见，第三方教育评价在政策层面取向非常明确，但是体制改革尚未跟上政策精神，比较强大的惯性尚在。

2. 第三方教育评价用户需求未充分展现

用户需求是第三方教育评价市场拓展的源泉。用户需要使用过程积累，而当下第三方教育评价机构与真正的用户之间接触不够，接触存在各种障碍、隔阂。用户与市场之间的阻隔是市场不能充分发展，用户需求未能充分展现的主因，产生阻隔的主因又是包揽的行政体制与权力。在此情境下，第三方教育评价机构积极主动与用户联络沟通，可在一定程度上更多地了解用户需求，也能在一定程度上催生用户新的需求。

3. 专业同行的认可与使用

第三方评价有用户就有市场。第三方教育评价的对象包括学生、教师、学校或区域教育，但是使用第三方教育评价结果的主要是专业机构和行政部门，第三方教育评价的首要用户是专业同行，如自主招生的高校作为中高考综合素质评价依据，也包括教育管理机构。但由于行政管理部门难以对评价结果做专业判断，专业机构的认可与使用可以提高机构的信誉，其他用户就会相应跟随。家长也能成为第三方教育评价的用户，可以决定自己的孩子是否参加某个第三方评价。获得专业同行认可的首要条件是自身的资质，评价产品和服务是获得专业同行认可的依据，好产品与好服务才有好市场。

4. 打通国际同行使用的通道

教育当事人的跨国就读，使得在中国进行的第三方教育评价有可能被国际同行认可或使用。事实上，中国学生到世界各高校就读时请中国教师写的推荐信，就具有第三方教育评价的功能，但中国目前只有少量第三方机构所做的专业评价能够被国际上个别大学在招生的时候作为参考依据。在国内用户与市场尚不成熟的情况下，如果国内进行的第三方教育评价结果能获得第三方用户已经比较成熟、理性的国际同行认可、使用，也可拓展出一片市场空间。与国际评价机构合作承接第三方评价业务是一条路径，但目前的政策要求须经中国政府认可；自己做的评价获得国外专业机构认可与使用是另一条路径，专业要求较高，在现有政策环境下，自己的评价产品谋求国际用户是更可行的可探索路径。

5. 非市场因素对第三方教育评价市场发展的影响将长期存在

中国历史上自给自足的小农生产历史长，在底层社会和社会深层结构中的影响深远，尽管中国也有久远的市场交易历史，但市场发育不够充分、健全，使得新产生的第三方教育评价市场在一定的程度上还需要利用非市场的因素辅助才能找到用户；原因是整体市场法治与规范不够。如何对待非市场因素，是当下第三方教育评价市场拓展过程中客观存在、不可忽视的问题。

第三方教育评价机构需要根据自身实际摆正非市场因素的地位，尽可能有限利用而不受其束缚，重视而不陷入关系纠缠，避免掉进世俗关系陷阱。

6. 信誉与专业水平是拓展市场的法宝

没有市场，专业水平再高也发挥不出效用。在第三方教育评价刚刚兴起的时段，评价机构与用户的选择空间受到限制，确实存在泥沙俱下的现象，有一些信誉与专业水平不高的机构由于某个机遇获得市场，但这种现象是阶段性的，很难持续。在长时间的用户选择与竞争中，第三方教育评价机构的服务质量是获得稳定可持续用户的根本。经过一段发展后，用户多少将会越来越与各个机构的信誉与专业水平直接相关。

同时，现实的第三方教育评价市场不会是天上掉馅饼，而是需要各个机构充分利用自己的技术、态度、信息及其他各方面资源去打拼拓展。良好的信誉与专业水平如能与积极的市场参与结合，效果更为明显。

最后，对第三方教育评价市场的走势做个简要表述：第三方教育评价市场增长是必然的，又是缓慢的，不要指望短期内的快速上升。市场增长的主动力在于用户需求和第三方教育评价机构的激发，实现的方式是双方的互动逐级推高市场需求，所以这一方面的市场发展不完全由第三方教育评价机构决定，但第三方教育评价机构并非无所作为。只要突破艰难的起步阶段，市场将会有将快速、稳定的增长，也只有坚守的机构才能从中获益。

三、第三方教育评价机构市场拓展的策略

拓展第三方教育评价市场，必须对第三方教育评价和所面对的市场两个方面的特性有深刻全面的认识。教育评价服务的产品有两个特性：非物化产品；非普通服务。它是专业性的、技术性的，服务过程是专业性的，服务结果的使用也是专业性的。不像买卖衣服那样拿着穿上就能看出是否合身。如果用户不钻研评价结果就用不了，或根本无用。所以，第三方教育评价机构必须请专业的人做市场拓展，而不是随便找个外行去叫卖。

第三方教育评价机构需增强市场意识，最终的结果必然是有市场的第三方教育评价机构获得生存，无市场的则会被淘汰。第三方教育评价机构要依据自己的专业特长和资源优势确定自己的评价领域、专业与技术发展路径和长期的发展规划，做好迎接市场挑战的充分准备。因为从事教育评价的大都是从事业单位出来的人，市场意识相对淡薄，增强市场意识尤其重要。

1. 准确定位市场

第三方教育评价是一种专业产品市场，是受教育者的高级、间接需求。这一市场相对于第三方教育评价以外的其他市场而言显得比较狭窄，但在第三方专业评价内又是相对广阔的，评价对象的不同、评价对象年龄的差异、学科差异、专业领域的差异、使用功能的不同，都会形成对不同的第三方教育评价的需要。

评价机构在发展初期为了能接更多的业务，口径放得宽一点是可以理解的，但把自己办成万金油式的教育评价机构不是发展的上选，明智的机构管理者需要选择时机收窄自己的评价业务范围，并选择自身资源条件较好的方向聚焦，不断向专深方向发展。相对无利益关联的第三方性决定着评价机构与政府、被评价机构的关系只能走市场，用户在其中有自主选择的权利，不能靠政府指派或其他非市场方式推行实施，第三方教育评价机构要保持相对独立性。评价业务范围广的机构可能会在当地获得较多的业务，却难以在更广的区域通过高专业性获得更多的业务；评价范围精专的机构则能凭其专业深度在更广大的区域获得适合它的评价业务。这两者之间在不同机构的不同发展阶段有不同的平衡点，需要

各个机构在了解、分析自身情况的基础上确定和随时调整。第三方教育评价机构需要遵循市场规则，在相对广阔而又细分的市场中找到自己的市场定位，避免过度依靠行政关系招揽用户。

2. 寻找价值观相同者

价值观相同的人更容易走到一起，更容易合作，在市场当中也是如此。寻找认同发展第三方教育评价价值的人，共同去拓展第三方教育评价市场是一条更有效的路径，这种人在教育管理部门相对较少，但还是有，要通过交往寻找。即便是不认同者，他们不认同的程度也有差别，不认同程度低的人合作的可能性也会高于不认同程度高的人，对他们做第三方教育评价的介绍，会在一定程度上发挥作用。

第三方评价机构要帮助有共同价值观的人在使用第三方教育评价的决策过程中发挥作用，具体方式是让他们在这方面的理念更明确一些，理由表述得更充分一些，以便能更好地获得相同机构其他人在决策过程中的认可。通过各种方式增加认同者，推动政府实行"无评价，不决策"，将第三方评价作为决策的刚性依据。

3. 做好深入细致的市场调查

市场不会主动找你，你要通过调查了解市场，尤其是找到自己的专业资源与能力可以对应满足其需求的市场。第三方教育评价市场的内部也是细分的，需要准确了解第三方教育评价的社会需求，不要老指望一两个用户。新建立的机构要根据调查确定自己的评价业务发展方向。有一定历史的评价机构可能会有用户主动找上门来，这并不意味着就不需要进行调查了，一是因为市场本身在变化着，二是通过调查了解市场，实质上是寻找新的发展机遇源头，能提高自身的预见性。只有那些一直保持对市场敏感的第三方教育评价机构，才可能在较长的时间里立于不败之地。

4. 冲破或绕过市场与用户之间的隔阂

市场与用户之间的隔阂，是当下第三方教育评价市场拓展的最主要、最强大、最持久的障碍。这一障碍由于涉及整个社会的体制与机制，短期内还未见得就能消除，现实可行的办法就是尽可能绕过。具体的方式就是更多地与第三方教育评价个体用户和专业用户建立直接的联系，如果能获得国际上的专业用户认可与使用效果就更明显，因为事实上有了用户和评价结果的专业用户，第三方教育评价的元素就齐全了。

联谊会尽力在宏观环境上发力，效果难以预期；也寻求与更多的专业机构建立联络，要实现它们使用各机构的评价结果的前提，是评价结果的信度等专业指标达到对方的要求。各机构在各自可能的面上多做宣传，能冲破的就冲破；不能冲破的先绕过，珍惜并巧妙打通与用户的直接联系。

5. 塑造品牌并学会运用品牌战略

品牌战略是各类产品通用的市场战略，第三方教育评价机构要学会创品牌，学会运用品牌战略拓展自己的市场。现有第三方教育评价机构已形成品牌的尚不多，因此创品牌的难度不高，空间很大，机遇难得。大家要避免的误会是仅仅把宣传当作创品牌，创品牌要做的扎实工作在产品与服务，好产品与好服务本身就是最好的宣传。联谊会作为平台通过授信、专家诊断的资质评估等方式支持各机构创品牌。

说起创品牌，不少人就联想到其他产品市场拓展通过"产品商务代理"的连锁经营模式。而第三方教育评价从其业务特征看是很难使用这一模式的，产品商务代理或者大规模推广需要满足两个基本条件：一是产品非常成熟，用了就可以有效地解决所要解决的问题，比如某个品牌的鞋子，教育评价则不行，评价过程中专家现场调查就不能任意找一个人替代，现有教育本身的科学程度和技术程度尚未发展到这个阶段。二是产品与服务的使用不需要太多的专业指导就可以正确使用，例如手机。当下具备这两个条件的一般是物化产品，使用起来不需要专业技能。教育上的书籍和软件等物品可以如此拓展市场，第三方评价服务因流程的专业性高且复杂是不适宜采用代理模式的，专业的事情需要专业的人才能做，不能交给非专业的投资人、代理商去做。

6. 可从使用第二方标准进入

完整、规范的第三方教育评价应该用自己设定或至少是第三方设定的标准进行评价。在起步阶段这样做，可能面临的问题是接不到单，或自己还没有专业基础设定标准，所以现有条件下，初建的第三方教育评价机构可先用第二方标准入手，用别人的尺子去量一下，这样至少能促使第三方机构获得测评的实践机会。在用第二方标准获得市场后，逐渐发展和使用第三方标准。第三方教育评价专业机构的发展需要根据自身实际、业务行情逐渐积累，不要急于迈自己迈不过的坎。

7. 从难度低的评价项目做起

从评价对象看，教育评价的难度从高到低的次序依次为：学生的评价、教师的评价、校长的评价、学校的评价、区域的评价、具体项目的评价。在对学生的评价中，知识学习的标准最容易确定，综合素质评价难以获得通用标准。

从评价专业技术方面看，有不少人误解为教育评价就是使用软件和程序，所以不少第三方教育评价机构仅仅招聘了统计计算专业的人，殊不知数据收集与分析还只是教育评价的初级基础性工作，仅仅使用软件和程序分析还不是评价，就如同彩超和核磁共振测出某个人的指标参数，判断这个人是否有病需要有经验和专业的医生；第三方教育评价关键难点不在于用计算机、网络技术搜集和分析数据，而是需要基于数据的教育专业判断。现实中，就有许多地方在教育评价招标的时候竟然有不少计算机公司胜出，说明相关当事方不专业。

从上述两个方面确定难易后，建议新建机构找一个与自身条件相适应的起点，轻负起步是合适的选择，从具体项目和领域的宏观评价开始起步，逐渐积累经验、优化程序、筛选和凝聚专家资源，提高自己的技术含量和专业水平。

8. 做好长期的市场拓展规划

市场拓展的当下策略与长远规划都重要，尤其是打算在这个领域坚持下去的机构不能没有长期的规划。市场拓展的形式主要有两种：一是开发新的目标市场，为新的顾客群提供服务；二是扩展市场区域，从一个区域市场扩展到另一个区域市场，如从本地到异地，从城市扩展到农村，从对机构的评价到对学生和教师的评价。若要做好同一片市场的专业升级和二次开发，还涉及与相关方的协调，更需要有长期的市场拓展规划。

最后和大家共勉：用第三方教育评价促进良好教育生态形成，为学生健全成长开辟多样性发展空间。

第三方教育评价的市场空间

张才生[①]

摘要：中国政府印发文件倡导和支持第三方教育评价已有20年。第三方教育评价因此有了很大的市场空间，涉及各级教育和各类教育的方方面面。新时期的教育改革呼唤教育评价改革的引领和支撑，第三方教育评价机构要主动培育、引导需求。教育信息化给教育评价带来技术平台和创新的机会，也带来了更大的市场潜力，第三方教育评价机构要及时满足需求，深入发掘需求，培育评价服务市场。

关键词：第三方教育评价；市场空间；引导需求；发掘潜力

中国印发倡导和鼓励第三方教育评价的政策已有20年的历史。1999年6月发布的《中共中央国务院 关于深化教育改革 全面推进素质教育的决定》是比较早地提及第三方教育评价的官方文件，该文件指出："在高中及其以上教育的办学水平评估、人力资源预测和毕业生就业指导等方面，进一步发挥非政府的行业协会组织和社会中介机构的作用。""鼓励社会各界、家长和学生以适当方式参与对学校工作的评价。" 2013年《中共中央关于全面深化改革若干重大问题的决定》再次明确："深入推进管办评分离，扩大省级政府教育统筹权和学校办学自主权，完善学校内部治理结构。强化国家教育督导，委托社会组织开展教育评估监测。"最近的关于第三方教育评价政策的官方表述是2020年2月中共中央办公厅、国务院办公厅《关于深化新时代教育督导体制机制改革的意见》，其中提出："积极探索建立各级教育督导机构通过政府购买服务方式、委托第三方评估监测机构和社会组织开展教育评估监测的工作机制。"这些文件确立了第三方教育评价在我国教育评价体系中的地位和作用，为教

[①] 张才生，创而新（北京）教育科技有限公司总裁。

育评价主体的多元化营造了环境。

近10年第三方教育评价机构开始兴盛起来，据了解，全国有上万家注册的机构在业务范围内列入第三方评价。第三方教育评价机构在教育改革和发展中开始产生影响并发挥着一定的作用。就整体而言，大家仍然觉得，国家政策虽然有了，但是实际上放得不够开，第三方教育评价的空间还比较狭小，第三方教育评价机构很难生存。其实，任何新生事物在发展之初总是弱小的，人们对它的认识和接受都会有一个过程。而第三方教育评价机构的专业成熟度、评价的权威性，特别是拓展市场空间努力的程度等，也影响着人们的认知，决定了人们的选择。因此，第三方教育评价要繁荣起来，需要第三方评价机构借力政策环境，主观努力，用优质的产品、专业的服务开拓和培育这个市场。

一、借力政策环境，拓展教育评价的市场空间

中共中央、国务院以及教育部直接或间接涉及推进第三方教育评价的政策有许多，值得关注的文件主要有下列20余种：《中共中央 国务院关于深化教育改革 全面推进素质教育的决定》《国务院关于基础教育改革与发展的决定》《基础教育课程改革纲要（试行）》《国家中长期教育改革和发展规划纲要（2010—2020年）》《教育部关于2013年深化教育领域综合改革的意见》《中共中央关于全面深化改革若干重大问题的决定》《深化教育督导改革转变教育管理方式的意见》《国务院关于深化考试招生制度改革的实施意见》《教育部关于普通高中学业水平考试的实施意见》《教育部关于加强和改进普通高中学生综合素质评价的意见》《教育部关于全面深化课程改革落实立德树人根本任务的意见》《教育部关于深入推进教育管办评分离促进政府职能转变的若干意见》《国家义务教育质量监测方案》《教育部关于印发〈教育信息化2.0行动计划〉的通知》《中共中央 国务院关于学前教育深化改革规范发展的若干意见》《中国教育现代化2035》《加快推进教育现代化实施方案（2018—2022年）》《国务院办公厅关于新时代推进普通高中育人方式改革的指导意见》《中共中央 国务院关于深化教育教学改革 全面提高义务教育质量的意见》《国务院办公厅关于新时代推进普通高中育人方式改革的指导意见》《教育部关于加强和改进新时代基础教育教研工作的意见》。这里所列的还不包括教

育部颁发的专门针对高等教育和职业教育的有关评价的文件。

梳理这些文件里的表述可以发现，国家支持第三方参与的教育评价范围相当广泛，涉及基础教育、高等教育、职业教育、学前教育、成人教育、教师继续教育，涉及各级各类教育的教学质量、教育监测、教育督导、教育投入、教育绩效、重大教育项目和行动，涉及教育各个主体——各级党委政府、政府相关职能部门、各级各类学校、教育培训机构、教育服务机构、教师、学生等。简言之，除了高考、中考、研究生招考等高利害考试的命题、人工判卷以外等，都允许第三方教育评价机构参与。实际上已经有第三方教育评价机构在高利害考试的方案评估、网上阅卷、试题分析、考试结果数据处理等方面提供了服务。

因此，仅仅批评、抱怨政府对第三方教育评价的政策还不够开放，支持力度还不够大是没有道理的。政策不等于项目，更不等于市场。项目、市场需要第三方教育机构主动去争取。凭借政策，展示实力，提供政府和相关机构信任的解决方案，并做出实实在在的成功的案例，就能打开这个市场，形成全社会信任第三方、购买第三方评价服务的氛围。

二、关注教改趋势，引导教育评价的市场需求

近年来，中共中央、国务院在《中国教育现代化2035》发布前后，分别对学前教育、义务教育、高中教育、高等教育、职业教育的改革和发展做出了部署，省、市、县各级也出台了相应的政策措施，教育领域的综合改革日趋深入。

教育各个领域的改革是新时代社会经济发展大背景下自上而下的大行动，有些改革是伤筋动骨的。如何把握改革的方向，如何制定改革的措施与步骤，如何达成改革的目的和目标，不仅要以习近平新时代中国特色社会主义思想为指导，以党和国家重要政策为依托，审慎推进改革措施，还需要遵循教育的规律制定科学标准，发挥教育评价的导向和支撑作用。在教育改革的大环境下，近年来，各地对教育评价的需求日益旺盛。从政府购买企业和社会机构教育服务的项目来看，教育评价所占比重在逐步增加。教育改革正在催生对教育评价的需求。第三方教育评价机构要抓住这个机遇，研发教育改革需要的优质的评价产品，包括各种指标体系和评价工具，以满足市场的需要。

由于中国教育评价整体处于一个发展期，教育评价体系不完善，评价工具和服务也不丰富，教育工作者运用评价工具的能力和水平比较有限，因此相当多的教育部门和学校，在面对众多改革的问题时非常迷茫，不知道应该抓住评价这个"牛鼻子"。它们需要教育评价却不自知，这种情况还相当的普遍。因此第三方教育评价机构，不仅要主动对接教育改革对教育评价的需求，还要俯身下去，到教育现场，到教育一线，去与校长和广大的教育管理者进行沟通，梳理、发现、引导他们的需求，帮助他们对纷繁复杂的改革实践进行分析，抓住关键，以评价为重要抓手推动改革。

发现需求，引导需求，对接需求，第三教育机构需要提高对市场的敏感度和快速反应能力。

三、应用智能技术，发掘教育评价的市场潜力

《教育信息化十年发展规划（2011—2020年）》启动十年来，信息技术已经成为教育改革和发展的重要推动力量，正在深刻地影响着教育的方方面面，教育评价也不例外。大数据和人工智能技术在教育评价领域逐步渗透，正催生一个新的教育评价样态——大数据教育评价。

大数据教育评价，能获得更多原始基础数据，挖掘更多的教育信息，印证和揭示更有价值的教育规律与机制，以此促进新的教育评价体系的建构，指导教育评价实践更加精准、更加深入，打造途径更多元、数据更真实、主体更自觉、结果更公平的评价生态。

大数据教育评价是信息技术与教育教学深度融合的产物，是一个巨大的市场空间，给第三方评价机构带来了新的发展机遇。

第三方教育评价机构要根据时代的要求，借助信息化转型升级，创新评价技术，提高服务能力，研发数字评价产品，去发掘大数据教育评价的潜力。这种转型升级，对大多数第三方评价机构都是很大的挑战，需要从评价理念到评价体系，从评价方法到评价工具，从评价结果到评价应用进行全面的重构。大数据、人工智能等技术在新的评价样态中扮演的不仅仅是工具的角色，而是评价产品的一部分。这种转型还需要较大的人力和资金投入，要慎重选择入口，善于跟技术公司和同类机构合作，善于借助参与政府和学校项目来实现产品的研发。

从AP课程看美国大学招生中第三方评价的衔接作用[①]

秦春华

自2013年春季北京大学考试研究院推出"中国大学先修课程"以来，国内越来越多的机构和个人对这种旨在实现中学教育和大学教育"无缝衔接"的课程体系产生了浓厚兴趣。一个富于挑战性的核心问题是，大学先修课程的成绩在高校招生中如何使用？如果该成绩不被大学招生部门认可，在功利主义哲学盛行的今天，即使它的意义再重大，家长和学生也不会有足够的动力参与；反之，如果该成绩在大学招生中起的作用过大——类似于以往的学科竞赛，成绩优异者可以直接保送——那将会裹挟所有的学生和家长不得不参与其中，从而加剧了学生负担。面对这一两难选择，我当初的表述是，大学先修课程的成绩在高校招生中的作用应当处于一个均衡点，在这一点上，其作用刚好大到使那些对课程有真实兴趣的学生具有足够的动力参与其中而获得相应的回报；与此同时，其作用刚好小到使那些对课程没有真实兴趣的学生因为获利不大而没有动力参与其中。这个均衡点将会有效甄别出学生是否仅仅出于功利目的而选修该课程。

"中国大学先修课程"的理念源于美国AP课程。众所周知，AP课程在学生申请美国大学——尤其是常春藤联盟的顶尖大学时的作用很大。事实上，AP课程发展的黄金时期正是始于常春藤联盟大学将其成绩作为入学的重要标准。然而，这种作用到底体现在哪里？其在美国大学招生中的重要性究竟有多大？在实际过程中又是如何操作的？我曾就这些问题请教过在国内从事AP课程教学的国际学校的一些教师。有些人告诉

[①] 本文作者为第三方教育评价机构联谊会学术委员会特聘专家，删节版发表于《中国高等教育》2015年第1期（总第536期），题目是《AP课程（美国大学先修课）在美国大学招生中的作用》。

我，AP课程成绩在美国顶尖大学录取过程中具有决定性作用，拥有AP课程成绩的学生在申请一流名校时的竞争力和被录取机会要远远大于没有AP课程成绩的学生；但也有一些人告诉我，美国大学招生时是不看学生AP课程成绩的，对于学生而言，AP课程的真正价值在于进入大学后可以抵扣相关课程的学分，由此节约了上大学的成本。这两种几乎完全矛盾的说法令我感到困惑：到底哪一种是真实的？幸运的是，在美国访学期间，我得以有机会接触到第一手的资讯，从而详细了解了AP课程的形成及其在美国大学招生中的作用。这些信息也许对于"中国大学先修课程"的未来发展，特别是实现和高校招生的有效互动具有一定参考价值和启示。

实际上，我从不同途径得到的两种相反的说法都是真实的：AP课程在美国大学招生中的作用至关重要；美国大学招生机构不看AP课程成绩。理解这一点的关键在于，美国AP课程有两套并行的考试体系：一套是我们所熟知的由世界上最大的私营非营利性教育考试评估机构ETS（Educational Testing Serves，美国教育考试服务中心）组织实施的AP课程统一考试。每年5月在全球80多个国家和地区同时举行，参加考试的学生人数高达上百万。另一套是由具有AP课程授课资质的中学自己组织的考试，作为学生的选修课成绩计入GPA（Grade Point Average，即平均成绩点数。其计算方法一般是将每门课程的绩点乘以学分，加起来以后除以总的学分，得出平均分）系统。这种考试在学习过程中随时举行，几乎每个星期都有不同阶段的测试，其数量可能高达二十多次，每一次的成绩都会对学生最终的GPA产生影响。一般而言，大学招生机构在招生时看不到第一套考核体系的成绩，但可以看到第二套考核体系的成绩。

因此，笼统地说美国大学招生时是否着重AP课程成绩是不准确的。以加州为例，加州大学既不要求学生必须具有选修AP课程的经历，也不要求学生一定要参加由ETS组织的AP课程考试并提供成绩。在招生过程中，大学更看重学生的诚实度——他（她）是否根据自己的实际水平提供了真实资料。也就是说，一个自认为没有足够能力参加AP课程学习的学生，也许会比一个对自我能力没有准确认知而强行参加AP课程的学生具有更大的被录取的可能性。因此，是否参加AP课程及其考试是学生的自由和权利。学生也可以不参加课程学习而直接参加考试。从这个角度上看，可以说加州大学在招生时并不看重AP课程成绩。

但另一方面，第二套AP课程成绩在申请加州大学九个分校时的作用非常巨大，对于伯克利分校和洛杉矶分校这样的顶尖大学来说，其影响甚至是决定性的。原因在于，加州大学在招生时非常重视学生的GPA表现——这和我们以往的认识相反，有些人错误地认为，美国大学招生时只看重综合素质而不看重学习成绩——而AP课程在提升学生GPA成绩上的效率极高。美国高中的课程一般分为普通课程、荣誉课程和AP课程。普通课程的GPA满分是4分，但单科AP课程的满分是5分。平均每门AP课程成绩可增加GPA分值0.1分。那些选修AP课程较多、成绩优秀的学生可以快速大幅度地提升自己的GPA，从而在大学招生中取得较大的竞争优势。例如，在同一所中学的两个学生，学生A没有选修任何AP课程，尽管他的成绩比较优秀，但GPA也许只有3.6，而学生B因为选修了两门AP课程，尽管他的其他课程成绩可能不如学生A优秀，但GPA却有可能达到3.8而超过学生A。从这个角度看，可以说加州大学在招生时非常看重AP课程成绩：首先，大学通过学生是否选修AP课程这一行为本身来判断学生的学习能力和未来发展潜力。在美国高中，并非所有学生都可以选修AP课程。要想参加AP课程学习，必须先要通过荣誉课程，而要想参加荣誉课程，必须先要通过普通课程。因此，能够参加AP课程学习这一事实本身已经证明了学生的优秀程度及其学习能力。其次，AP课程门类众多，总数达37门，与大学相关专业的联系极为紧密，因此，学生对于AP课程的选择既表明了他（她）对未来专业发展方向的兴趣，也表明了他（她）在面临不同机会时的选择能力和自我认知能力。这一点恰恰是美国顶尖大学招生时所要重点观测的目标。再次，从性质上说，AP课程是大学一年级的课程，其难度要远远超过中学普通课程，因此，学生是否选修AP课程，选修多少门AP课程等，都能体现出学生是否具有挑战困难和自我的信心与能力。大学还可以根据自身招生理念和学生生存环境的不同对此进行不同的解读。也就是说，不一定选修AP课程越多就说明学生越优秀。最后，大学在招生中重视AP课程成绩不是直接体现的，而是通过重视学生的GPA成绩而间接重视了对其产生重大影响的AP课程成绩。

既然AP课程在大学招生中的作用如此重要，为什么大学招生机构反而不看由ETS组织的第一套考核体系的成绩呢？加州大学招生办公室的同行告诉我，大学招生机构的行为会对中学基础教育产生影响。如果加州大学在招生时使用了AP课程统一考试成绩，就有可能会造成学生并非出于真实兴趣和意愿而仅仅为了提高入学机会被迫学习AP课程的情况，加剧高中教育的应试倾向。事实上，近年来，随着华裔学生数量的快速增长，美国教育界已经意识到这个问题的严重性，对AP课程教学中呈现出越来越显著的应试倾向提出了严厉的批评，指责AP课程过于集中于系列事实的教学，只是让学生能够成功通过考试并顺利进入大学名校，而没有让他（她）们在研究性学习中深入解决较少的问题。此外，和统一考试的一次性结果相比，美国大学在招生时更看重学生的过程性表现。进入GPA系统的AP课程本身即是中学课程体系的有机组成部分，因此比较好地解决了过程性评价和一次性评价以及个性化评价和统一性评价之间的矛盾。

如果说由ETS组织的第一套考核体系的成绩在大学招生中不起作用，学生为什么还有动力去参加考试呢？这是因为，虽然这一套成绩在大学招生时不起作用，但当学生进入大学以后，它的作用就会变得很大：如果一个学生的AP课程成绩达到了大学对相同课程的要求，就可以抵扣相应的学分。美国大学——特别是私立大学——是按照课程和学分来收取学费的，一门课程的费用大约在3 000美元至6 000美元之间，而参加一门AP课程的考试费用只有80多美元，因此，用AP课程成绩抵扣学分可以在相当大的程度上降低上大学的成本。近年来，由于经济不景气，美国高等教育的成本越来越高，学生选择AP课程的动力也随之增强，参加AP课程考试的人数逐年快速增长，原因即在于此。当然，这是就一般情况而言。那些最顶尖的大学，如哈佛、斯坦福等，是不允许学生用AP课程成绩来抵扣学分的；还有一些大学，如MIT，则要求学生入学后参加该课程的免修考试，合格后才可以抵扣学分。

美国AP课程的两套考核体系比较好地解决了中学教育和大学教育的"无缝衔接"问题，同时，也在一定程度上避免了学生的功利化倾向，有利于大学有效甄别出学生选修AP课程的真实意愿和能力。但美国的高等教育体系十分复杂，大学招生又是高度自主性的事务，招多少学生，怎样招生以及招什么样的学生等，均由大学自行决定。因此，也有一些大学在招生时会参考第一套考核体系的成绩，并且赋予其较大权重。这从另一方面解释了我所得到的答案相互矛盾的原因。

2014 年 4 月 23 日初稿于 Stanford University

2014 年 8 月 21 日定稿于 Stanford University

从《中国教育现代化2035》看第三方教育评价[①]

秦建平

2019年2月，中共中央、国务院印发《中国教育现代化2035》。其中，重点部署的第二项战略任务是"发展中国特色世界先进水平的优质教育"，有五个任务要点：全面落实立德树人根本任务、完善教育质量标准体系、加强课程教材体系建设、创新人才培养方式、构建教育质量评估监测机制。核心是立德树人、全面提高教育质量。教育质量评估监测作为教育质量发展的重要组成部分，具有鲜明的导向作用。概言之，没有监测评价就无从改进质量，也难以精准决策，而科学的评价体系也将促进教育质量的提升。

一、政策引领，聚焦综合能力评价

生活在21世纪的人需要具备哪些核心素养或关键技能？这是世界各国教育面临的重要课题。近年来，随着互联网技术和人工智能的迅猛发展，低技术含量的工作将会面临淘汰的局面。未来社会发展，将更加青睐复合型人才。

当前，为应对社会发展，教育质量监测评价表现出如下趋势：一是学生的学科素养是教育质量的核心指标，而核心学科的学业水平是基础而重要的构成部分。例如，国际学生评估项目（PISA）、国际数学与科学趋势研究项目（TIMSS）均对语言/阅读、数学和科学等基础和重要的学科进行监测。二是跨学科监测以及关注非学业部分的综合评价是当前教

[①] 作者系中国教育学会中小学教育质量综合评价办公室主任，研究员，第三方教育评价机构联谊会学术委员会特聘专家。本文为作者2019年5月在第三方教育评价联谊会在北京师范大学研讨会和2019年11月于合肥举行的第三方教育评估价论坛上讲座的综合整理稿。

育质量监测的重要发展趋势。例如，PISA2012监测了问题解决能力，PISA2015监测了协作式问题解决能力，PISA2018监测了国际胜任力。经济合作与发展组织（OECD）非正式部长大会达成一致意见：需要培养认知、社交和情感技能平衡的、全面发展的儿童，以便他们能够更好地应对21世纪挑战。目前，已经启动新一轮评估项目，实地考察评估全球部分城市与国家10—15岁学生的社会情感技能，预计于2020年发布评估报告。

　　为更好地应对21世纪挑战，培养社会主义建设者和接班人，我国在政策层面也进行了一系列部署。2018年9月10日，习近平总书记在全国教育大会上发表重要讲话强调，要深化教育体制改革，健全立德树人落实机制，扭转不科学的教育评价导向，坚决克服唯分数、唯升学、唯文凭、唯论文、唯帽子的顽瘴痼疾，从根本上解决教育评价指挥棒问题。2019年6月，国务院办公厅印发《关于新时代推进普通高中育人方式改革的指导意见》，中共中央、国务院印发《关于深化教育教学改革 全面提高义务教育质量的意见》，均要求了教育质量评价要突出考查学生品德、学业、身心健康、兴趣特长和劳动实践等。

　　在中学阶段，提高教育质量，破除"唯分数，唯升学"导向，还需要为学生掌握考试范围之外的其他技能以及参加有助于其全面发展的课外活动留有更大余地。这就需要平衡学业成绩和综合素质二者的发展在时间分配上的矛盾。根据笔者多年研究，可以运用"最近发展区"理论对学生实施精准施教、精准练习，从而实现减负提质。

二、科学诊断，寻找学生"最近发展区"

　　能力倾向是指一个人潜在的能力，这些能力与学生未来的学习关系密切并能够预测其成功的可能性。学习能力倾向测验可以为学生提供一个自己的能力轮廓，使中学生在面临求学和就业选择时，能够客观地了解自己在不同的能力因素上的优劣程度，作为参考，从而更科学地计划自己未来的专业和职业。例如，在美国影响力很大的DAT（鉴别能力倾向测验），一般用于学业和职业测评，是应用最为广泛的能力倾向成套测验之一。由言语推理、数推理、抽象推理等8个分测验组成。在欧美早就将学业能力倾向测验和成就测验一起使用，用来发现低成就学生，即学习潜能测验得分高而学习成绩低的学生，综合分析其能力与成绩差异的原因，进行针对性指导，以提高学习成绩，并激发其成就动机。

在智力测量的因素分析领域，卡特尔—霍恩的流体—晶体和卡罗尔的三阶层模型整合形成统一的CHC模型。CHC综合了一个世纪以来所有智力因素分析的结果，拥有最强大的实证基础。笔者及团队以CHC理论为指导，综合借鉴了美国的鉴别能力倾向测验、认知能力测验、斯比智力测验、韦氏智力测验中涉及学习能力部分的编制经验，运用结构方程模型的验证性因素分析方法，探索研发了中学生学习潜能测评工具。测评工具的信度（克隆巴赫系数）为0.717-0.861，时隔1年的重测信度为0.694-0.821；效标效度方面，与初中、高中语数外单科成绩的相关系数介于0.562-0.732，与语数外总分的相关介于0.614-0.745。与美国DAT的信度、效度差不多（DAT的复本信度为0.73-0.9，言语推理和数的能力相结合对学习成绩的预测在0.6-0.7之间）。比中国台湾修订DAT信度、效度高（时距为1-2个月的重测信度0.47-0.72，与高中系列学业性向测验之相关为0.49-0.56）。

"最近发展区"是苏联心理学家维果茨基提出的一个发展心理学概念，指实际发展水平与潜在发展水平之间的距离。"最近发展区"作为一种可能性，是目前尚未达到但具有最大可能达成的一种水平。换言之，可以将这个"最大可能"理解为一种"大概率事件"，从而可以从现代教育心理测量学、统计学方法视角，而非概念的文义辨析视角，给出最近发展区的操作定义和测量方法：最近发展区是学生具有大概率实现的一个成绩提升区间；其测量方法是，运用学习能力倾向测验与学业成绩考试这两种测验数据，以及学生所处的学校环境氛围等指标联合建模，所预测出的学生在所处教育环境条件下可能达到的学业成绩水平，这是他们有大概率达成的水平，也就是他们的"最近发展区"。

三、精准改进，助力发展优质教育

在实验探索中，笔者及团队把"最近发展区"分为了两个阶梯的水平（一阶、二阶），根据一阶、二阶最近发展区所确定的成绩提升区间，结合学业考试测验就可以找到与学生最近发展区对应的知识、技能、能力训练点，从而优化作业设计，完善作业考试辅导。在负担适当减轻的情况下，实现学习效率和效益的提高。

在四川省成都市龙泉驿区西河中学实验发现，这一方法能够有效提高义务教育合格率。成绩较差学生转化成为了中等生，在中考中的及格率大幅度提高。西河中学2017年、2018年学生中考合格率分别是71.5%、72.6%，2019年达到82.5%。能够提高义务教育优秀率，2018年西河中学中考升入示范性普通高中的人数是148人，2019年达到233人。另一个参与实验的学校龙泉驿区同安中学，2018年学生中考进入示范性高中人数165人，2019年达到266人。在普通高中得出了相似的实验结果。四川省绵阳市2018-2019学年在全市普通高中深化教学改革，开展运用学习能力测评与学业测评结合发现学生最近发展区的教学实验，通过在学生最近发展区实施因材施教，促进了学生的最大发展。综合多方实验结果，一般情况是，能够实现学生一阶最近发展区预测目标的概率介于50%-83%。

四、解决刚性需求，为第三方评价探索市场路径

教育评价服务的产品有两个特性：一是非物化产品；二是非普通服务，是专业性的、技术性的服务，表现在教育监测、评价服务过程是专业性的，评价结果的使用也是专业性的。所以第三方教育评价机构必须聘请专业的人员来开展其工作，或者与专业机构合作。教育评价改革呈现出了一些市场需求，但是传统意义上的考试、评价与监测，更多的是被国家各级招生考试机构、教育质量评估监测机构和教研科研机构承担了，留给第三方评价机构的不多。第三方评价机构可以在学校督导评价、学校年度考核评估、非义务教育阶段的学校等级评价（包括幼儿园等级评价）等方面开拓专业性评价服务，但是市场空间很有限。如果能够在精准诊断评价学生学情，助力教师提升教学质量，助力学生提高学习成绩方面提供科学有效的技术服务，其市场就广阔了。

综上可知，在最近发展区学习和施教，能够实现学生学习效率最大化，在恰当负担前提下，可以节省一些学习时间，为学生发展考试范围之外的其他技能以及有助于其全面发展的课外活动留有了更大余地，为学校促进学生学习成绩与综合素质平衡发展寻找了一条科学路径。发展世界水平的优质教育，推进普通高中育人方式改革，推进义务教育，全

面提高质量是我国当前乃至今后几十年教育改革发展的必然，提高学生学习质量是学校、家庭和学生的刚性需求。学校、教师和学生需要从拼时间的题海战术、机械练习中跳出来，转向依靠现代测评技术提供的学情诊断与分析的科学方法，依靠基于教育心理科学、脑认知科学的教学改进策略。第三方教育评价机构可以在这些领域努力有所作为，而学生最近发展区的诊断和实现技术可以为第三方评价机构探索当地市场提供技术合作。

走向第三方教育评价：教育改进中的一个新议题
——访中国教育科学研究院研究员储朝晖博士

采访整理：蔡华健

编者按：近年来，随着教育公共治理范式转型和教育评价专业化趋势日益彰显，在教育"管办评分离"和"放管服"的政策导向框架下，支持和委托社会组织与专业机构开展第三方教育评价逐步有了更多的政策空间。但作为国内教育领域一个较新的理念，很多教育主体对基于"委托—代理"模式的第三方教育评价的发展演变，第三方教育评价在国内教育治理、学校改进等环节面临的困惑，以及教育主体在实际操作中存在的问题等，还缺乏客观、完整而清晰的认知。

为此，《生活教育》期刊专访了中国教育科学研究院研究员、中国陶行知研究会副秘书长、《教育史研究》编委会副主任储朝晖博士，请他就相关问题予以解答。储朝晖博士近年来围绕"第三方教育评价"做了深入的理论研究和实践探索，先后在多家媒体上对"第三方教育评价"做了解读，获得了广泛关注。希望本期的专访，能为各类学校机构、教育主管部门提供一定的参考。

《生活教育》：在我国，"第三方教育评价"作为一个相对较新的事物，它的发展脉络是怎样的？结合这个发展脉络，您个人的认识有哪些？

储朝晖：所谓"第三方教育评价"，可以理解为是在整体社会法治框架内，教育主管部门让渡专业的空间，专业第三方机构发挥独立于政府和学校的社会中介组织的主体功能，以服务外包的方式对教育教学及管理各方面进行评估的活动。这一模式的核心在于该评价活动是由与教育活动本身无直接利益关系的第三方专业组织实施，具有更强的中立性和客观性。从广义的范畴讲，所谓的"第三方"包括了研究机构、高等院校、教育智库、民间机构、社会公众和舆论等不同主体。专业化的第三方评价机构的强弱决定着它能否真正发挥自身的优势。

"第三方教育评价"起源于美国、英国等发达国家。经历了百余年，它们的第三方教育评价发展得较为成熟，不少教育评价机构具有较高的声誉、较好的权威性和专业性。美英等国实施的"第三方教育评价"原理和机制为我们发展第三方教育评价提供借鉴。

中国自20世纪90年代开始就有人在报刊上发文介绍第三方教育评价，教育界围绕第三方教育评价展开了相应的学理探讨与相关实践尝试，至今已走过二十多年历程。经过多年的探索，我们对"第三方教育评价"的认识逐渐深入。《国家中长期教育改革和发展规划纲要（2010-2020年）》中，提出了"改进教育教学评价。根据培养目标和人才理念，建立科学、多样的评价标准。开展由政府、学校、家长及社会各方面参与的教育质量评价活动"。这其中虽然没有直接使用"第三方教育评价"一词，但蕴含了这层含义。中共十八大以来，在教育领域推行以"管办评分离"为基础的"多元评价"，"第三方教育评价"的推动力度得到进一步加强。在2013年颁布的《中共中央关于全面深化改革若干重大问题的决定》中，再次明确要求"深入推进管办评分离，扩大省级政府教育统筹权和学校办学自主权，完善学校内部治理结构。强化国家教育督导，委托社会组织开展教育评估监测"。2015年，教育部下发《关于深入推进教育管办评分离 促进政府职能转变的若干意见》，将"推进管办评分离，构建政府、学校、社会之间新型关系"，确立为"全面深化教育领域综合改革的重要内容"和"全面推进依法治教的必然要求"，在评价方式上提出了"学校自评""政府督导""专业机构和社会组织开展教育评价"三种评价模式一并发展的思路。2017年9月，中共中央办公厅、国务院办公厅印发《关于深化教育体制机制改革的意见》，重申"建立健全教育评价制度，建立贯通大中小幼的教育质量监测评估制度，建立标准健全、目标分层、多级评价、多元参与、学段完整的教育质量监测评估体系"，进一步明确强调"健全第三方评价机制，增强评价的专业性、独立性和客观性"。不难发现，"第三方教育评价"在我国加快推进教育现代化进程中正越来越展现出独特的价值和意义。

从我个人研究的视角和感知过程来说的话,我从1983年做教育调查起,一开始就感到教育领域存在的一些问题,然后就尝试着分析这些问题背后的深层次原因,再通过把这些原因进行归纳和总结,探寻教育问题、教育现象背后的根本性、规律性的东西。我发现出现这些问题的根本原因,还是主要在于我们教育的生态失衡或被破坏,主要表现在教育的过度单一性,包括:教育管理上还是以管理行政部门的方式进行,没有把学校当作一个专业的机构;教育评价上评价权力过度集中,而且集中到了非专业的机构手里,自然评价标准就是单一的考试分数。生态良好的前提是多样性和平衡,单一的管理不可能达到多样性和平衡态,建立并尽快使用第三方教育评价是破解教育生态危机的必然选择。

教育管理层面之所以出现单一性问题,是由于我们的学校都是行政部门举办的,各个学校都是按照同一个模式的行政指令来办学。这种过度依赖行政指令、行政规则,忽视教育自身发展规律的办学评价模式,必然导致教育管理中的千校一面,师生发展中的千人一面的通病,它将使中国在未来信息化时代进入一个"弱智社会",必须引起所有中国人的高度重视。这种单一行政管理与评价模式在逐渐淘汰教育的专业性,20世纪80年代的时候,我在各地调查,发现还是有一些学校的校长是很懂教育、很懂专业的。到20世纪90年代,当时的中小学界有句顺口溜,叫作"校长本姓教,无奈去姓钱"。因为当时政府投入不足,办学校、办教育最缺的是资金,无论是学校校园建设、硬件设施升级完善,还是师资质量提升、学校品牌打造,都离不开资金的支撑。所以,当时的校长的一大任务是要能申请到更多的经费,只有这样你才能当校长。进入2000年以后,情况又发生了新的变化,作为学校内部的管理者,校长必须得到教育行政管理部门的认可才能当校长。后来发展到不仅是学校校长如此,连各地的教育局局长也需要得到更上一级行政管理部门的认可,才能更好地开展工作,从而导致当下不少地方教育局局长没有教育工作经历,教育领域行政化、单一化色彩日益突出。在2010年前后,各家教育行政部门、教育研究者在做教育治理领域的相关调查问卷时,"去行政化"一度成为各方使用频率很高的词汇。然而,"去行政化"理念虽然方兴未艾,但事实上,在实践层面到现在还没有做到真正的教育去行政化。

这就涉及我讲的第二个方面,即教育评价的问题。因为教育评价问题较多，成为近年来教育领域的一大热点议题。

在2018年9月召开的全国教育大会和2019年1月召开的全国教育工作会议上，均提到教育评价问题。其中，全面清理"五唯"现象（"唯论文、唯帽子、唯职称、唯学历、唯奖项"，简称"五唯"），成为呼声很高的热点。其实，上面的"五唯"只是在前台唱戏的，站在它们身后的有个共同的支配者，就是"唯权力"，也就是民间说的"官大一级压死人"。由于是"唯权力"，权力本身不专业，需要找个中介支撑自己，就找出论文、帽子、职称、学历、奖项作为依据，排斥了专业评价。"五唯"的病因是行政权力僭越了专业权力，破坏了正常平衡的权力生态。解决"五唯"问题的关键是让专业权力归位，让行政权力退出它不应该强行进入的专业领域。

其他国家不存在"五唯"问题，就是因为它们不存在这样的权力配置。因此，从过往经验和教育实际看，如果仅有行政部门去破"五唯"，只能是自打鼓自划船，最终恐怕很难实现预期目标。从根本上说，这些"五唯"之所以产生，就是由一个外行对内行、非专业对专业进行评价而产生的结果。用一个具体的例子来说吧，梁漱溟年轻的时候在上海《东方杂志》连载了一篇论文《究元决疑论》。时任北大校长的蔡元培看到后，知道梁漱溟对印度佛学有研究，即决定请他到北大哲学系任教。要知道梁漱溟当时只有24岁，而且没有上过大学，曾经考北大没考上，但蔡元培通过他的文章看出了他的才华，在梁漱溟自己也没有信心当北大教师的时候，蔡元培说"我看您写的文章是可以的"。后来梁漱溟的作为证实了蔡元培的眼光。在这个人才的辨识和选拔过程中，蔡元培并不是用行政的视角来观察和评判的，而是从专业的视角和学术的视角出发。

但是现在由掌握权力的"外行"管理没有权力的"内行"现象比较普遍，以文凭学位、学缘出身、职称职务、荣誉头衔等简单直观的物化品来衡量、评价，反而成为在教育评价过程中大家不得不默守的规则。这些东西实际上都是非专业的评价、非专业的判断所产生的结果。如果是专业的，就可以完全根据专业的内容做判断，而非专业的则是依靠外在的标识来判断你这个人是否合适，于是产生了"五唯"。

简而言之，产生"五唯"现象的原因在于我们进行教育评价的权力过于集中。在学校中老师没有办法对学生做评价，校长也没办法对学生做评价。或者更深层次地说，即便做了评价是否真的有用？每年上千万的学生，只能够凭一两次的考试来作为评价他们的依据，这个评价就过于单一。教育评价过度单一是由于教育评价的主体过度单一而导致的，这个单一主体不是遵循专业机制和市场选择的结果，而是行政权力的效力。也就是说，在一个教育现象中只有一个评价主体能够对这个评价起作用，其他的评价主体对评价不起作用，那么就很容易导致教育评价的功能异化与结论误读。

比如，前段时间教育部还对学生参加竞赛究竟能否作为升学、考评的依据专门发了文件。这事实上就是利用行政权力来强化行政部门评价的特殊地位和特殊作用，其他教育主体和利益相关者却不能参与评价，这本身是与实现多元评价基本方向相违背的。所以要改变这种状况，就需要让评价主体更加多元化。大国的教育，涉及方方面面，千头万绪，如果评价主体只有一个，那是很可怕的一件事。例如，现在各地正在下大力气整顿的校外教育培训机构，大量教育培训机构之所以产生并形成了庞大的市场，也是因为教育评价权力过于集中，教育评价主体过于单一，学生的发展缺乏多元化的衡量依据，必然导致家长们只能想方设法通过提高考试分数送孩子上名校，花大量人力、物力、财力送孩子进各类校外辅导班，确保孩子的教育不输在起跑线上。

回到"第三方教育评价"上来。从历史上来说，第三方教育评价实际上有很长的历史渊源。中国古代有个词叫作"做中"，是指两个人协商不拢的时候找其他人来做中间协调人，这个"做中"的人就是"第三方"。当然，"做中"只是民间的一个传统做法，它本身跟我们现在讲的"第三方教育评价"有很大差异。在国际上，第三方教育评价有一百多年的发展历史。20世纪90年代，"第三方教育评价"概念引入我国内地后，只是在学术界小范围内有相关的理论研究成果面世，而缺乏后续的实践尝试。2005年前后，我在参与教育部的《规划纲要》起草组相关活动时，一些学者也在讨论"第三方教育评价"这个问题，希望引起新的关注。但是在2010年的《国家中长期教育改革和发展规划纲要（2010—2020年）》中，还没有直接使用"第三方教育评价"这个词，而是用了"社会参与评价"这样的表述。真正有组织地尝试开展第三方教育评价，则是到2015年左右。2015年，我们从"教育改进"这个视角去探究"第三方教育评价",将国内从事第三方教育评价的几十家机构联络起来,开始了直接的第三方教育评价实践推进。那么,怎么去改进呢?我觉得关键在于改管理和评价,我认为这些领域我们学界和教育界是可以做出相应的贡献的。

《生活教育》：那么,在您看来"第三方教育评价"在实际运作中遇到的主要共性问题是哪些?如何在实践中进一步理解"第三方教育评价"?

储朝晖：我国内地推动"第三方教育评价",并写进一系列的政策文本中,大体是从2010年前后开始的。到现在,写有"第三方教育评价"的政策文本已经不是一两个。可以说,近十年来"第三方教育评价"得到了较为广泛的认同和传播。但是,在"第三方教育评价"的具体实施中依然遇到了很多现实问题。

首先,"谁是第三方"?在我们国家,受多种主客观因素影响,长期以来只有第一方,没有第三方;只有"政府"这个大一统的权威,但是在三百六十行的各具体而专业的非政治领域是没有"第三方"的。这就导致了在我们的教育领域既缺少第三方意识,又缺乏一个组织化、专业化,有操作能力和执行能力,能得到教育评价对象(用户)认可的第三方。在这种情况下,近年来也有一些研究人员尝试用"民非"的形式注册了相应的机构,尝试做第三方教育评价。但是,这些机构在起步和运作过程中都面临着很多困难。例如,专业基础不牢、专业人员不足,还有机构内部如何治理、如何与社会互动、如何锚定和寻找可靠的用户等。这些机构在与用户的互动中,也存在着双方对"第三方教育评价"认知差异的问题。

例如,我们曾经遇到过这样一个案例。有一次,某个县的教育主管部门邀请我们去给他们做有关校园安全方面的"第三方教育评价"。在商谈中,当地的教育主管部门领导提出这样一个问题:"你们评价了以后,是不是我们这里的学校校园安全就不会出事了?能不能保证有这个效果?"通过这个现实案例,我们不难发现很多用户实际上还没有基本的第三方教育评价常识,更别说从根本上理解什么是"第三方教育评价"。事实上,第三方教育评价是对用户的教育现象和教育事实做一个独立、系统、客观、有针对性的评估与判断,由第三方评价机构为教育当事方提供相应的改进建议，降低风险，减少问题，提高质量，但并不能保证诸如做了校园安全的第三方评价之后校园安全就不再出事等。

针对这些问题，2015年以后我们组建了"第三方教育评价机构联谊会"，把这些做教育评价的各类社会机构联合起来。联合起来主要做三件事：第一个就是做专业提升，这是因为专业提升对第三方教育评价机构来说是生存和发展的根本；第二个是各家机构整体联合起来去拓展第三方教育评价的空间。从过去的实践来看，单靠某一个机构来推进第三方教育评价，力量都很小，也很难起到实质作用；第三个是完善机构内部的治理。通过内部治理，来让这些机构自身的行为进一步规范化、系统化、科学化，提升行为能力。

此外，在具体的实践过程中，我觉得我们还需要注意这样一个问题：有了第三方教育评价，是不是就不用其他形式和渠道的评价了？事实上，教育评价是需要第一方评价、第二方评价、第三方评价协同共进，各司其职，互为补充的。过去，我们基本上只有第一方评价、第二方评价，遇到问题往往很难客观、公正、独立地去分析、判断和解决。这就好比老百姓说的"老子评价儿子"，左看右看总是受到情感的影响，总是受到人际关系的影响，还会受到利益的影响，很难发现真问题；发现不了真问题，教育就无法改进，也就不可能办得更好。

近年来，我们的教育有了很大的发展，在义务教育阶段已经实现从"有学上"到"上好学"的转变，高中阶段的教育也得到了进一步的普及，高等教育也在走转型发展和内涵式发展的道路。当然，学前教育与社会公众的需求相比还有所滞后。无论是什么学段的教育，都离不开"提高质量"这个诉求。要提高教育质量，就需要有第三方做客观、独立、专业的评价。倘若没有这样的评价环节，就可能会使我们教育本身对质量的要求、对质量的标准设定出现偏差和问题，既不能满足不同学生的多样化发展需求，不能实现教育的多样化需求，也不能实现社会的多样化需求。从另一个角度讲，缺乏第三方教育评价就很容易导致教育虚化。由于没有第三方评价，由于发展惯性或发展中出现的新问题等因素影响，教育的问题可能会被长期掩藏和积压，久而久之形成一个闭路循环，影响整个教育生态体系，成为系统性的问题。要预防和解决这个隐患，不能说仅仅依靠第三方教育评价就包治百病了，但有了第三方介入，会让教育评价有可能寻求到走向良性发展的契机和路径，也有可能探寻到更多操作性强的方式方法，逐步解决当下教育发展过程中遇到的新问题。

《生活教育》：在您看来，作为未来的主体用户，学校机构如何使用第三方教育评价呢？面对一些误区，如何才能有效规避？

储朝晖：我认为还是需要首先从"第三方"这个评价主体角度讲。目前，我们国内包括一些大学都在有意向或实际行动，尝试做第三方教育评价。但真正做成、做好的则很少。之所以出现这个现象，首先是我们缺少第三方的意识，这跟中国传统文化有关。在我们的传统文化里，很少有愿意做第三方的。因为做第三方，往往要扮演"挑刺者"的角色。具体到教育领域的第三方，就是要找到教育机体中存在的弊端和不足，而我们传统社会中有时存在着"讳疾忌医"的社会心理弊病。这也是在第三方教育评价实施过程中，经常遇到的第一个问题。

从用户的角度来说，要想真正实施好第三方教育评价，就需要有更多的用户来使用，使用者越多，第三方教育评价就发展得越成熟。因为第三方教育评价机构和用户群体之间也是存在着互动、协作、共生的关系。可以肯定的是，第三方教育评价用户的主体，多半也是教育的主办方。作为主办方，它要向所聘请第三方机构支付相应的咨询和评价服务费。教育主办方大多希望第三方教育评价机构在评估时多做正面的、积极的评价，而对负面的、消极的评价存在一定的抵触心理。而第三方教育评价恰恰是要把用户存在的问题给挑出来，只有找出真问题，才有可能解决问题，展现第三方评价机构的价值。这种在双方的心理和目标预期上存在的偏差，一定程度导致了目前第三方教育评价还缺少真正的用户。比如说，《高等教育法》里也提到要尽可能地使用第三方评价，但实际上在高校里依然很少使用第三方评价，即便引入也大多是展现办学成绩，用作宣传和点缀。因此，学校机构在引入第三方教育评价时存在的主要矛盾在于：一是评价主体的第三方意识难以形成，尤其难以形成共识。二是目前第三方教育评价的用户的积极性和主动性还远远不够。用户存在某些认知错觉，比如说，邀请第三方教育评价机构进校开展评估，是不是显得学校自身出了问题，或是小学中遇到了自身难以解决的困境，才有此举措？这种花钱自揭短处的做法，是否对学校的对外形象有所损伤？

　　正是有着这样那样的顾虑，因而目前来看国内的第三方教育评价还难以在短期内形成健康、蓬勃发展的市场。反过来看，市场的不健全恰恰也是学校机构在尝试引入第三方教育评价时最容易面临的困境。这是一种相辅相成的逻辑关系。另一方面，学校机构在引入第三方教育评价的具体技术上，还面临着很大的不确定性和潜在陷阱。比如，究竟由谁去寻找、到哪里去寻找这个市场？第三方机构和用户之间如何建立互信？是以项目招投标的方式，还是协议的方式引入？这些都会在实际操作过程中遇到很多细节问题。此外，我们还必须得看到目前的中小学在教育财政经费上，尚不是一个独立的法人。即便学校机构想要购买第三方教育评价服务，但它自身需要借助上级教育部门、财政部门的力量和渠道来支付服务费用。从第三方教育评价的发展情况看，目前对某个区域的教育发展做第三方教育评价是相对比较容易的。因为这类用户大多是当地的政府部门、教育行政主管部门，有着更多的资源配置和使用权限，对相关政策的掌握和运用度更为熟稔。

　　接下来难度比较高的，是对单个学校做第三方教育评价，或者是对某一专项内容做专项评价。难度最高的则是对个体，如学生、教师、学校校长等的评价。而在学生、教师、学校校长这三类群体中，又以对学生群体的第三方教育评价的难度系数最高，教师群体次之，校长群体相对最容易。这是因为学生群体数量庞大，每个个体之间的差异可能非常显著，而学生的成长涉及的因素也更为复杂。这是从评价的难度系数角度来说。但是，从评价的可能性角度看，却又是以对学生的第三方教育评价的可能性最大。事实上，我们在学校教育中常用的相关机构组织的各类学生竞赛活动，就是近似第三方教育评价。相比而言，对学校评价的可能性要低一点，因为很多学校并不愿意接受第三方评价。目前来看，对政府部门、教育主管部门开展第三方教育评价，可行性相对高一点。因为随着党和国家加快推进教育现代化，提出要"办人民满意的教育"，优质均衡的教育就成为各地教育主管部门工作的一大目标。

　　在这种情况下，我们要想推动第三方教育评价进一步发展，就需要努力消除和规避不利于第三方教育评价的因素。当然，这不是一两句话就能说得清楚，在短期内就能解决的。从根本上说，需要推进整个社会的法治进程；具体而言，需要借助政府的行政指令在一定范围内加以推进，但是行政指令本身又与第三方教育评价存在一定的冲突。因为从原理来说，使用第三方教育评价就是一个简政放权的过程，将专业的事情交给专业机构、专业人员办的过程。目前的第三方教育评价在理想和现实举措之间还存在着很多不一致的地方，甚至是彼此违拗之处，这可以说是目前我们遇到的主要障碍。如何去消除这些障碍，这是需要各方认真思考并着力加以解决的问题。所以，我认为目前既需要有一批学校和教育机构勇敢地"吃螃蟹"，使用第三方教育评价；又需要政府有明晰的思路积极推进，最为紧迫的是需要为第三方教育评价营造一个健康良性发展的大环境。

《生活教育》：感谢您接受本刊专访。希望通过各方努力，第三方教育评价能在不远的将来更好地为教育现代化服务。

（本文根据采访录音整理，并经受访者本人审核，责任编辑：钟玖英）

# 第二编

机构与案例

武汉市洪山区义务教育"双创"工作第三方督导评估

武汉华大教师教育发展研究院

一、项目概况

从2017年至2019年，武汉市洪山区教育局连续三年通过政府采购、公开招标方式，聘请第三方机构参与义务教育现代化和素质教育特色学校评估验收工作。武汉华大教师教育发展研究院参与公开招标，凭借雄厚的实力和完善的方案，顺利中标武汉市洪山区教育局义务教育现代化学校和素质教育特色学校第三方评估项目。洪山区教育局聘请第三方机构的目的在于：一方面希望第三方专家组对学校进行创建过程指导，帮助学校解决创建工作过程中存在的问题；另一方面提高参评学校质量。第三方工作团队在认真阅读学校提交的自评报告基础上，对多数评估学校进行视导，并针对问题提出建设性指导改进意见，使所有参评学校都能高质量通过区级评估验收，为迎接市一级评估验收奠定坚实基础。

二、实施过程

（一）专家组成

第三方评估验收专家组成员全部具有副高以上职称，包括省市督学、市督学顾问和洪山区督学20多人，每组配备工作人员1名。

（二）评估形式

第三方评估验收工作采用自评与他评相结合、定性评估与定量评估相结合、过程性指导与终结性评价相结合的评估验收方式。主要内容包括：

1.中期考察。在每年3—5月，第三方机构委派专项督学考察组，会同校责任督学、区教育局职能部门或二级单位负责人，多次对学校创建工作进行督导考察，了解实施进展情况，对学校开展创建工作进行过程性指导。

2.评估前的视导。正式评估前一个月，委派专项视导组，对学校创建工作情况进行初步检查，发现存在的问题，为提出整改意见打下基础，同时商定评估验收工作的具体流程。专家组在听取学校校长关于现代化学校和素质教育特色学校建设情况汇报、查阅相关文本资料的基础上，巡视课堂教学情况，并察看校容校貌及教育教学功能室设施，观摩学校文体或大课间活动，与部分教师代表、中层以上干部进行座谈和个别访谈。通过多角度、多途径采集信息，对各校现代化学校或素质教育特色校创建工作情况进行分析与指导。评估视导结束前，专家组均向各被评估视导学校领导班子成员反馈了评估视导的初步意见。在充分肯定学校创建工作取得的主要成绩和经验的基础上，对存在的主要问题提出改进意见和建议。并确定正式评估验收的具体时间和工作流程。

3.组织督学下校分组开展正式评估。

（三）基本情况

1.基本要求：根据武汉市和洪山区人民政府教育督导室的要求，第三方机构明确了评估验收的纪律要求，做到：①廉洁督导。严格遵守"八项规定"，崇尚俭朴，拒腐倡廉。②依法督导。坚持原则，敢讲真话，客观公正，言之有据，帮助学校进一步提高办学水平。③精准督导。依据武汉市义务教育现代化学校标准和武汉市小学、初中素质教育特色学校标准，深入学校，多方面收集信息，全面了解和掌握学校的真实情况，实事求是得出结论。④高效督导。按照区督导室要求，按时、保质保量完成评估工作任务。

2.开展方式：督学分工，人员对接；听取学校校长创建工作的汇报；巡视校园，查看办学条件和环境文化；随堂听课（人均2节，由评估组随机抽取，力求年级、学科全覆盖，被抽查的教师同一学科不重复）；观摩学校当天升旗仪式、大课间活动和社团活动；观看学校特色活动的声像资料；查阅学校创建工作档案资料；抽查教师的备课笔记、学生作业批改，以及学校领导的听、评课记录；召开干部、教师、家长、学生座谈；观摩教研活动；随机访谈部分干部、教师、学生和家长；组织问卷调查和学生文体素质测试；等等。

3.评估结果：评估专家组通过多角度、多途径采集信息，对10所区级现代化学校暨素质教育特色学校创建工作进行了综合分析与评估。部分学校达到了武汉市现代化学校标准；部分学校达到了武汉市现代化学校暨市素质教育特色学校标准；另有部分学校达到了武汉市现代化学校暨区素质教育特色学校标准。建议授予"区素质教育特色学校"称号，报请武汉市人民政府教育督导室认定后授予"武汉市义务教育现代化学校""武汉市素质教育特色学校"称号。

三、反思启示

武汉市洪山区2017—2019年义务教育现代化学校暨素质教育特色学校评估工作虽然结束了，30多所学校也顺利通过了区级评估验收，但是，对照武汉市现代化学校评估标准和素质教育特色学校评估标准，评估组也发现了一些亟待解决的问题。

（一）部分学校办学理念和文化内核还不够明晰，逻辑体系有待建立

在评估中发现部分学校办学思想不够清晰，对办学理念深度解析还不够，内涵体系缺乏逻辑性，外延拓展也不够明确，不少学校还停留在口号宣传和工作要求上，没有真正渗透到教学模式、课程开发、德育体系、科学研究、特色活动等学校工作的各个层面。如，有的学校内涵和外延以及与"一训三风"的关系还不够清晰，没有达到统领学校全局工作的目的，文化内核界定尚有提炼的空间。

（二）学校管理精细化程度还不高，校长的教育治理能力有待提高

在评估中发现，30所被评估学校的各项管理虽取得了一定的成效，但在制度建设与执行、机构完善、过程跟踪、资料收集、德育工作、教学管理、后勤服务、大课间活动、社团活动等方面仍然存在一些薄弱环

节,有些制度需要补充更新,需要进一步落细、落小、落实。一些学校在抓学校管理中抓了计划、过程、检查和总结,却忽视了过程评价和跟踪等重要环节,虽然做了大量的工作,但是记载不全,让工作效果大打折扣。教育管理不够精细化,从而无法体现出学校的办学品质。

(三)"办学特色"与"特色活动"模糊不清,学校品牌有待打造

在评估中发现,部分被评估学校还没有真正理解"办学特色"的概念,有些学校将"特色活动""特色项目"说成是"办学特色",还有学校将简单特色项目,像篮球、书法、美术、器乐演奏等活动当成学校办学特色等。

(四)骨干教师特别是领军人物较为缺乏,队伍建设亟待加强

在评估中发现,部分被评估单位中,建校时间仅2—3年的新学校比较多,因此年轻教师比例偏大。大部分学校虽然有区级以上科研课题,但教师的参与面不大,且没有形成研究特色。特别是30所学校都存在不同程度的结构性缺编问题,且骨干教师缺少,学科领军人物匮乏。有些学校随着办学规模的逐渐扩大,优质师资比例已有所下降;有的学校几经组合出现教师总数超编但结构性缺编的现象;有的学校非编教师占比过大或部分学科缺乏专任教师,开足课程存在问题,正常教学受到影响。

(五)适龄人口发展过快导致学额偏紧,教学用房扩容和新建学校有待加速

在第三方评估中发现,近几年区教育局对新创办的学校投入较大,学校信息技术、装备有了较大改善。但还是普遍存在功能室尤其是信息技术教室少、班额普遍过大、教室容量超标等问题,既不利于因材施教,又制约了教学质量的提升。个别学校学生活动空间不足。还有一部分学校存在教学辅助功能室被挤占、学生实验难以落实、生机比不达标、电教设备更新慢、功能室使用率不高等问题。从课堂教师使用和操作信息技术设备的熟练程度来看,部分教师还没有完全掌握电子白板交互功能

的深度使用，有的仍然处在将电子白板当PPT使用的阶段，信息技术与学科的深度融合还存在较大的差距。部分年龄偏大的教师，教育信息化意识和能力不强，信息技术应用水平偏低。教师信息化素养和能力的提升速度赶不上信息化硬件设备投入与更新的速度。

（六）核心素养培养需要落实、落地、落细，特色课程及活动有待加强

在评估中发现，多数学校还没有真正认识到加强课程建设的重要性。有些学校将简单的兴趣活动、社团活动当作校本课程，这些活动学生参与人数不多，时间、师资、资源没有保障，教师指导活动的能力也有待提高；有的学校由于师资的缺乏，校本课程的开发以教师为主，教师会什么，就开什么校本课程；还有的学校将校本课程当成课堂教学的课外补充课，认为现代教育包括中考改革对学生综合素质的要求越来越高，正好利用校本课程来给学生多讲些教材中没有的考试内容，加深学生理解；等等。部分学校由于对校本课程的理解不到位，在开发实施中步入了"活动本位""教师本位""学科本位"的误区。

（七）教育发展有待进一步均衡，"帮扶"政策和集团化办学的效率有待提高

洪山区集团化办学几年来，卓刀泉中学、武珞路小学、广埠屯学校、鲁巷小学等优质学校以及附近高校的影响力和辐射力日益显现，加上教育局"帮扶"政策的落实，取得了初步效果。特别是相关职能部门在正式评估之前，对学校进行过指导，直接了解到了学校创建中的实际问题，并参与评估反馈，听取专家意见。但是从总体来看，目前这种贴标签式的集团化办学，并没有真正实现资源共享，在管理体制和机制等方面需要进一步探讨。学校集团化办学是现代教育发展的一种趋势，也是教育均衡、优质发展的一种路径。现代教育集团稳步、持续、高位发展必须要有现代学校管理制度提供保障，从而实现学校集团办学理念的统一、管理思想的统一、工作策略的统一。打造集团化办学品牌需要准确的定位、稳定的培养模式、良好的校园文化、广泛的社区参与、一流的品牌人物、先进的教育设施、浓厚的科研氛围和充分的主体发挥。

武汉市洪山区在教育管理中大胆引入第三方评估，勇气难能可贵，改革力度体现了一种担当。武汉市洪山区教育局在教育治理方面连续三年引入第三方机构参与现代化学校评估，一方面要让教育评价的结果真正能"为民所用"，鼓励教育当事人依据实际需要，使用第三方教育评价结果作为成长发展的参考依据，充分发挥评价的引导、诊断、改进、激励等功能；另一方面也能为政府提供更为真实、贴近教育实际的决策参考。

总之，开展第三方教育评估监测，是深化推进教育领域综合改革的有力抓手。有效实施第三方教育评估监测，引入社会专业机构评价教育质量，检验办学质量效果，监督政策实施过程，有利于重构政府、学校、社会的关系，重塑政府、学校、社会在教育质量保障中的角色，逐步建立起决策、执行、监督既相对分开又相互制约的现代教育治理体系，不断提升教育治理能力和水平。

山东职业技术教育与培训改革项目评估

山东讯源信息咨询有限公司

一、实施背景

20世纪80年代末,中国开始积极发展高等职业教育。虽起步较晚,但发展较为迅速,现已成为中国高等教育事业的重要组成部分,在促进经济、社会发展方面发挥了重要作用。山东省的高等职业教育经过近30年的办学探索取得很大成就,但发展过程中仍面临很多困难,存在很多方面的问题和不足。随着山东省经济社会的迅速发展,经济规模不断扩张,产业结构优化升级,需要越来越多的专业性、技能型人才。针对山东省高等职业教育目前存在的问题,必须积极采取切实有效的措施加以解决,使高职教育适应全省经济发展的人才培养要求。山东职业技术教育与培训改革项目(以下简称山东TVET项目)的目的是提高四所高等职业技术院校教育的质量和相关性,并从中总结经验,指导未来的学校改革和政策研发。

二、项目概况

山东TVET项目的目的,在于提高四所高等职业技术院校教育的质量和相关性,并从中总结经验,指导未来的学校改革和政策研发。为了实现项目目标,项目将采取综合的干预方案:(1)通过学校层面的改革和创新,提高职业技术教育的质量与相关性;(2)通过政策研发和能力建设,获取四个项目学校地区的经验。四个项目学校分别为:

威海职业学院:8个专业,2011年毕业生891人;

烟台汽车工程职业学院:5个专业,815人;

济宁职业技术学院:3个系,10个专业,995人;

德州科技职业学院:6个专业,2011年毕业生1246人。

本项目有三个关键项目成果指标：（1）通过技能鉴定考试的毕业生的比例（中级和高级）；（2）毕业生毕业6个月内在所学专业领域就业的数量、薪酬及人才需求等数据；（3）改善学生和雇主及学生对学校满意度。

三、具体实施

（一）实验组和对照组之间的差异是衡量项目影响的关键

对照组选取的理想状态是：在其他因素不发生变化的前提下，假设受到项目干预（实验组）的学生当初没有受到干预，则这些学生毕业后的情况和对照组学生毕业后的情况没有什么不同。由于其他因素没有发生变化，所以这种差异就是项目干预造成的。

经综合考虑，确定选取对照组的最优方案是：以项目学校干预前后进行对照为主，以项目学校内部未受干预且教师之间交流较少的学生信息和省平均指标对照为辅，进行综合比较。对照组学生和实验组的学生处于相同的学校教育背景下，控制干预前后可能变化的因素对关键项目成果的影响，测量到实验组和对照组之间关键项目成果的差异，再辅以对于时间带来的变化（包括宏观就业环境、经济形势、社会整体的薪资水平和学生特征、学校层面的改革、教职人员自身水平）因素的考虑，才能最切实可行地衡量项目的影响。

（二）数据采集体系设计

1. 调查对象和调查范围

为了获得充分的支撑数据，本研究的数据调查对象和范围是：①对四个项目学校受干预前（2011年）和受干预后（2014年）的两届毕业班采取二选一的方式进行整班全数调查。②在四个项目学校内对未受项目干预的2011年和2014年的毕业班中各选6个毕业班进行全数调查。③在山东省教育厅世界银行贷款项目办公室协助下获取四个项目学校行政系统内的有关数据信息。

2. 调查方法和样本检验

本研究将采用电子问卷调查和CATI相结合的方式进行调查。问卷填报系统包含在电子数据库建设之内，以.net技术编写实现，是自动的、动态的、互动式的电子问卷系统。

根据此前的电子问卷调查的经验，该种电子问卷调查方法的问卷回收率较低，所以采取CATI的方式加以补充。学校只须提供毕业生的电子信箱和联系电话，项目组向毕业后的毕业生发放答题邀请函、问卷所在服务器的客户端链接和账户，学生通过访问客户端链接，利用账户回答问卷，答题时间20分钟左右。为了保证答题率，课题组会对学生最多发五次邀请，同时，对于那些只参加了部分答题的学生，我们会再次邀请他们完成后面的答题。我们有技术手段确保答题者的真实，并由校方或项目方抽查答题真实性。对于不能或者没有用电子问卷方式答题的学生，我们采取CATI的方式进行调查，以保证调查的全面性。

对于回收的样本数据，我们将验证其对总体的代表性，即所回收的样本数据是否能够代表总体的特征。包括两个方面：①科学分层，检验回收的样本在专业和学校层面的分布是否和总体的分布相符合。②检验所调查的样本数据中是否存在答题者自我选择偏差。方法如下：对能联系上的学生发送最多五次的邀请，同时记录该学生是在我们第几次邀请后完成答题的和每次的答题进度，我们按邀请次数和作答进度分层检验一些关键指标上是否存在差异。若差异存在，则表明存在系统性的差异，需要通过权重、再抽样或增加回访来修正。

3. 调查时点和执行时间

根据我们的经验，有30%左右的高职毕业生是在其毕业后半年内才找到工作的，而毕业后1年，则学生的很多指标将受到其在职培训等其他因素的影响，这时估计的项目影响的结果可能并不是全部由于学生在学校受到项目的干预所带来的。所以建议调查时间点是毕业半年后到6—12个月之间。这个时间范围内，毕业生的就业状况相对稳定，并且在职培训等因素对毕业生的影响也较小，收集的数据将可以准确反映出项目的实施对学生的影响。

如图1所示，由于项目首先是对2011年入学的学生开展的，这些受到项目干预影响的学生将在2014年毕业。所以，2011年毕业的学生没有受到项目干预的影响，是属于我们选取的对照组。为了收集这些对照组学生在毕业6—12个月的指标数据，第一次取样的信息时间点应为2012年1月至2012年7月之间。根据目前的情况，对对照组的调查时间将安排在2013年5月至2013年6月。受到项目干预的2011年入学的学生将在2014年毕业，所以对于实验组的调查时间为2015年1月至2015年3月之间，为了收集控制变量的数据，此时的调查也包括项目学校中非项目专业的学生。2012年毕业的学生虽然没有直接受到项目干预的全部影响，但是这些学生在校期间，项目已经开始实施了一段时间，由于教师之间、学生之间的交流，项目的实施会对这届毕业生产生一定的影响，而这部分影响是我们无须评估的，所以我们没有将2012年毕业的学生作为对照组进行调查。

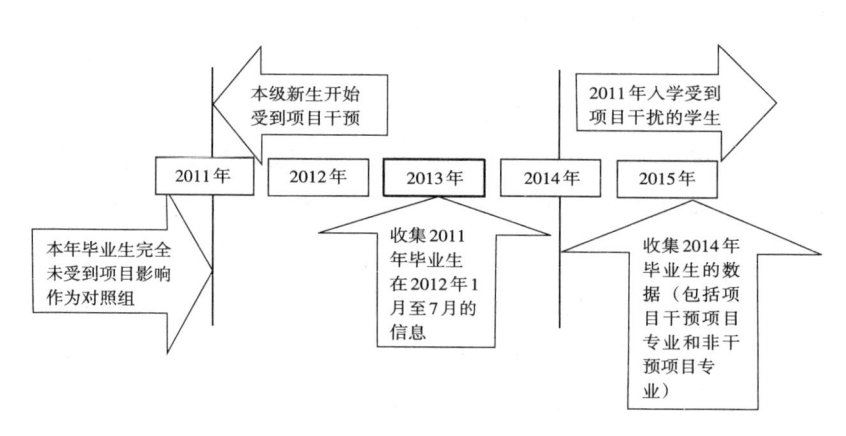

图1　调查时间分布图

4.学生和用人单位调查

对学生调查问题可以分成收集结果变量和控制变量两种类型：

①衡量项目影响结果的学生层面的关键绩效指标，具体包括：学生毕业半年后（或1年内）的就业率、薪资及毕业时技能认证考试（包括中级和高级）的通过率，同时建议加入离职率、专业对口率、学生对学校的推荐度等变量作为衡量项目影响结果的指标。

②学生背景信息等控制指标，包括学生的个人特征、学术背景和家庭背景等指标：学生的性别、年龄、入学成绩、所学专业、父母的社会

阶层、父母的最高教育程度等。

用人单位在基于学生调查获取信息的基础上，采取CATI方式进行，答题时间约5分钟左右。用人单位的调查内容是对于毕业生所毕业学校的满意度和评价。

四、成效分析

从宏观上看，虽然山东省的经济发展受大环境影响导致速度减缓，但是经济发展水平在整体上依旧平稳。同时在就业形势方面，山东省一直将失业率控制在可接受的范围内。进一步考虑高等教育毕业生的就业形势虽然比较严峻，但通过实施一系列的政策，就业形势也在逐步改善过程中。在此背景下，项目对相关高职院校毕业生的就业促进作用更加突出。

通过对四所职业院校的毕业生和相关企业进行实际调查，将四所职业院校的毕业生分为对照组和专业组并对比分析未受项目影响的2011届毕业生和2014届毕业生情况发现：（1）2014届毕业生在工作半年之后的薪酬以及福利情况有一定程度的改善；（2）2014届毕业生在认证考试通过率方面得到了明显提高；（3）2014届毕业生就业行业趋向分散化，但还是以制造业为主，同时多为民营（私营）企业；在工作岗位上毕业生选择了与其专业更为对口的基层技术、管理或营销岗，毕业生就业的专业对口率有一定提高；（4）从工作时长、企业带薪休假和培训制度以及学生对就职环境的满意程度发现，在中国山东职业技术教育与培训改革项目的影响下，2014届毕业生的就业环境，不论是硬件还是软件上都有了明显的改善提高；（5）从学生对职业的长期预期来看，项目对学生就业方面的影响并不能维持较为长久的时间；（6）学生对学校教学等方面的评价有了一定幅度的提升。

通过对相关企业的调查发现，企业不论是对学校还是对毕业生的评价显著提高，对高职类院校毕业生的招聘热情明显改善。这再一次证明了中国山东职业技术教育与培训改革项目对学校和学生整体素质水平提高的促进作用。

五、反思启示

1. 当时情况下，高职院校毕业生离校较早，多数提前一年，至少提前半年就已经就业，在实际调查中，需要回忆较长时间。所以，建议对高职类院校毕业生的调查应比实际毕业时间提前一段时间。

2. 加强对评估平台的建设和应用。随着互联网应用的发展，调查与评估仅采用面对面的方式已经落后于时代，时效性较差，人工成本较高，如果采用网上平台，则可以许多人同时进行调研，人工支出也将大大降低。所以，建议业内的龙头企业建设开放的评估平台，给大家带来便利，同时自己也能应用后台的数据，进行数据分析和相关应用。

深圳市龙华区
2019年义务教育质量监测与评价

深圳市承儒科技有限公司

2019年6月，深圳市承儒科技有限公司中标"龙华区2019年义务教育质量监测与评价服务"项目。此次承儒科技和深圳龙华区的测评合作是基于龙华区的教育发展现状和未来的发展需求。龙华教育当前呈现"四个不平衡"和"四个不充分"。为了改变现状，龙华教育必须进行深度改革，迫切需要通过教育质量监测与评价催生与引导教育教学的深度改革，为龙华教育事业的精准化发展提供科学的数据支撑和评价依据。

近年来，利用第三方测评机构的技术支持，龙华教育科学研究院成功组织实施了多个创新测评项目，在特色学业测评方面已经取得了较为理想的成果。此次合作在此基础上引入全面综合评价（内容涉及知识学习、健康生活、人文底蕴、科学精神、责任担当、实践创新等方面及影响学生发展的教师因素、学校因素和家庭因素），更全面、更深度、更有效和更大范围地诊断和评估地区教育教学存在的客观问题，同时与国际上先进的教育发展和测评模式进行比较，以便更好地接轨，发展面向未来的更好教育，培养适应国际竞争的现代人才。

本项目主要涵盖三大方面的测评：义务教育质量监测；学业水平监测及其增值评价；PISA FOR SCHOOLS测评。相对以往，此次测评涉及的面更广，挖掘分析的数据信息更深，从单一的学业测评拓展到了综合测评；学业测评也从之前的发展性测评纵向深入到增值测评；而且，与国际化接轨，实施PISA FOR SCHOOLS测评，将教育质量在国际上进行对比和评估。本项目相关实施情况简要介绍如下：

一、监测目的及意义

（一）监测目的

1.为了引导基础教育阶段学校树立正确的质量观，将立德树人有效落实到教育各环节、全过程。通过监测结果的有效运用引导学校、教师和家长确立正确的教育质量观，促进少年儿童综合素质的提升和身心健康发展。

2.为了科学评估龙华区基础教育质量总体水平，客观反映影响教育质量的相关因素基本状况，系统监测国家课程标准和相关政策规定执行情况，为改进学校教育教学、完善教育政策提供依据和参考。

（二）监测意义

1.发挥"指挥棒"作用。对学生德智体美等全面发展状况的监测，有利于扭转部分地区以升学率作为评价学校和学生主要标准的做法，在"培养什么人"和"如何培养人"方面发挥积极导向作用。

2.发挥"体检仪"作用。通过收集学生发展及其影响因素的客观数据，能对教育质量发展状况进行全面"体检"，为诊断问题、分析原因、调整政策提供科学依据，从而推动教育质量的不断提升。

3.切实改变以成绩和升学率为标准评价学校的做法，引导全社会树立正确的人才观和质量观，也是促进政府职能改变、提高管理效能、推动教育督导问责的重要抓手。

二、监测任务与内容

（一）义务教育质量监测

当前国内外主流的监测评价项目主要为教育行政部门做出决策发挥重要作用。但是，参与监测项目的学校、教师、学生个体对监测结果知之甚少。为了弥补这方面的不足，结合龙华区实际情况，在吸收国内外传统监测优点基础上探索建立微观义务教育质量监测模式。

本项目监测旨在通过构建龙华区义务教育质量监测组织框架和指标体系，建立健全顺畅的质量监测运行机制，严格按照"体系构建、工具研发、组织实施、数据采集、数据清理、分析及报告撰写"等标准化流程，对龙华区义务教育阶段学校4—9年级所有学生、教师进行全面监测，初步建立龙华区教育质量数据库，构建起立体网络的教育质量评价体系，最终形成学生个体成长报告、教师发展报告、学校报告，为学生健全发展提供支持，为教师进行教育教学改革提供方向，为龙华区的学校适时调整和制定更有针对性的决策和管理措施提供科学依据。

（二）学业水平质量监测

组织实施龙华区义务教育阶段学校4—9年级做好2018—2019学年第二学期与2019—2020学年第一学期学业水平质量监测与评估工作。通过采集教育过程中的各种测量数据，采用现代教育测评模型的分析与评价，形成针对教育行政管理部门、学校、教师、学生等不同层次角色的个性化学业诊断与分析报告，从中发现学生、教师、学校和教育行政管理部门在教育过程中可以改进和优化的部分，为实现因材施教、学生个性化发展、教育资源的合理分配与优化和教育改革提供科学依据。通过学业水平的质量监测，达到以下目标：

1.项目实施期间，为区教育局提供完整的学业质量动态监测体系；为每个层级的用户（包括局领导、教科院领导、学科教研员、校领导、年级长、班主任、任课老师及学生）提供完善学业质量档案管理体系。

2.通过实施学业质量监测，深度挖掘学业大数据的价值，促进教学方式、学习方式和管理方式的有机转变，促进区域教学的创新发展，推动区域整体教学水平提升。

3.给教育局提供精准的期末调研数据分析，科学客观地甄选出学业水平优秀及教学能力较强的学校与教师，为在全区范围内开展奖教奖学活动打好基础及提供相应操作功能。

4.为教科院提供精准的命题质量分析，为调研测试效果的评判提供可靠的数据依据，可以指导考试后期工作以及命题研究。

5.采集教育考试的关键数据，为教育考试数据的管理、积累提供技术手段；为建立一套长期的考试数据管理机制打好基础。

6.发现优势与不足，反映区及各学校在教育决策中存在的问题，使教研员、教科院能够及时掌握教育教学的动态信息，为教科院制定教育发展规划、进行科学决策提供依据。

（三）PISA FOR SCHOOLS 测评

引进 PISA FOR SCHOOLS 测评项目，对十所试点学校的初中学生学习质量进行测评，采用信息化网络平台完成对学生的学业成就的测试以及学生问卷、学校问卷的调查，测试流程与 PISA 完全一致，测试结束后为区和参测学校发布区域总报告和学校报告。由于 PISA FOR SCHOOLS 采用与 PISA 相同的评价框架，通过锚题链接及似真值等值技术能够将测评结果与 PISA 结果进行国际比较，以了解学校在国际对比中的位置。同时通过测评了解国内外先进国家（地区）优质学校在教育教学改革方面的措施和经验，为学校提升教育教学质量，改进学校教育教学状况提供参考。

三、监测实施流程

以义务教育质量监测为例，具体实施步骤如下：

1.组织召开监测启动会。介绍监测的意义，调动学校参与监测积极性。其目的在于了解学生发展现状，发现教育教学中存在的问题，探索学生、教师及学校发展的影响因素，探索规律，使得学生及教师得到更好成长，学校得到更好发展。也为教育行政决策提供数据支撑及理论支持，更好地促进整个教育事业改进。

2.确定监测的目标。根据教育部及龙华区的相关文件以及希望通过监测达到的目的，确定监测工作目标。

3.成立组织机构。提出监测计划的区教育行政部门、组织开展监测的专业监测机构成立监测项目领导小组；参与监测的项目学校成立监测项目领导小组。

4.制定监测方案。确定监测的时间、对象、内容、方式、时间计划表并形成最终方案。

5.组建工具研发专家团队。根据监测方案及工具研发的特点，制定工具研发人员的要求，组建工具研发的专家团队。

6.构建监测的指标体系。根据监测目标，收集文献、文件等相关资料，进行文献综述；对区或学校主要负责人、工具填答对象两类人群进行访谈。综合文献综述和访谈结果形成指标体系，一般包括一级指标、二级指标和测量指标。邀请专家对指标体系进行多轮论证后，对相应问题进行修订，形成指标体系定稿。

7.研发监测工具。在指标体系中对国内外已有通用测评工具的做出标记并存储相关内容；对需要自行命制的题目做出标记搜索相关文献备用；问卷工具研发专家组对需要自行命制的题目和选项进行命制；问卷工具研发专家组对问卷题目进行讨论和修改；邀请专家对工具进行多轮论证后进行修订，形成初稿；开展工具初稿预试，完成后依据回收数据对每一道题进行质量分析，根据结果对有问题的题目进行修改、删除或者新增，并对预试作答时间长短进行分析，在后期组卷时对每套题的题量进行调整；修改后的题目进行二次预试再进行质量分析，再次修改和再次质量分析，直到所有数据达到标准。

8.实施监测。做好监测正式实施前的数据上报工作，监测学校上报监测年级所有学生及教师的基本信息，区教育行政部门对上报的信息进行审核。制定《监测实施方案》《监测实施办法》《监测实施操作手册》，各级组织实施监测项目的机构或部门负责对相关工作人员进行集中培训。监测实施前1—2天，区教育行政部门对监测学校的准备情况进行测前验收。监测实施当天，学校根据《监测实施工作手册》，在监测学校统一实施监测。

9.完成监测报告的撰写。监测实施后收集监测数据，梳理监测涉及的所有指标，根据报告框架的需要确定每一个指标的呈现方式，根据变量呈现方式和内容处理、分析相应数据，按指标维度依次整理，确定拟分析的数据和报告角度，写出报告框架初稿，邀请相应专家进行多轮论证后进行修订，形成定稿。为参测的每一位学生提供一份成长诊断报告，每个参测年级一份年级整体诊断报告，每个参测学校一份学校质量整体

◉ **实施流程图**

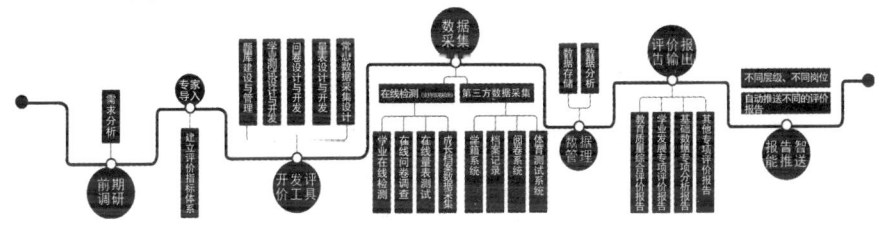

诊断报告，呈现学生成长、教师发展、学校质量发展现状。

此项目实施成功构建龙华区基础教育质量监测组织框架和指标体系，建立健全顺畅的质量监测运行机制；建立区基础教育质量监测与评估平台，通过教育评价大数据库和立体网络的评价体系，科学诊断区域教育学校质量发展现状；规范化组织实施基础教育质量监测工作，监测和评价个体具体到学校和每一个学生，做到源于问题、发现问题、解决问题。

本项目将学业监测及其增值评价、教育质量综合评价以及PISA FOR SCHOOLS国际化测评融为一体，在国内基础教育测评领域开先河，取得比以往更丰硕的成果。

合肥市经开区托管学校第三方评估

安徽晶瑞教育研究院

一、项目概况

为更客观地了解区域办学质量，切实提高区域办学水平，合肥市经济技术开发区社会发展局首次邀请第三方教育评估机构对本区域义务教育学校展开办学质量评估，2018—2019年，安徽晶瑞教育研究院受其委托，对该区六所托管学校进行了第三方教育质量评估工作。

二、实施流程

1. 成立专业评估小组

针对本项目中每所学校的评估，安徽晶瑞教育研究院均成立了由省内外教育评估专家，市、区教科研人员，名校长及本院评估中心专家组成的每校不少于8人，共计50余人次的专家团队。在对每所学校进行评估之前，都召开了评估专家组会议，一方面围绕本次评估内容作相关培训，解读评估标准和指标体系，学习评估工具的使用；另一方面明确工作分工，部署工作日程，严明评估纪律，落实后勤保障等事宜。

2. 制定科学评估流程

根据该区域义务教育发展现状及各被评估学校特点，专家组为每个学校专门设计了涵盖学校管理、教师发展、课程教学、学生成长、学校品牌5个维度24个指标的评估细则，并以此为指导开展材料审查、随机听课、实地考察、现场访谈、线上线下问卷调查等为期两天的校内评估。

现场评估程序为：

（1）听。评估组组长主持与被评学校领导班子成员、年级主任、教研组长、备课组长、班主任代表等人员的见面会，评估组组长说明进校安排并介绍评估组成员。评估专家听取学校负责人对自评工作的情况汇报。学校汇报时间控制在 10 分钟内。

（2）看。核查自评材料、指标达成情况；评估组成员实地查看校园环境、功能室管理和使用情况。

（3）谈。与学校领导、教师进行座谈，与学生随机进行交流，全面掌握学校的实际情况。进一步了解、核实有关情况，有关情况可以记录在相应栏目中。分组召开学生、教师和家长座谈会，进行现场访谈和问卷调查。

（4）进。走进课堂，随堂听课。评估组成员随机抽取班级随堂听课。

（5）评。评估人员严格按照《指标体系》评定各项指标的得分或评估等级，形成对自评工作的反馈意见和评估结论建议。

（6）汇。评估组汇总数据，科学分析。由组长主持讨论、评议、审定各项目的得分和意见，并写成评估报告。

3.输出实效评估报告

根据对区域及学校的前期调研与入校考察所得的材料数据，除了依据24个指标对各校进行评分，安徽晶瑞教育研究院还向委托方出具了详细的各校教育办学质量评估报告与区域总报告，并为被评方提供报告解读、跟踪指导等增值服务，为学校和区域办学总结成功经验，整理问题清单，提出合理化建议与提升方法，帮助学校将"以评估促改革、以评估促发展"落到实处。

三、评估结果

评估组每完成一所学校的评估，均及时出具了一校一评的综合评价报告书，力求全面、客观、公正、准确地反映接受评估学校的办学绩效、存在的短板以及后续发展建议。通过对六所学校的实地考察和社会调查，评估组还针对区域内六所学校存在的共性问题进行了分析，并向委托方提供了"共性问题"的分析报告和建议书。

（一）整体评价

1."外引内提"决策正确，办学成效突出

为了加快区内基础教育事业的发展，在较短时间内办出一批老百姓家门口的优质学校，经开区作出"外引内提"的战略决策。通过政府购买服务的方式，积极引进市内名校或著名高校，试行跨区委托合作办学。考察评估发现，此正确决策得以认真实施，初步实现了决策者初衷，呈现出"弯道超车"、超常规发展的新局面。

2.校长和教师整体素质较高，未来发展可期

在合肥市经开区社发局依法、依职权实施科学规范的管理，放手、放权支持校长开展工作，热心帮助学校解决实际困难和问题的科学管理下，各学校运转有条不紊，井然有序。尤其是此次接受评估的六所学校的主要领导，以其较高的政治素养和业务能力，给评估专家留下了深刻印象。从教师队伍情况看，各校都十分注重让每一位教师感悟、接受名校教育理念和教育方式方法的熏陶与影响。教师专业能力在名校搭建的平台上得到历练和提升，中青年骨干教师在区、市、省级各种教学大赛中夺冠获奖人数逐年增多。各校教师队伍的发展，呈现出你追我赶、新人辈出的势头。

（二）发展建议

1.关于学校管理团队建设问题

"外引内提"的重点是打造一支稳定而又坚强有力的学校管理团队。从目前的托管学校看来，受委托方从校本部委派一名副校长或中层干部携带三两位中层管理骨干到分校任职，为分校的改革发展按下"加速键"。但分校校长及管理人员的任用与去留，很不稳定。校长任期过短、中层管理人员变动频繁，容易导致急功近利，忽视内涵建设和可持续发展，甚至会出现校长特立独行、学校不易融入区域教育之中的情况。

建议：应积极谋划并加快各校自身校级干部及中层管理人员的选拔与培养，造就一支永远不走的高水平的学校管理团队。在签署新一轮合作办学协议时，名校要重视委派校长和管理团队人员的遴选，坚持德才兼备、好中选优，被委任的校长在既定任期内，若无特殊情况，不得中

场换人。同时建议把对分校管理团队新生力量的培养，纳入办学目标任务及对校长的绩效评估之中。

2.关于学校文化建设与建章立制问题

合作办学，重在引入名校先进的办学理念、科学的办学思路、成功的治校经验和可行的规章制度。从评估情况来看，不少教师对办学理念、校园文化知晓度、认同度不高，对简单复制过来的规章制度一时难以接受，似有水土不服之感。

建议： 对于名校办学理念、校园文化和规章制度的引入应从分校办学历史、社情校情等实际情况出发，发掘学校个性化元素，提炼生成具有鲜明特色的办学理念和校园文化，制定切实可行的规章制度，真正发挥用文化凝聚人心、培育人才，靠规章制度管人、管事的重要作用。避免出现生搬硬套、简单复制的情况。分校与总校的办学理念、校园文化要和而不同，各美其美，美美与共。

3.关于校本课程建设问题

校本课程，是"以校为本"，由学校自主确定的课程，它一方面是对"国家课程"内容的补充与拓展；另一方面是在充分考虑当地社区和学校课程资源的基础上以学生和教师为主体开发，旨在发展学生个性特长、多样、可供学生选择的课程。在评估过程中，专家发现不少学校以单一的活动课替代校本课程，把单项知识或专题讲座汇编而成的简易读本等同于校本课程课本，且多数学校校本课程的开发和实施还处在摸索、起步的阶段。

建议： 社发局等相关职能处室应进一步加强对学校的业务指导与引领，帮助学校强化课程意识。在校本课程设置和实施上，学校要以校本课程资源整合为突破点，以学生自主学习为着力点，以学校特色文化为创新点，以转变教师角色定位为关注点。同时倡导各学科教师在完成本学科国家课程教学任务的基础上，积极探索如何围绕校本课程的实施，让学生实现从学科知识本位向跨学科知识实践应用的拓展和延伸。

4.关于补齐学校办学短板问题

鉴于经开区义务教育发展水平已处在全省各县区的前列，此次接受评估的每所学校都具备较好的办学条件。但是，学校的某些办学条件，依然存在许多短板。例如，大班额问题比较突出、生均校舍或运动面积不尽达标、骨干教师数量相对不足、校园文化品位不高等。这些问题势必成为实现义务教育优质均衡发展目标任务的拦路虎。

建议：对照国家制定的优质均衡评估验收标准，在逐校、逐项、逐条摸清家底的基础上，找出薄弱环节和存在的问题。进一步加大投入，抓紧做好补缺补差工作。实行"一校一策"，解决具体问题，把短板补得再扎实一些，把基础打得再牢靠一些，力争一举通过国检，交出圆满答卷，再创新时代的新业绩。

推进管办评分离，构建政府、学校、社会之间新型关系，是全面深化教育领域综合改革的重要内容，也是进一步提高教育质量的必经之路。合肥市经开区在教育管理中大胆引入第三方评估，这种发现真问题、解决真问题的态度难能可贵。本评估项目也证明了客观、公正、专业的第三方教育评估，的确能够切实助力教育管理者与开办者发现教育发展实际存在的问题，更好地提升区域教育质量，让社会更加了解教育发展现状。

山东省东营市校长职级评估

山东国文教育评估有限公司

山东国文教育评估有限公司成立于2015年7月，专门从事教育项目研究、评估，主要工作职责是：承担教育行政部门、学校研究确定的各级各类教育质量状况调查与评估工作；组织开展教育评估理论研究；组织开展教育评估咨询服务，指导学校评估业务工作；协助教育行政部门委托的其他工作。先后参与东营市首届校长职级评估及年度校长职级考核，垦利区教育发展性评估及未来三年教育发展规划制定，东营市合同制教师招聘风险性评估，东营市民办职业教育培训机构评估，部分县、区、市直学校教学能手评选，优质课评选，名师名校长评选，配套普惠性民办幼儿园评估，临时工教师招聘，部分学校中层领导选拔调配的考评与面试，东营市各级各类学校社会满意度评价等评估与业务工作，受到了领导、学校、教师、家长、社会的广泛好评。

现将山东省东营市校长职级评估项目介绍如下。

一、实施背景

校长职级制是对教育管理制度的重大改革。实现了由政府为主导的校长管理模式向现代学校自主管理转变，以聘任制取代终身制，体现了校长由"职务"向"职业"的实质性转变，使校长的正常流动成为可能。在校长办学自主权逐渐扩大的同时，也对校长的素质提出更高要求，使校长的管理能力、科研能力和对学校经营能力与水平得到更大提升。东营市政府、教育行政部门对实行校长职级制十分重视，成立了以教育局为主、各有关政府部门参加的东营市校长职级评估委员会，明确了评估的指导思想、有关政策和要求。印发了《市委办公室 市政府办公室关于推行中小学校长职级制改革的意见》（东办发〔2016〕40号）、市教育局等五部门《关于印发东营市中小学校长职级评审认定暂行办法的通知》

（东教发〔2016〕30号）、《东营市市管校长首次职级评定工作实施方案（试行）》（东教办〔2017〕5号）等文件。承担此项评估工作是一项重大的政治任务，本评估公司高度重视，组织有关人员认真学习上级文件精神，制定详细实施方案，精心组织、选聘评估专家、建立可靠的服务团队，做好东营市首次校长职级评估工作。

二、项目概况

评估的范围：参加本次校长职级评估的学校共191所。其中：东营市直学校26所（高中12所、初中4所、小学3所、幼儿园3所、职业学校4所）；胜利教育管理局44所（小学24所、初中20所）；东营区39所（初中10所、小学17所、幼儿园12所）；垦利区36所（初中9所、小学13所、幼儿园14所）；广饶县46所（初中14所、小学17所、幼儿园15所）。

评估的时间：实施时间约半年。具体评估时间：市直学校为2017年6月；垦利区学校为2017年10月；胜利管理局学校为2017年11月；广饶县学校为2017年12月；东营区学校为2018年3月。

最终成果：（1）对每一个学校的校长都写出评估报告；（2）对每一类学校的校长（如高中、初中、小学、幼儿园、职业学校校长）都写出综合性评估报告；（3）对每一个县区所评校长都写出校长整体办学的教育评估报告；（4）根据垦利区教育局的要求，在该区校长职级评估结束后又对区整体教育发展性水平进行全面评估，并帮助区教育局制定了《东营市垦利区未来三年教育发展规划》。

三、具体实施

确立实施目的：主要是考察评估各校长任职以来的办学指导思想、贯彻党和国家教育方针、引领学校和促进学校内涵发展、学校管理水平、指导学校的科学发展与课程实施的有机整合、引领学校打造独具个性的办学特色、个人素质修养、师生的认可度等，从而提出职级层次意见，进一步促进校长办学能力的提高与学校的更好发展。

明确评估原则：突出个人政绩的原则；突出所在学校科学发展的原则；突出公正、公平原则。

制定评估指标体系：确定一级指标5个，包括办学思想、学校管理、教育教学、办学成效、个人工作成果等。二级指标16个，办学思想部分包括教育理念、培养目标、法制观念；学校管理部分包括规章制度、发展规划；教育教学部分包括道德规范、教学改革、教学质量；办学成效部分包括学校荣誉及师生荣誉、师资队伍建设、办学质量、特色创新成果推广；个人工作成果部分包括奖励情况、教育教学、教学研究、培训进修。三级指标27个。

明确评估范围：进入本评估的学校有：高中12所；初中47所；职业学校4所；小学57所；幼儿园32所。共计152所学校。

组织和选聘高水平评估专家团队：分为高中组、初中组、职教组、小学组、幼儿园组等5个评估组，按照每组5名评估专家（另加2名工作人员）聘请了25位评估专家，分别来自北京、浙江、湖北、河南、山东等地，都是各地的教授、名师、名校长、各级各类教育专家和教育评估专家，或所在省市的教育评估负责人，有着丰富的教育教学和教育评估经验。

明确评估程序：（1）认真听取校长的自评情况汇报；（2）进校实地察看学校的各个方面（学校环境、学校的硬件软件建设、学校活动等）；（3）认真查核学校的相关资料；（4）进课堂实听部分教师和校长讲课；（5）召开学校中层领导座谈会；（6）召开部分教师座谈会；（7）召开部分学生座谈会；（8）师生问卷调查；（9）教育行政部门有关人员座谈会；（10）家长和社会问卷调查；（11）对所获材料和信息进行科学、全面的研究和分析，写出评估报告（校长工作的成绩、存在的主要问题、整改意见、提出校长发展目标等）；（12）提出校长职级等级意见。

严格评估纪律：专门制定了《校长职级评定评估评委专家守则》，内容如下：（1）评委专家要在规定时间内，根据分组到达评估现场，做好评审准备工作；（2）评委专家要正确理解和掌握评估标准，坚持评估原则，独立、客观地打分。打分时不能互相商量或暗示，不能打"关系分、人情分"。评委专家与被评人间要回避亲属关系；（3）评估项目利益高于一切，严禁在评估过程中对参评单位和人员吃、拿、卡、要；（4）评估过程中，评委专家要忠于职守，不得进行与评估工作无关的活动；（5）评估专家要严格遵守保密规定，不得向任何人透露评估内容。

四、成效分析

通过对东营市191所学校校长（园长）的职级评估，可以看到东营市市委市政府对各级各类学校校长的选配、培养、提高极为重视，制定专门文件、拨出专项资金加大对各级各类学校校长的培养和提高。全市各级各类校长素质比较高，专业素质强，管理能力强，带动了全市各级各类学校的发展，校长们在师生中、家长中、社会中威信都比较高。

办学思路。绝大部分学校根据党的教育方针和自己学校的实际定位，提出了自己明确的办学思想和思路，着力打造人文、绿色、文明、活力校园，积极构建教学评价多元化、德育途径多样化、常规管理规范化、课堂教改常态化的学校，各位校长力求办出自己学校特色。总体上办学理念正确、办学思路清晰、办学目标明确、落实措施有力，发展成果明显、师生员工认可、社会反映良好的校长占总数的70%；有明确的办学理念、办学思路、办学目标，但落实措施不具体、落实不到位的占25%；办学理念、办学思路、办学目标不清晰，效果不明显的占5%左右。

学校管理规范。大部分学校校长注重学校的管理，学校管理制度齐全，有办学章程、远期与近期学校发展规划，建立了齐备的学校工会、教代会、学生会、家长委员会工作制度，财务管理制度，学校党务校务公开制度，校长办公会制度等。有的学校通过"精细化管理年"等活动把各项规章制度具体化，狠抓督查和落实，通过强有力的制度化管理和促进学校的发展。

教育教学质量。各学校校长十分重视教育教学质量的提高，他们以自己较高的专业素质，以身作则，带头投入教育教学工作中，带头进行教育教学改革，促进了教育教学质量的提高和学校的发展。一是抓好师资建设。认真选配师资，制定培训规划，拨出专项资金进行培养，采取走出去、请进来，借助名师工程、以老带新、以名师带一般教师，提高教师的业务水平，通过全员参与优质课、公开课、示范课和教研活动，提高教师的业务水平，建立教师教育教学工作档案。二是深化教育教学改革，对课程建设、教学内容、教学方式方法、考试方式、教育教学考核评估都根据学校的教育教学实际进行大胆改革，以提高教育教学质量。三是舍得投入资金，完善教育教学先进设备，满足教育教学的需要。问题是有的偏远的乡村学校发展不平衡，师资比较薄弱，投资不足，设备不齐全，影响校长的积极性。

办学成效。评估专家一致认为，东营市各级各类学校的校长素质较高，办学能力较强，有的学校已进入全国的名校行列。

个人工作成果。东营市各级各类学校校长素质比较高，在办学业绩、科研成果等方面表现较好，同时也存在不同人之间的不均衡，个别人存在某些方面能力短板。

五、反思启示

东营市首次校长职级评估以及评估结果得到了教育行政部门、各级各类校长，以及教职工、家长与社会的广泛好评。总结本次校长职级评估，我们有以下几方面的体会：

一是校长实行职级评估，为校长由"官本位"、终身制、行政方式管理学校的传统方式向校长专业化、现代化、能上能下、合理交流转变开辟了道路，对实现教育现代化有着重大的意义。二是由于评估专家是来自全国各地教育行业的精英，有丰富的教学经验和办学经验，校长们从评估专家（教育专家）身上学习到不少好的教学和办学经验，有助于进一步提高校长们的办学水平。评估专家结合校长职级评估的实际情况，就如何办好学校、提高教育教学质量、学校管理、课程建设、教学改革、校园文化建设、特色学校建设、师资队伍建设等问题传授经验并进行双向交流，效果很好。三是通过校长职级评估积累了较好的教育评估经验。从教育评估的组织、评估标准的制定、分值的标准、评估的程序、评估的技术要求、评估专家的选聘、评估结果的反馈等方面，都为我们进一步做好各级各类教育教学的评估以及其他类型的评估提供了很好的经验和借鉴，打下了良好的基础。

评估中也发现了不少的问题和不足：评估指标中对于校长所在学校的硬件建设重视多，内涵发展的要求少；注重校长现实成果和学校发展的已有成果多，对于不同学校发展的原有基础上取得的进步重视不够。公正的评估，应该是坚持基础评估与内涵发展性评估并重，由注重学校客观环境条件评估转向淡化硬件、关注软件的评估，将评估的重心转到关注教育教学质量、课堂教学、师生发展、学校文化建设以及办学特色上来。此外，评估操作系统的技术水平也需要进一步提高。

河北省邯郸市大名县民办中小学年检

京津冀行知河北教育评估有限公司

京津冀行知河北教育评估有限公司成立于2017年12月，为河北省首家第三方专业教育评估机构，为ISO 9001教育评估质量体系认证机构，第三方教育评价机构联谊会会员单位、河北省青少年素质教育研究会理事长单位、石家庄学院教育学院"校企合作"单位。

2019年3月，我公司受大名县教育体育局委托，对大名县民办中小学实施2018年度年检，得到县教育行政部门及受评学校的高度评价和认可，为管办评分离教育改革进行了有益的探索和尝试。

一、实施背景

为改变教育行政部门既是管理主体，又是评价主体，既当"运动员"又当"裁判员"的现状，增强年检评价公信力、说服力，激活教育发展的动力和活力，使"政府管教育、学校办教育、社会评教育"的现代教育管理体制落到实处，第三方教育评价机构受托年检，有助于更好地解决教育行政部门工作繁忙人手不足的矛盾，使教育行政管理部门能够腾出时间研究区域内民办教育的发展方向，制定相应的政策，采取相应措施管理、指导、监督、帮助学校规范化发展。政府充分发挥第三方专业机构专家经验丰富、教育资源广、对学校指导站位高、年检方案细则切合实际、年检工具科学、操作性强、年检结果客观公正等作用。

二、项目概况

年检项目受检学校42所，其中初中15所，小学27所，公司遴选国家中小学评估专家、河北省督学、河北省中小学评估专家、石家庄市督学、县区教育局曾任副局长、县区督导室曾任主任等15名专家和8名工作人员，县派督学5人、工作人员5人，组建了一支高、精、专年检团队，分5组历时5天同步实施了年检工作。撰写年检总报告一份，分报告42份，总结汇报材料1份。

三、具体实施

1.接受委托任务，召开专题研讨会。公司及教育行政部门决策者、管理者全面沟通充分交流意见，确定年检目标，共商共议实施方案，明确年检标准，细化环节步骤。

2.组织特邀专家及评估专家研制年检方案、年检细则及相关评估工具。

3.成立年检领导小组，明确任务分工。组织年检专家对年检内容及工具使用进行学习培训，进一步统一标准尺度，强调了注意事项，增强年检细则的可操作性。

4.实施实地年检。年检组按照工作程序，通过听取学校年度工作汇报、实地查看学校设施、查阅档案材料、核实数据、问卷调查、随机访谈等形式，对照标准进行逐项核查，获取了第一手信息及数据资料。每日年检工作结束后召开专家碰头会，及时解决年检过程中遇到的特殊问题。

5.实地年检结束后第一时间召开专家评议会。专家们对年检情况进行汇总、论证评议、实施等级认定。对受检学校共性问题、突出问题、敏感问题进行根源查找，讨论改进实施办法。

6.撰写年检评估报告并提交解读。汇总了受检学校的主要特点及存在的主要问题，并提出整改建议。

四、成效分析

一是年检团队对受检学校存在的主要问题、发展瓶颈、发展优势有了明确认识。使受检学校办学目标、办学理念、办学特色、校园文化建设、师资建设、管理运营、长远发展等方面得到了专业指导。

二是为县教育行政部门起到参谋作用。实地年检结束后，教育评估公司对受检学校、当地民办教育现状、教育管理等方面进行综合分析汇总，向县教育行政部门提交年检原始数据、影像资料、主要成绩、主要问题、民办教育发展建议等。

三是为政府和教育行政部门决策教育发展、高效管理学校、科学规范发展提供具有参考价值的依据。教育行政部门依据第三方教育评估机构合规合法、客观公正、实事求是的年检报告及原始证据，使年检裁决更有公信力和说服力，推进民办学校全面贯彻党的教育方针，促进民办教育良性发展。

四是县教育督导部门借助公司评估结果，有效地进行指导、监督学校。

五是充分发挥了第三方专业机构专家经验丰富、教育资源广、对学校指导站位高，年检方案细则切合实际，年检工具科学、操作性强，年检结果客观公正等作用。公司完善了细则，丰富了测评工具，积累了年检经验，取得了良好效益。

五、反思启示

1.规范民办学校年检程序，细化年检标准，强化整改力度，是民办教育高质量可持续发展的有力措施。

2.加强对民办学校校长培训，实时了解国家教育政策，改变办学观念，提高管理意识。

3.加强教师队伍建设。既要提高师资质量，也要提高教师待遇，稳定师资队伍，保证教师全员持证上岗。

4.开展教科研活动，促使老师转变教育思想、讲究教学方法。由"教"师变为"导"师，课堂由老师的"讲"堂变为学生的"学"堂，备课本由通常所说的"教案"变为"导练案"。通过紧张、高效、有序的课堂教学来提高学生的自学能力，从而实现课堂效率的最大化，提高教育教学水平与质量。

四川省某中学七年级特色班半期检测数学试卷评估分析

重庆天正教育评估监测咨询服务中心

重庆天正教育评估监测咨询服务中心是集教育评估监测于一体、视公信为生命的第三方教育评估监测评鉴研发研究专业咨询服务机构及教育服务智库，系第三方教育评价机构联谊会主席团成员单位、中国教育技术协会教育测量与评价专业委员会常务理事单位、全国第三方评估战略合作协议签署单位、重庆市品牌学会教育与文化品牌分会秘书长单位；业务范围涉及教育评估及预评估、教育质量监测、教育讲座（会务）咨询服务、数据开发、教育科学研究、区域及学校提升策划、学校文化策划、学校教师专业发展质量保障与其他教育咨询服务；以"尊天尚正，大德之生"为宗旨，致力"基于人生的有世界视野品位并促进评价对象发展"的F-DOD第三方特色教育服务。

一、项目背景

本项目是2016年5月重庆天正教育评估监测咨询服务中心接受相关项目学校委托所实施的一个案例评价项目。该项目分析依据党的教育方针、相关教育法律法规、国家课程标准，突出重点，注重导向，把学生的学业发展水平作为评价学校教育质量的主要内容。其中学业发展水平的考查以学生对各学科课程标准所要求内容的掌握情况为依据，根据《中小学教育质量综合评价指标框架（试行）》，结合评价对象班级教育实情，经专家讨论分析确定采用天正特色的五大学业质量评估指标，包括知识技能、学科思想方法、实践能力、创新意识、行为习惯来分析评估该班学生数学学科综合学习情况，并针对教学提出指导性建议，促进学生打好终身学习和发展的基础。

二、数学试题概况及评价

本次半期测试是考查学生初中数学思维形成与否、学习习惯是否良好的重要测试。试卷分为A、B两卷，严格按照四川省某市中考考卷模式出题，其中A卷为学生毕业后适应社会生活所必备的数学基本知识，B卷为考查学生进一步学习所需的创新思维、逻辑严密等的技能和知识，难度逐级递增，区分度良好。知识点考查涉及二元一次方程组与一元一次不等式及其综合应用、三角形等，对所学知识点考查较全面，同时考查目的明确、难度适中、梯度明显。

其中五大学业质量评估指标采用天正学业成就水平指数标准算法（下称算法一）进行换算，算法一的具体算法为：达到国家规定学业标准学生人数占全校学生人数的比例，即"及格率/100×5"。而后采用平均分转化方法进行五大学业质量评估指标的指数换算（下称算法二），具体算法为：全区学生该题平均分与该题总分之比，即"平均分/总分×5"，两种算法均乘以5是为了将0—1的指标值放大为雷达图0—5的标准等级。根据评价对象班级的学生学业水平和培养要求，每项指标分为五个水平：0—3.5合格；3.5—4中等；4—4.4良好；4.4—4.7优良；4.7—5优秀。综合情况则是以五项指标所构成的图形面积与总面积之比来阐明。

根据考试相关数据，对该班学生进行五项学业质量评估指标的分析，得出该班学生当前数学学科学业情况，最后针对性提出该班在后期的教学中应该夯实基础，强化落实，突出创新。

三、评价对象班级数学成绩及五大学业评估指标概况

本次半期测试，该班数学参考人数29人，占全班总考生的96.7%，平均分132.96分，A卷评卷分114.77，B卷平均分18.83。其中最高分150分，最低分109分，极差41分。根据该班的学生数学实际水平对该班学生数学成绩进行重新划分得到以下结果：

水　平	优秀	优良	良好	中等
分数区间	145—150	135—144	125—134	0—124
人　数	5	8	11	6
百分数	16.7%	26.7%	36.7%	20%

该班成绩呈现正态分布，人数最多的分值区间为[125,134]，共11人，约全班总人数36.7%，优良率适中。本试卷中A卷部分，正确率高，但其中第21题满分9分，平均分7.62，相较于A卷其他题目而言，该题相对薄弱。B卷部分，总分30分，主要考查学生进一步的创新和应用能力，难度较高，因此平均分相对较低，最高分30，最低分4分，极差26分，可以看出全班创新思维水平差异较大，在后期培养中应该采取有针对性的措施。采用天正五大学业指标算法得出的五大学业指标生成的雷达图如下图所示：

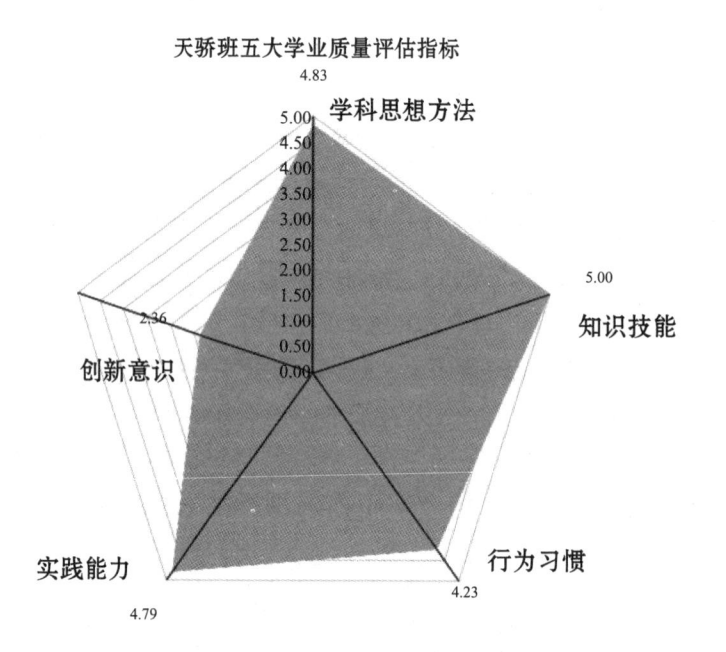

天骄班五大学业质量评估指标

学科思想方法 4.83
知识技能 5.00
行为习惯 4.23
实践能力 4.79
创新意识 2.36

该班呈现出一种不均衡的近似斜梯形综合数学学情。知识技能平均分为5分，达到优秀水平，说明该班学生对于课标所要求的四基掌握扎实；学科思想方法平均分为4.83分，属于优秀水平，但是在后期培养中还可以有所提升，加强更多数学科解题方法和核心解题思想的指引，培养学生的解题能力时应加强创新的思想方法培养常态化的意识；实践能力4.79分，能够达到优秀水平，说明学生的知识应用灵活，可以处理一般数学乃至生活情境中遇到的问题。但仍有提升的空间，在后期培养中应加强更为复杂的情境应用。创新意识2.36分，属于中等水平，说明学生创新能力和意识非常薄弱，这与老师的指导存在不可分割的关系，在后期培养中应加强对学生创新思维的培养，无论是课堂、习题还是活动中都应注重这一方面，才能改善学生学业质量水平畸形的现状，达到均衡发展。学习行为习惯平均分为4.23分，属于优良水平。学习行为习惯可以反映出学生的学习兴趣、学习能力等，养成良好的学习行为习惯有助于更好地学习、理清解题思路。平时教学中教师应身正为范，带头规范好解题的卷面书写，规范好学生的书写习惯，逻辑推理的合理性以及数学的简洁、标准之美，由此提升学生的学习行为习惯。

综合来看，该班的培养应注重加强学科思想方法、培养优秀学习行为习惯，进一步夯实基础，强化落实，着重培养，提升综合创新能力。

四、典型试卷样本剖析

为了深入分析该班中等生数学学情，本中心制定以下四步分析流程：第一步，深入分析班级数学半期测试成绩；第二步，抽取样本，针对此次考试成绩和结合班级教学实情，抽取全班中等水平学生中具有代表性的试卷作为样本；第三步，抽取出样本试卷后，先对总样本答卷进行总体浏览和分析；第四步，仔细分析五大学业质量评估指标代表性题目，最后根据学生的典型问题针对性地提出后期教学策略。

（一）班级卷面剖析

初步浏览试卷卷面后发现，该班级学生数学书写习惯较差，卷面不整洁，与学习行为习惯只能达到良好的结果契合。问题主要表现在以下三个方面：(1) 解题格式不统一，逻辑不严密；(2) 卷面不整洁，答题未按一定顺序书写，不能让人一眼看出解题步骤，同时对于解答错误情况的处理习惯差，一些人直接涂黑，一些人画许多线，从而导致卷面乱；(3) 书写差，书写不止从语文学科来培养，数学也应注重书写。

（二）样本卷面剖析

生S，A卷105分，B卷17分，总分122分。卷面基本整洁，解题步骤存在不规范，运算能力有欠缺，创新思维较弱。

18题剖析及教学建议：

18. （9分）已知$|2x+y-10|+(3x-y+5)^2=0$，求$(x+y)^2$的值.

典型解法：

由两个非负数之和为$0 \rightarrow$两个数分别为$0 \rightarrow$建立方程组求解$x,y \rightarrow$将x,y的值代入所求代数式中$\rightarrow$答案。

典型错误根源：

错解一：未能找到题目中所隐含的非负数之和为0的条件。

错解二：计算错误，解方程组中运算粗心出错。

对教学的启示：

对于该题，全班平均分8.69分，该生获9分满分。放在解答第二题位置，属于考查解方程组和实数，全班掌握情况良好，对于隐含条件都能准确地挖掘。在后期培养中应加强对难度更高隐含条件的挖掘的培养。

五、建议与启示

基于半期测试试题设计注重以下三个要求：

（1）知识设计上较全面，都以重点知识、主干知识、核心知识作为载体进行考查；（2）思维入手方面，入口较宽，分层把关；（3）运算上不特别复杂，重在对思想方法的掌握和思维层次的递进。

建议：掌握基本概念、公式和定理等基础知识，同时也要精讲多练、加强基本定理、挖掘隐含条件应用的教学；加强对学生书写要求，规范的书写习惯有助于学生明晰解题思路、加强逻辑思维严谨性，同时提升学习行为习惯；思想方法是数学的精髓，教学中应通过典型例题的讲解，提炼每道题的数学思维方法和抓住解题的思考和方向，通过变式教学、层层递进逐步让学生的数学思维走向递进，激发学生最大思维潜能；学习数学的重要的一点是提高学科素养水平和培养数理逻辑思维能力，加强创新能力，因此教学的最终目标是培养学生的学科能力，以满足不断递进的思维发展。

六、项目反思

该项目是2016年5月重庆天正教育评估监测咨询服务中心接受委托实施的一个微观评价项目，当时重庆天正教育评估监测咨询服务中心成立不久，相关评价工具及工作还有待完善改进。"尊天尚正，大德之生"，该项目及天正的其他评价项目为今天的重庆天正教育评估监测咨询服务中心的相关评估监测等项目打下了坚实的基础，助力新时代更加公平更有质量的教育发展。

聊城市初中生综合素质评价第三方专业化服务

北京润智汇教育咨询有限公司

2017年以来，山东省聊城市对中小学生综合素质评价改革进行了积极探索，构建起多维度、全过程、可追溯的学生发展质量评价体系。

一、项目概况

2018年聊城市教育和体育局通过政府采购、公开招标方式，聘请第三方机构参与聊城中小学教育质量综合评价专业化评价服务。北京润智汇教育咨询有限公司参与公开招标，凭借雄厚的实力和完善的方案顺利中标。2018年10月开始开展综合素质评价的阶段性调研，并以初一学段为试点开始实施，由原本注重以学业成绩为主改为德智体美劳"五育"兼顾，初步构建起运用信息化技术手段，实现多维度、全过程、可追溯的学生发展质量评价体系。

二、实施过程

（一）服务团队

公司专门成立了本地化服务小组，6名工作人员在聊城本地为本项目专职进行服务工作。

（二）实施情况

1. 需求分析阶段

公司派出需求分析人员和技术人员进行了详细需求调研，使项目团队人员更深入、正确地理解聊城市教育和体育局的需求，保证项目实施质量，并形成了《需求分析说明书》，由聊城市教育和体育局进行确认。

2. 设计阶段

根据需求调研，软件部分开始进行总体架构设计和数据库设计，概要设计评审结束后，公司即刻展开了平台详细设计过程，依据需求、概要设计相关成果，制定详细设计规范，经评审后正式开始详细设计。

3. 平台开发和测试阶段

根据概要设计和详细设计的结果进行编码实现，采用即开发即上线模式，开发完成一个模块即进行部署试用，及时获取聊城市教育和体育局的反馈。

4. 试运行和培训阶段

平台的开发、测试工作结束后，公司根据聊城市教育和体育局要求安装部署平台。根据实际情况，有序展开学校平台管理员的培训工作，同时配合聊城市教育和体育局进行项目第一次验收。之后平台进入试运行阶段，205所初中学校正常使用平台，提出相关修改意见，公司整理有关问题并进行修订。

5. 验收和正式运行阶段

经过平台试运行后，公司修改所有问题，形成最终验收材料，提交最终验收申请。由聊城市教育和体育局组织第二次验收会，经验收后，平台正式进入运行阶段，同时进入运维服务期。

（三）指标审核情况

聊城市205所初中学校在2018学年依据《聊城市中小学（初中学段）综合素质评价指标（试行）》综合素质评价指标体系及实施方案的研究、制定、上传审核及公示下发等工作。该"指标"由五个维度的三级指标组成，共100分，对应A、B、C、D四个等级。其中，一级指标按照"德智体美劳"五个维度设置，包括思想品德（20%）、学业水平（30%）、身心健康（20%）、艺术素养（15%）和劳动实践（15%）；二级指标共11个，包括思想素质（10%）、公民素质（10%）、学习态度（10%）、学习行为（10%）、学习效果（10%）、运动技能及特长（9%）、身心发展（11%）、艺术兴趣及体验（6%）、艺术成果及特长（9%）、劳动习惯及能力（8%）和社会实践活动（7%）；三级指标对二级指标作了进一步细分，共29个。

（四）平台运行情况

公司通过研发开通了聊城市中小学生综合素质评价云平台，在综合素质评价工作实施期间，通过市、区（县）、学校三级用户的共同努力，云平台形成5 900 884条综合素质评价记录，每所学校平均记录28 785条，每位学生记录平均77条。该平台以学校为学生素质教育客观信息的录入主体，通过学生（家长）提交实证材料和社会组织机构共同参与，采用写实记录与多元客观评价相结合的方式，全程记录学生学习成长经历，每学期自动输出学生个性化多维度成长报告，形成可追溯的成长档案。

（五）主要成果

1.教育评价改革迈出了新步伐

2016年公布的《教育部关于进一步推进高中阶段学校考试招生制度改革的指导意见》，提出到2020年左右初步形成基于初中学业水平考试成绩、结合综合素质评价的高中阶段学校考试招生录取模式和规范有序、监督有力的管理机制。逐步建立区域内统一的综合素质评价电子化管理平台。2019年6月下发的《中共中央 国务院关于深化教育教学改革全面提高义务教育质量的意见》，提出坚持"五育"并举、全面发展素质教育，建立以发展素质教育为导向的科学评价体系，学生发展质量评价突出考查学生品德发展、学业发展、身心健康、兴趣特长和劳动实践等。

聊城市教育和体育局认真贯彻落实中共中央、国务院《意见》，按照教育部及省市教育政策文件要求，结合聊城市教育现状和学情，通过系统研究、精心布置，以综合素质评价为教育评价改革的重要抓手进行了积极探索创新，改原来片面注重学业成绩的评价为以德智体美劳全面评价为主，五育兼顾，构建多维度、全方位、可追溯的学生评价体系，全程、全面记录学生成长。同时形成基于初中学业水平考试成绩、结合综合素质评价的高中阶段学校考试招生录取模式。

2.科学系统的综合素质评价指标体系有效运行

在综合素质评价上，形成了聊城市初中学生综合素质评价指标体系

（试行），指标体系是全市实施综合素质评价的工作依据，市级指标框架体系经过多方调研、专家评审、公开听证后下发公示，学校根据市级指标框架体系形成学校指标体系，经过市、区两级审核确定后开展综合素质评价工作。

3.中小学学生综合素质评价在云平台实施

聊城市中小学学生综合素质评价云平台搭建运行，平台包括指标管理、公告管理、综合素质评价报告、综合统计、系统设置、社会资源单位管理等功能。平台包括市级、县（市、区）、学校、学生、教师等多个用户，为不同用户提供不同的访问入口，同时提供了图文教程、在线视频教程、多端客服的线上帮助站。按照项目要求完成了平台搭建、示范校建设、理论培训与实操培训、数据配置、项目督导等实施工作任务。

4.综合素质评价工作三级运行体系初步建立

形成了市、县（市、区）、校联动的工作运行机制，聊城市教育和体育局成立了评价办公室，形成了《关于开展聊城市中小学生（初中学段）综合素质评价暨水城之星评选活动》等政策文件，各县（市、区）也成立评价办公室，同时各综合素质评价实施主体学校形成一校一案的《聊城市学校综合素质评价暨水城之星评选工作实施方案》。各学校也都初步建立了开展综合素质评价工作的组织管理运行体系，统筹了领导管理、技术培训、评价实施三方面的资源力量。学校层面具备了综合素质评价云平台的平台操作使用能力和综合素质评价实施能力。

5.学生成长发展的过程性数据逐步积累

通过综合素质评价云平台的使用，突破了学生每学期最多几条记录以及互相打分的主观性评价，基本形成了系统性、过程性、可追溯性，能反映学生全面发展和个性化发展真实客观的记录及评价。

6.素质教育实施框架体系基本搭建

在综合素质评价工作实施期间，通过示范校带动作用，为全市综合素质评价工作的实施起到了重要作用，市教育和体育局下发相关文件指导综合素质评价工作的实施。指导学校由学校管理员、年级主任、班主任、学科老师等组成综合素质评价实施小组，梳理了学校的德智体美劳五育的实施体系，建立了综合素质评价云平台的素质活动模板和学期计划，通过作业表现、课堂表现、学科成绩、主题班会、社会实践等模板的建立和计划的制定，每周的综合素质活动和课程得到了全面记录，具备了综合素质评价的常态化实施的基础条件。

三、反思和启示

从专业上看，综合素质评价理论尚需进一步研究，评价工作运行督导管理机制有待完善。需要进一步提升综合素质评价的定位，发挥综合素质评价的制度作用和评价作用，积极引领全市五育并举体系的建立和完善。在目前市县（市、区）三级综合素质评价工作运行体系的基础上，加强运行督导管理机制的建立。根据国家要求研究制定信息确认制度、公示反馈制度、质疑复议制度、记录审核制度、责任追究制度等。完善市县（市、区）三级综合素质评价工作的组织体系、工作流程、考核办法，提高综合素质评价工作的组织协调效率和运行实施督导水平。

学校参与综合素质评价综合实施能力需提升。进一步提高校长实施素质教育的能力，组织加强校长的学习培训和经验交流，有效投入支持学校的素质教育实施体系建设，将素质教育实施和综合素质教育评价纳入考核。需要学校在第一学年的运行基础上，进一步梳理完善学校的素质教育育人体系、综合素质评价实施体系、平台应用管理体系、质量考核体系、信息素养提升体系建设。

加强评价的应用与教学的衔接，对小学、初中、高中全学段开展云平台的应用，将综合素质评价工作纳入到教育的常态化，确保新学段学生记录的及时性和学年学生记录的持续性，为实现"全程育人、全科育人、全员育人"的科学评价与育人模式建立基础数据。云平台在加强过程性评价，促进多学段学生全面发展的关联性和系统性研究，以及推动教育信息化 2.0 时代的智慧校园、教育大数据、智能评价的发展等方面都能发挥辅助作用。

福建省泉州市洛江区"幼儿园办园行为"第三方督导评估

福建中兴仁达教育评估有限公司

一、项目概况

从2018年起至2022年的五年时间内,福建省泉州市洛江区教育局和教育督导室(以下简称"委托方")通过政府采购招标的方式,委托专业实力雄厚的第三方教育评估机构——福建中兴仁达教育评估有限公司对区域内的幼儿园(含获得办园许可证的民办幼儿园,下同)开展"幼儿园办园行为"的评估,至2019年底已完成了13所幼儿园的评估工作。

委托方委托第三方教育评估机构的目的:一是解决教育局体制内评估人员不足、业务不够专业的问题,确保能够按时保质完成国家和上级文件规定的评估任务;二是希望通过第三方专家组的评估,提高对幼儿园园务管理工作专业指导的质量,帮助幼儿园发现管理中存在的问题,有针对性地督促相关幼儿园开展整改,进一步提高区域内幼儿园的管理水平,以规范精细管理促进保育质量提高;三是希望通过第三方专家组的评估,保障评估过程和结果的独立、客观和专业,为教育行政部门的管理和决策,以及幼儿园的等级评定提供可信的参考依据,也为接受市一级评估抽查奠定坚实基础。

本公司已开展的两年三轮高质量评估和专业指导工作,得到了接受评估幼儿园特别是农村和民办幼儿园的真诚欢迎和赞誉,得到了洛江区教育局和教育督导室的允分认可和肯定,被评幼儿园均顺利通过了市里的评估抽查。泉州市把评估工作和评估报告作为一种范本模式宣传推介给其他县(市、区)学习参考。

二、评估工作实施

（一）组成专家团队

第三方评估验收的专家组成员全部由具有副高以上职称的专家组成，包括省政府、市政府、县级政府督学，以及参加过示范性幼儿园等级评估工作等具有丰富督导评估经验的名园长、特级教师、名教师，并优选一位评估组组长，负责评估工作的统筹协调。每个评估组配备1名问卷调查负责人和1名工作联络人员。

（二）开展业务培训

在评估实施前，由评估组组长负责组织评估专家集中学习培训，内容主要包括：熟悉评估指标，明确任务分工、纪律责任、工作时限等要求。研制讨论教师和学生家长满意度调查问卷。通过培训，明确评估组每个成员的既分工又协同系统的工作任务和职责，保障评估工作有序开展、有机衔接。

（三）评估工作流程

采用自评与他评相结合、网络评估与实地评估相结合、定量评估与定性评估相结合、过程性指导与终结性评价相结合的评估验收方式。工作流程主要包括：

1.网络评估。在每一轮评估的前半个月时间内严格按照国家、省、市确定的评估标准，对被评估幼儿园的自查自评报告和网上报送的评估资料数据开展网络审阅和评估，初步罗列整理对被评估幼儿园办园行为管理中所存在的问题、不足，并主动联系幼儿园了解难于确定的疑问事项。将网络评估发现的问题、不足以及疑问作为实地评估的重点，并在实地作进一步核实评估。

2.实地评估。专家评估组在听取幼儿园的工作介绍之后，根据5个A级评估指标分成5个小组，按照任务分工和职责，对幼儿园进行实地评估。实地评估中，既注重每个C级指标中每个评估点的实证信息采集，也重视对幼儿园管理过程中所暴露的办园行为问题提出整改建议，现场即时进行业务指导，同时听取和吸纳幼儿园的合理解释说明，保证获取的评估信息更客观和准确。

3.座谈调查。根据评估指标的要求，评估组组织部分教职工代表进行座谈和填答调查问卷，在家长送幼儿入园的时间段，随访部分幼儿家长代表并填答调查问卷。多渠道、多角度、多形式收集评估信息，多元印证评估指标的达成度情况。

4.实地反馈。实地评估工作结束后，召开评估反馈会，由每个评估专家分别向被评估幼儿园的领导班子成员反馈评估的初步意见。在肯定幼儿园办园及管理行为中取得成绩的基础上，着重指出其存在的问题，并对存在的问题提出整改意见和建议。同时听取被评估幼儿园对评估组反馈的初步意见的建议。

5.评估意见。评估组在每一所幼儿园评估工作结束后均召开评估分析讨论会，按照评估指标和标准分值，评估认定每一所幼儿园的评估得分，确定评估初步等级（分优秀、良好、合格、不合格四个等级）。汇总各A级指标专题的评估意见（包括主要成绩、问题清单、整改建议等内容），形成各所幼儿园的初步评估报告。评估初步等级和初步评估报告提交委托方评估审定。在一轮评估工作结束后，综合形成本轮的总体评估工作报告。

6.评估结果。委托方根据第三方提交的对每一所幼儿园的初步评估等级和评估报告，以及一轮次的总体评估工作报告，组织专家和人员对评估工作进行程序和质量的评审。本公司组织开展的3轮13所幼儿园的评估工作均一次性审核通过并获得高度肯定。每一所幼儿园的评估等级（作为等级收费的依据）和评估报告由委托方正式下文给被评估的幼儿园，每个轮次的总体评估工作报告由委托方向上级教育主管和教育督导部门报送。

三、评估总结与反思

在完成委托方委托的3轮13所幼儿园办园行为评估工作中，本公司对评估的总体工作进行了反思和总结，以实践和成效确立了对今后工作开展和业务拓展的自信心，不断丰富了自身的评估文化积淀。

1.第三方评估保障了评估的独立性和客观性。第三方教育评估机构能够存在和发展，除了国家教育改革的政策保障外，其核心是依靠其评估工作的独立性和客观性。相对于教育体制内的评估，第三方教育评估有效避免了领导交代、同事相托、感情影响等因素对评估工作的干扰。第三方教育评估机构工作的独立性和客观性确立了评估工作的严肃性和权威地位，受到被评估幼儿园以及委托方的认可和信赖。

2. 第三方评估提高了业务指导的专业性。教育评估工作的两大职能：一是完成委托方委托的评估工作任务，二是要对评估具体工作进行具有信服力的业务指导，帮助受评估的幼儿园提升依法依规办园的精细化管理水平，提高保育整体质量。本公司组织的高职别专家团队对被评估幼儿园给予比较专业和深层的指导，得到了被评估幼儿园的由衷感叹和感谢，有的幼儿园专致了感谢信。

3. 注重对问题的发现、诊断和整改建议。评估是手段，促进发展才是目的。在评估工作中，本公司坚持将帮助被评估幼儿园发现问题、诊断问题、指导整改作为评估工作的重点事项，诚恳助推幼儿园提高办园质量水平。优质的服务，高质的评估，感动了被评估的幼儿园。一些被评估的幼儿园主动与评估专家建立了常态工作联系，评估工作结束后，经常向专家请教有关疑问和问题，主动报告幼儿园的变化和进步，共享评估所带来的成就和喜悦。

4. 拓展了第三方评估机构发展壮大的空间。本公司的评估工作实践证明，第三方教育评估机构如果能够秉持"独立、客观、专业"的评估理念，用心帮助被评估幼儿园发现问题、指导整改问题，不但有利于被评估幼儿园的发展提升和为委托方提供管理、决策客观参考依据，也为自身树立了值得信赖的工作权威，打造了企业品牌，拓展了发展壮大的空间。

在贯彻落实关于教育领域"管办评分离"综合改革以及中办、国办《关于深化新时代教育督导体制机制改革的意见》中建立完善第三方教育评估机制的精神过程中，教育行政主管部门需要有改革担当，第三方教育评估机构需要努力工作，不断完善，第三方教育评价机构具有很强生命力，它的发展和成长是历史的必然。

亳州市民办教育督导复查评估

安徽省新世纪教育评估服务有限公司

一、评估目的

为落实《亳州市教育局2018年工作要点》第8条"支持规范民办教育"的各项要求，促进民办教育有序、优质、健康发展，创建人民满意的优质民办学校，满足人民群众更高质量、更加差异化的教育需求，亳州市教育局委托安徽省新世纪教育评估服务有限公司对各县市开展民办中小学和幼儿园的督导评估的真实性进行验证评估，对各县区教育局、经开区分局开展督导评估情况进行验收评估。

二、评估时间

2018年5月12日至30日。

三、评估原则

（一）发展性原则："以评促建、以评促改、评建结合、重在建设"，发挥第三方评价促进民办教育的导向作用。

（二）独立性原则：在进行评估时严格恪守中间人立场，保持客观、公正态度，不受外界任何干扰，独立开展工作。

（三）公正性原则：在评估过程中坚持运用科学的评价标准和方法，遵循相关教育法律法规，以客观真实评价资料为基础，得出实事求是、客观公正的评估结果。

四、评估标准

采用《亳州市民办中小学督导评估评分细则》和《亳州市民办幼儿

园督导评估评分细则》。

五、评估方法

（一）审阅资料：被评估单位通过自查自评，形成评估资料，现场评估专家审阅资料，对照评估指标体系，确定评估分值。

（二）实地考察：现场评估专家深入被评估单位，通过现场观察、现场测量、师生访谈、听取汇报、听课观摩等方式，进行实证性评估考核。

（三）问卷调查：评估专家组设计科学合理调查问卷材料，随机抽取一定比例的在校学生、学校教师、学生家长及社区居民，向他们发放问卷，及时收回进行统计分析，计入评估结果。

六、评估过程

（一）成立评估工作协调小组和专家组

安徽省新世纪教育评估服务有限公司专门成立了本次评估工作协调小组，并在全省范围内遴选10位教育评估专家，组成亳州市民办学校和幼儿园督导评估验证验收评估专家组。

（二）制定规范的评估工作手册

为做好评估，安徽省新世纪教育评估服务有限公司印制了《亳州市2017年度民办教育第三方评估工作手册》，统一评估指标，明确工作任务、专家职责和工作纪律。

（三）严格评估标准，精心实施评估

在评估过程中，各位专家认真研究评价指标体系和评价依据，对指标体系中涉及的六项内容（办学条件、学校管理、教育教学、师资队伍、安全保障、办学成效）进行了详细的核查，并逐项赋分，同时通过现场查看、听取汇报、召开教职工座谈会、家长问卷，从侧面对所评估的学校的办学情况及挂牌督学履职情况，对学校评估的实施情况和县区督导室对学校复查认定情况进行了详细的了解。

（四）完成评估报告

专家组坚持公平公正原则，做到给分有理、扣分有据、一把尺子量到底，对每所学校都进行量化赋分和定性分析，提出整改意见和建议，在此基础上撰写《亳州市民办教育发展状态第三方评估报告书》和《亳州市民办幼儿园第三方评估报告书》。

七、评估实施情况

（一）评估概况

亳州市现有民办中小学128所，其中小学初中122所，高中6所，幼儿园541所。共有在校生287 117人，其中小学生83 433人，初中生70 426人，高中生9 418人，在园幼儿123 840人。各县区都组织民办学校开展了自评，自评率达100%；多数县区督导责任区都组织责任督学对辖区内的民办学校进行了初评，初评率达80%以上；多数县区教育督导部门按市要求，从全部民办中小学中抽取二分之一的学校进行了复评，复评率超过50%。

（二）工作成效

1. 重视民办教育发展。亳州市教育局为促进全市民办教育有序、快速、健康、优质发展，将民办教育视为县域义务教育优质均衡发展的重中之重，部署组织开展对民办学校办学情况的督导评估，以评估促进建设，以评估促进管理，以评估促进提升，以评估促进优质，为推进亳州市教育事业发展提供有力支撑。

2. 创新评估方式。采取学校自评、责任区督学初评、县区教育行政部门复评的方式进行。为了验证各县区对民办学校督导评估的真实性，避免既当教练员、运动员，又当裁判员的传统弊端，市教育局顺应"管、办、评"分离的改革方向，大胆引进具有评估资质的第三方进行验证验收工作。尽管总体呈现出学校自评分数高、责任督学赋分低于学校的趋势，但县区级督导认定与赋分还是比较客观的，体现了督导评估的严肃性与公平公正性。同时，对第三方评估给予了积极的支持和密切的配合，并主动诚恳接受专家提出的指导性的意见和建议。

3. 注重督学团队建设。对民办学校的督导评估的主体是各县区督学。他们督促、核查学校自评情况，开展初评，并参与抽查复查。整个评估过程，就是对他们成长的历练；引入第三方验证验收就是对他们工作情况和成效的检查和检阅。对民办学校的督导评估，既摸清了民办教育的现状，推动了民办教育的发展；又摸清了督学团队现状，促进了督导建设，提供了督学练武的机遇，锻炼了督学的督导能力。

4. 民办教育发展向好。亳州市教育局积极支持民办教育的发展，义务教育阶段在民办学校就读的学生均能享受义保经费；有的县区在职称评定、业务培训、教学教研等方面均将民办学校与公办学校同等对待，将民办学校纳入责任区督学范围，为其配备挂牌督学；对公办学校骨干教师流向民办学校也因势利导，给予支持。多数民办学校用感情留人、待遇留人、环境留人、事业发展留人，教师在学校受到尊重，得到关爱，价值得到认可，教师相对稳定；多数学校依法办学，管理规范，教育教学质量较高，其中不乏有优质学校成为公办教育的有效补充，公办学校和民办学校良性竞争，促进了全市教育事业的快速发展。

（三）存在问题

专家组指出亳州市民办教育发展存在的问题有：一是部分学校占地面积长期严重不足，而且近期又无解决的可能，严重制约学校的发展，学生活动空间狭小，有严重的安全隐患；二是教育教学设备设施落后，影响学校的全面提升，一些学校的举办者缺乏战略眼光，在学校发展前景十分看好、办学效益十分可观时却放缓了对学校硬件建设的投入，以致教室班班通、多媒体等现代化教学设施几乎为零，教师备课、教学仍停留在一本教案一支粉笔的状态；三是部分学校管理粗放，没有依法按规开齐开足课程，办学理念相对落后；四是有的学校发展面临生存危机，对前途充满忧虑，急需主管部门的关爱和指导；五是校园文化建设薄弱，育人环境有待改善。

（四）工作建议

1. 进一步加强责任督学挂牌督导工作的规范管理，全面提升责任督学挂牌督导工作水平。打造一支年龄结构合理、工作经验丰富、专业覆盖面广、业务能力强、整体素质高、适应教育督导创新需要的督学队伍，并树立责任督学权威，使责任督学成为教育工作中"有职有权的人"。

2. 进一步完善责任督学挂牌督导体制机制。要确立教育督导制度在教育行政管理体系中不可或缺的重要地位，在中小学校责任督学挂牌督导相关工作部署中独立发挥管理职能；完善督导结果运用机制，加大日常校园巡视和专项督导结果公开力度；加大约谈问责力度，提高中小学校责任督学挂牌督导权威性；以问题为导向，推动督导工作常态化，促进整改落实。

3. 积极争创"挂牌督导创新县（市、区）"，以典型引路，切实发挥挂牌督导创新县（市、区）示范引领作用，通过典型引路、以点带面等方式，带动全市挂牌督导工作的整体优质发展。

4. 进一步强化责任督学挂牌督导条件保障，严格落实《教育督导条例》的有关要求，督促各县区将教育督导经费列入财政预算，将责任督学挂牌督导工作经费保障制度化、标准化，在责任区和学校为责任督学提供专门的办公场所，为责任督学开展挂牌督导工作提供必要的工作条件，真正为责任督学挂牌督导工作的顺利推进提供坚实的保障。

5. 进一步重视民办教育的发展。市及县区教育行政部门都应把民办教育的发展放到重要位置，与公办教育同样看待、同样支持、同样管理，要在教师培训、职称评定、教师成长等方面给予更多的优惠政策，进一步促进全市民办教育健康协调同步发展。

6. 依法加大对民办学校的管理。按照《民办教育促进法》依法加强对学校的管理。要严格把好审批、审核关，符合条件的，大力支持；需要改进的，要指导整改；问题严重的，坚决取缔。

7. 加强对民办学校的督导评估。各县区教育局及中心校要经常深入民办学校，为民办学校把脉问诊，在发展规划、办学方向、治校方略、教师队伍建设、教育教学等方面进行指导，既不能让其盲目发展，也不能任其自生自灭、放任自流，要始终在教育行政部门的管控下健康发展。

青羊区综合学业质量评价

北京市公众教育科学研究院

一、项目背景

成都市青羊区依据教育部2013年6月发布的《关于推进中小学教育质量综合评价改革的意见》，认识到"考试"亟须向科学的学业质量评价转变，此前曾尝试测试题目由分学科向"学科+综合"改变，测试工具由单一的纸笔测试向"纸笔测试+访谈问卷"等改变，测试结果由单一的百分排名向"百分排名+描述性报告"改变，花费了大量人力、物力，却并未从根本上解决青羊区面临的问题：学校仍然缺乏参与评价的积极性，教师"谈考色变"，评价的结果并未实现对管理及教学的优化。

为了解决这些问题，青羊区依据国家政策，选择了"走出体制，借助专业组织"的第三方模式，开始从"考试"到"学业质量评价"的新研究、新探索，在优化考试和评价方式、改革教育质量等方面做了广泛调研和实践研究，选取比较成熟的ACTS学业评价系统，通过政府采购、公开招标方式，聘请第三方评价机构——北京市公众教育科学研究院（以下简称"公众教育研究院"），为全区小学4年级、5年级学生提供数学、语文、英语三个科目的学业质量评价报告，开启了与公众教育研究院长达四年的合作。

二、项目实施

2013年初，公众教育研究院应用ACTS学业评价系统在青羊区第一次测试，很快提供了适用于不同使用群体的评价报告——区域评价报告、学校评价报告、班级评价报告、学生评价报告。

随后，为加强各校长、老师对新教改的理念、理论、方法的深入理解，掌握新课程标准等思维与方法的要求，让校长教师学会理解和应用

ACTS学业评价的各类评价报告单，公众教育研究院多次应邀为青羊区提供系统的教育评价培训，并根据不同的报告类别，分别组织面向区教科院教研员、学校分管校长和教师的培训，使其充分了解ACTS各种报告的功能，帮助管理者更科学地调配教学资源，改进师训和教研等；帮助教师发现自己在知识传授、学生技能训练以及能力培养中的风格、特点及问题所在，从而为自己的教学和教研提供客观和直观的参考。

2014—2016年连续三年为全区各小学4年级、5年级学生提供基于ACTS学业评价技术的学业质量评价，并出具学生个人、班级、年级、区域各级评价报告。为有效促进广大教师了解评价数据，掌握评价数据与教育事实相关联的方法，主动将评价结果应用于一线教学的科学改进，从而发挥学业质量评价的最佳效益，公众教育研究院联动青羊区教育局共同建构了系列的"学业质量评价教师教育"培训课程，并使其相互关联，灵活组建为面向不同需求的教师教育课程链，以满足教育评价专业人才的培训需求。

"学业质量评价教师教育"课程链可根据培训对象的身份与需求（如区域层级管理、校本研修、教师专业发展等），进行相应课程组合，包含下列课程内容：

1. 评价报告解读的课程链。"学业质量评价数据报告"之解读方法；"学业质量评价数据报告的解读"之学生个人报告；"学业质量评价数据报告的解读"之班级数据报告；"学业质量评价数据报告的解读"之年级报告；"学业质量评价数据报告与试题解析"之阅读；"学业质量评价数据报告与试题解析"之数学；"学业质量评价数据报告与试题解析"之英语。

2. 评价结果应用的课程链。"从评价结果到教学目标的设定"；"学业质量评价结果的运用"之语文教学改进；"学业质量评价结果的运用"之数学教学改进；"学业质量评价结果的运用"之校本研究方式改进；"学业质量评价结果的运用"之班级教学改进案例；"学业质量评价结果的运用"之学生个体教学改进案例。

三、评价结果应用

青羊区自2014年实施学业评价改革以来，除了在少数内容指标外，语数外三科的成绩在"平均得分率、中位数得分率、分化度"三个统计指标上均取得了显著进步，教育评价改革、教育质量提高取得明显的成效；整体上平均分、中位数呈现增长趋势，分化度呈降低趋势，说明青羊区在语数外三科的教研、教学上取得显著的成绩；语数外三科成绩在三年内由知识主导型逐步迁移为能力主导型，有力地说明青羊区教育评价改革在减负提质、改变应试导向上取得了显著的成效；从整体上的平均分变化趋势及学校数据分析可以看出，部分学校和教师在学情把握、针对性靶向性教学上取得了显著的成果；从整体的中位数变化趋势及学校数据分析上可以看出，部分学校和教师在因材施教上取得了教研和教学的重要突破。

青羊区部分学校和教师利用ACTS学业评价报告，有效地探索出了基于学生资质不同的分类分层教学（因材施教），及基于学生个性与问题不同的因人施教，这是一个具有重要突破性的成果。

四、学校和教师的反馈

公众教育研究院提供的ACTS学业评价系统，作为一种新的、科学的评价手段进入青羊区的课堂，引起了青羊区教师的积极响应。教师们认为它不仅能够为教师分析学情减负，还为教学改进提供了努力方向，让教师透视课堂中的问题，找到问题成因，从根本上解决问题；能够有效地提升学校管理，帮助学校实现基于数据的靶向性教学管理，可以让教师根据数据及时修正教学，查漏补缺，同时能够及时呈现教学优势让教师总结，使教师自己和团队都能受益。有学校还通过设计由学生案、教师案（学校管理案、教师个案）、家长案、专家案四部分组成的"教学配方改进方案"，多管齐下来解决不同群体的问题，达到了整体提升的效果。还有许多教师指出引进ACTS学业评价系统后，课堂教学发生了诸多积极的变化。

五、项目效果

由公众教育研究院提供技术服务的青羊区教育评价于2014年取得显著成效，被《中国教育报》、《光明日报》、《人民日报》等相继报道，获得了教育主管部门的认可，也引起全国多数省市的关注，三年间，陕西、广东、河北、河南、江苏、黑龙江、吉林、北京、山东、湖北、浙江、上海等多个省市的部分地区前来成都市青羊区参观和学习教育评价改革经验。教育部基教二司、课程中心也多次到青羊区考察其教育评价改革经验。

随着青羊综合评价改革的深入，其获得了越来越多来自领导的肯定与专家同行的认可。2014年，青羊区在中国教育学会年会上做了专题交流发言，2015年教育部基教二司、课程中心等关于成都市教育质量综合评价的专项督查，获得领导们一致肯定。成都市作为教育部指定的中小学教育质量综合评价改革30个实验区之一，在2014年、2015年的中小学教育质量综合评价改革实验中取得的成果得到了教育部认可。2016年10月27日，教育部在成都市举办了"教育部全国中小学教育质量综合评价改革实验工作现场交流会"，以青羊区为首面向全国重点介绍和推介了成都市青羊区、双流区、新津县的改革和成果。（注：成都市双流区、新津县也是采用公众教育研究院提供的ACTS学业评价技术服务。）

六、总结和反思

青羊区在2014年到2016年三年间，使用ACTS学业评价系统评价了小学多个年级的语文、数学和英语三门学科。但这些年级都属于小学，初中和高中的教育评价改革并没有开展，其他科目的教育评价改革工作也没有开展，所以还无法对学生、学校做出跨学段的历时性、成长性分析。

青羊区在这三年中只有2014年测量了6年级，所以6年级数据根本无从比较。虽然三年都测量了4年级和5年级，但是三年之间缺少等值必备的"锚题"（共同题），导致无法对这三年的试卷进行等值比较，从而更加科学地比较出青羊区这三年取得进步状况。

青羊区就ACTS学业评价系统对教师积极组织了解读、应用和教育咨询培训，这些培训在教师中也得到了积极的反响。但目前为止，并没有评价教师对ACTS学业评价系统掌握程度的数据，导致只能从具体教师、具体班级的层面来证明该技术对教师专业发展以及学生的发展能够带来积极的促进作用，而不能知道该技术在全区推广的具体状况，更不能从数据角度在全区层面上来论证该方法能够促进教师的专业发展以及学生的发展。

ACTS区域报告能够诊断出学校具体的优劣势，但目前的培训只是停留在报告解读上。成都市东城根街小学将ACTS学业评价系统有效地应用到学校管理中并取得良好的效果。但缺少调查数据来判断其他学校是否将ACTS学业评价系统引用到学校管理中，如何在学校管理中应用该技术，以及应用该技术后是否取得有效改进。

河北省石家庄市桥西区学业评价

公众学业教育评估（河北）有限公司

一、项目概况

2015年9月起，公众学业教育评估（河北）有限公司为石家庄市桥西区教育局提供学业评价（政府采购）技术服务，四次为全区46所小学、11所初中实施学期初配置性学业质量评价和学期末终结性学业评价，出具相应科目的区域、年级、班级、学生四级学业质量评价报告。

为使一线教师读懂数据报告的含义，分别于2016年、2017年末，协助桥西区教育局组织全体教师举行报告解读及应用培训会；2016年7月、11月，2017年3月，协助桥西区教育局组织开展3期"教育评价数据的教学应用"研修培训；2018年3—11月，应教育局及学校之邀，走进13所学校开展学业质量评价数据解读培训及应用指导；2019年3月，与桥西区教育局共同确立"种子教师"培养计划，走进桥西区41所小学为近800位骨干教师开展学业评价报告解读培训，被列为桥西区小学教师素养大赛的比赛项目。11月，参与桥西区教研推进会，基于区域学业质量评价报告，为各校教研改进提出建议。

二、主要工作及成效

1.学业质量评价实施情况

（1）2015年9月，组织桥西区46所小学（11所中学）的6年级（新7年级）学生，实施学期初配置性学业质量评价，包含数学、语文、英语3个科目。

（2）2016年12月，组织桥西区46所小学的6年级学生，实施学期末终结性学业质量评价，包含数学、语文、英语3个科目。

（3）2017年12月底，组织桥西区44所小学的5年级学生，实施学期

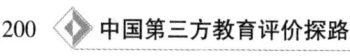

末终结性学业质量评价，包含数学、语文、英语3个科目。

（4）2019年6月，组织桥西区18所小学（18个学区各一所抽测）的5年级学生，实施学期末终结性学业质量评价，包含数学、语文2个科目。

2.评价报告出具情况

学期初的配置性学业质量评价报告，用于教师客观、全面地了解学生对预计实施的新知识的掌握情况，以便更好地运用"就近发展区"和"脚手架"理论对掌握程度不同的学生因材施教，进行个性化教学和辅导设计。学期末的终结性学业评价，则综合评估学生在一学期结束时全部教学以及训练对学生的知识获得、技能习得及能力养成所产生的影响，为教师和家长制订符合学生学习情况和特点的假期学习计划提供重要的参考。每次评价实施后，均出具学生个人报告、班级报告、学校报告以及区域报告。

学生个人报告：通过各项指标及数据关联，了解学生个体的达标程度、胜任情况和竞争水平，精细化分析学生个体的长短板和优劣势以及学习中关键点、困难点的形成机制，对学生进行个体辅导和帮助学生自适应学习。

分数构成

维度/内容	个人得分率	年级平均水平	得分率差值	学生得分	满分	维度/内容	个人得分率	年级平均水平	得分率差值	学生得分	满分	维度/内容	个人得分率	年级平均水平	得分率差值	学生得分	满分
图形的运动	75.0	73.8	1.2	6.0	8.0	理解	100.0	91.9	8.1	8.6	8.6	语言理解	81.4	85.5	-4.1	36.0	44.2
异分母分数加减法	100.0	83.5	16.5	17.0	17.0	计算	96.3	89.2	7.1	28.4	29.5	数量关系	100.0	90.1	9.9	17.2	17.2
长方体和正方体	100.0	91.0	9.0	10.0	10.0	应用	82.3	87.7	-5.4	28.9	35.1	逻辑分析	77.7	88.5	-10.8	11.5	14.8
分数乘法	86.7	89.3	-2.6	13.0	15.0	操作	86.4	77.2	9.2	14.0	16.2	空间想象	86.1	78.6	7.5	20.5	23.8
长方体和正方体的体积	100.0	90.0	10.0	13.0	13.0	数学表达	100.0	90.7	9.3	5.4	5.4						
分数除法	76.2	88.1	-11.9	16.0	21.0	问题解决	50.0	84.6	-34.6	2.6	5.2						
折线统计图	100.0	92.5	7.5	12.0	12.0												
实践与综合	50.0	85.0	-35.0	2.0	4.0												
小计	89.0	87.3	1.7	89.0	100.0	小计	87.9	86.9	1.0	87.9	100.0	小计	85.2	85.0	0.2	85.2	100.0

班级报告：通过各项指标及数据关联，了解班级学生总体的达标程度以及与年级平均水平的对比，客观分析班级老师教学的长短板和优劣势，了解老师的教学困难点及其形成原因，通过指标解释思考班级教学的调整。

分数构成

维度(指标)/内容	班级平均得分率	年级平均得分率	差值	中位数	分化程度	满分	维度(指标)/内容	班级平均得分率	年级平均得分率	差值	中位数	分化程度	满分	维度(指标)/内容	班级平均得分率	年级平均得分率	差值	中位数	分化程度	满分
图形的运动	72.5	70.0	2.5	75.0	34.0	8	理解	91.9	91.9	0.0	90.7	9.7	8.6	语言理解	85.3	82.8	2.5	86.0	16.7	44.2
异分母分数加减法	80.0	80.0	0.0	82.4	20.1	17	计算	90.2	87.5	2.7	94.7	15	29.5	数量关系	91.9	88.4	3.5	100.0	16.4	17.2
长方体和正方体	92.5	90.0	2.5	100.0	15.6	10	应用	89.2	86.0	3.2	95.2	16.1	35.1	逻辑分析	85.1	85.8	-0.7	83.1	19.3	14.8
分数乘法	89.3	86.7	2.6	100.0	17.4	15	操作	75.9	73.5	2.4	73.5	24.4	16.2	空间想象	77.7	76.1	1.6	82.8	25.7	23.8
长方体和正方体的体积	90.8	90.0	0.8	100.0	17.1	13	数学表达	94.4	88.9	5.5	100.0	16	5.4							
分数除法	91.0	86.7	4.3	100.0	16.9	21	问题解决	74.2	80.8	-6.6	75.0	35.5	5.2							
折线统计图	95.8	92.5	3.3	100.0	7.9	12														
实践与综合	74.3	82.5	-8.2	75.0	35.0	4														
小计	87.4	85.4	2.0	89.0	12.7	100	小计	87.0	84.9	2.1	88.3	13.2	100	小计	84.5	82.5	2.0	86.0	14.7	100

学校报告：通过各项指标及数据关联，了解年级学生总体的长短板和优劣势以及本年级学优生和学困生的差距，分析年级学生总体的教学困难点及其形成原因。通过分析短板和劣势确定年级教研方向，通过分享年级最优班级的经验推广教学方法，激励老师自发改进。

分数构成

维度内容	满分值	年级平均得分率	年级中位数得分率	分化度	中平差值	年级平均	优秀率	良好率	丁达标率	推度内容	满分	年级平均得分率	年级中位数得分率	分化度	中平差值	年级平均	优秀率	良好率	不及格率	维度内容	满分	年级平均得分率	年级中位数得分率	分化度	中平差值	年级平均	优秀率	良好率	不及格率
短除竖式	4.0	80.0	75.0	31.2	-5.0	3.2	49.1	69.0	20.9	理解	13.2	84.1	87.1	21.6	3.0	11.1	66.3	18.4	15.4	语言理解	41.7	85.8	89.9	15.8	3.1	36.2	65.6	29.5	4.9
同字母数表示	4.0	92.5	100.0	19.8	7.5	3.7	86.5	0.7	12.8	计算	46.6	89.1	93.3	14.4	4.2	41.5	14.7	21.1	4.2	数量关系	39.6	88.4	95.7	19.6	7.3	35.0	70.7	21.4	7.9
三位数除两位数	44.0	88.2	93.2	15.3	5.0	38.8	69.7	25.8	4.4	应用	24.3	85.6	90.9	17.9	5.3	20.8	62.0	31.4	6.6	逻辑分析	12.1	77.7	86.0	30.5	8.3	9.4	50.0	23.5	25.5
多边形的认识	11.0	84.5	81.8	23.3	-2.7	9.3	49.6	40.5	9.9	操作	6.6	81.8	83.3	24.4	1.5	5.4	37.7	49.9	12.3	空间想象	6.6	78.8	74.2	31.5	-4.6	5.2	49.1	30.0	20.9
分数的意义和认识	17.0	88.7	88.2	25.7	8.2	15.1	76.4	26.3	19.8	数学表达	9.3	76.3	88.2	32.8	11.9	7.1	50.9	23.5	25.5										
小数的认识、加法和减法	9.0	86.7	88.9	18.3	2.2	7.8	68.3	24.0	7.7																				
平均数的意义和条形统计图	11.8	87.3	90.9	17.3	3.6	9.6	63.4	31.3	5.3																				
小计	100.0	86.1	90.0	14.9	3.9	86.1	67.0	28.1	4.9	小计	100.0	85.9	90.9	15.2	5.0	85.9	65.4	28.8	5.7	小计	100.0	85.8	90.3	16.6	4.5	85.8	65.7	28.6	5.7

区域报告：通过各项指标及数据关联，了解参评各学校整体教学的达标程度、教学水平及差距，客观分析各学校的教学困难点及其形成原因，明确各学校的教研改进方向、师训方向及学校管理的发展目标；通过数据解读所反映的事实与国家政策要求进行对比，决策参评学校整体

维度/学校	区域	桥西区	桥西区	桥西区	桥西区	桥西区	桥西区	桥西区	桥西区	桥西区	桥西区	桥西区	桥西区	桥西区	桥西区	桥西区	桥面区	桥西区
测试班级数	110	8	6	13	5	4	2	6	8	7	3	12	3	6	6	4	4	2
测试人数	6052	437	356	748	227	212	102	352	329	446	198	143	177	153	786	173	385	348	237	195	48
满分	100.0	100.0	100.0	100.0	100.0	100.0	100.0	100.0	100.0	100.0	100.0	100.0	100.0	100.0	100.0	100.0	100.0	100.0
平均分	86.9	88.6	85.2	95.1	94.2	91.9	77.2	83.8	88.6	83.1	84.2	83.1	95.0	77.5	84.9	80.4	83.7	82.3	89.7	92.5	86.8
平均得分率	86.9	88.6	85.2	95.1	94.2	91.9	77.2	83.8	80.1	84.2	83.1	95.0	77.5	80.4	83.7	82.3	89.7	92.5	86.6
中位数得分率	91.7	92.6	91.4	97.6	96.7	94.1	81.5	88.5	77.4	88.7	88.7	88.9	97.2	81.3	89.1	87.3	88.0	87.4	82.0	94.9	90.9
中平差值	4.8	4.0	6.2	2.5	2.5	2.2	4.3	4.7	5.6	5.6	5.8	2.2	3.8	6.2	6.9	4.3	5.1	4.9	2.4	4.1
分化程度	16.2	12.7	18.6	7.0	8.7	8.3	23.1	17.7	15.9	10.0	18.1	21.2	6.5	22.2	16.2	22.6	17.7	19.6	11.6	8.9	15.0
优秀率	70.0	72.8	65.2	93.0	93.4	84.4	40.2	60.2	68.7	59.9	64.1	62.9	93.8	38.6	63.1	56.6	59.5	57.8	79.7	85.1	68.8
良好达标率	23.9	24.3	27.0	6.6	4.8	14.2	43.1	31.8	24.9	30.0	28.3	27.3	6.2	46.4	30.5	27.7	32.5	31.3	18.1	14.4	29.2
不及格率	6.1	3.0	7.9	0.4	1.8	1.4	16.7	8.0	6.4	10.1	7.6	9.8	0.0	15.0	6.4	15.6	8.1	10.9	2.1	0.5	2.1

的发展方向。

3.评价报告实际应用

（1）学生个人报告应用改进案例

某校5年级学生A于5年级下学期的期末考试参与数学科目学业质量评价，卷面原始成绩为21.0，不及格，成绩仅高于全年级0.42%的学生，属于学困生；数学教师应用该生个人报告深入分析，通过数据关联定位学习关键点，并予以针对性辅导。该生于6年级上学期期末考试再次参与学业质量评价，卷面原始成绩为92.5，优秀，成绩高于全年级65%的学生，属于中等偏上。

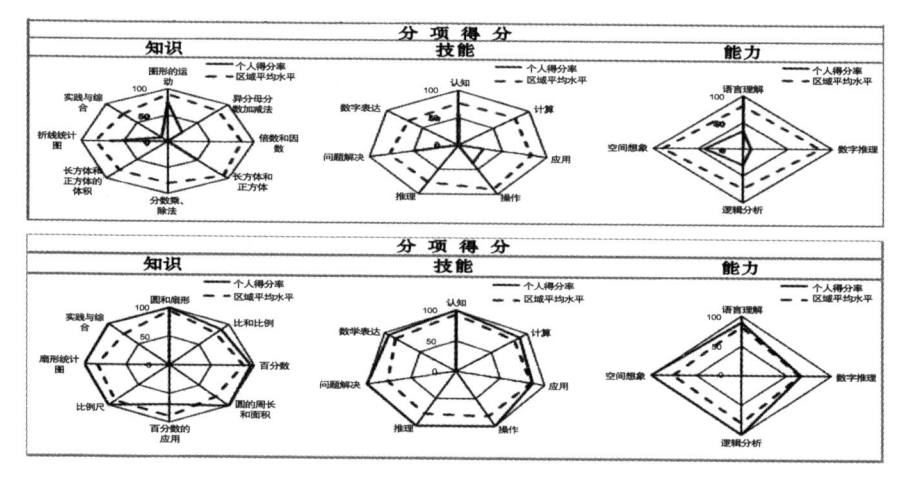

前后两次成绩对比

（2）班级报告应用改进案例

2019年5月28—30日，我司受邀参与"王小芃名师工作室"全体成员深度研修活动。课堂教学内容为五年级《分数除法》单元教学，依托学业评价技术的靶向定位，通过"深度课堂观察""分层分类教学""单元目标教学"等先进教学理念的实施提升专业水平，探索"减负提质"的教学方法。为保证教研活动的专业性和有效性，"王小芃名师工作室"在此之前就对实验班进行了ACTS学业质量评价分析，并根据评价结果对实验班的学生进行分层分类，结合学生学习风格、学习习惯以及长短板情况合理分组。此次连续三天针对同一个单元的教学，就是基于上次评价结果的一个教研活动反馈。本次活动结束后，持续观察监测，希望通过前后评价数据的分析，找到应用不同的教学方法存在的差距，进而揭示专业的教育评价技术对于教师教学提升、学生学业成长等方面的重要意义。

(3) 学校报告应用改进案例

2019年11月5日，我司受邀参与石家庄市四中路小学全体教师教研会，就上学期学业质量评价报告进行针对性解读、分析。会议由该校教学副校长赵彦利主持。分析会先后对该校语文、数学科目报告进行了精确分析，通过对具体指标和数据的关联分析，发挥评价的精细甄别和诊断功能，有效地反映教师教学中存在的问题和优劣势，为教师了解自己的教学风格和特点、提升专业水平、有针对性地改进教学提供重要参考。

在数据分析的基础上，结合日常练习和教学重点进行研讨，明确了此后教学调整方向。在语文学科教学中应该注重字词句等基础知识的深入理解和应用，注重信息提取和推断等基本技能训练，增加非连续性文本和听力文本的阅读讲解，强化学生的逻辑分析能力和自我认识能力。数学教学要注重数形结合，以数解形，把抽象的数学语言、数量关系与直观的几何图形、位置关系结合起来，让学生在理解的基础上提升问题解决和逻辑分析能力。

(4) 区域报告应用改进案例

2019年11月14日，桥西区教研室召开了"桥西区小学学业质量评价教学研究推进会"，特邀我司老师针对6月份本区小学学业质量评价报告进行深入分析解读，通过科学的评价结果分析应用，指导学校教学、教研改进及提升；让数据发声，靶向定位教学难题，提出针对性改进方案，抓好落实，共同推进教学质量提升。区教研室王小芃主任、数学教研员吴华英副主任、语文教研员邵坤老师先后主持，10所学校教学校长做本校教学改进计划报告。

与会各校长通过评价报告中知识、技能、能力、平均数、中位数、分化度等数据关联和深度分析，客观看待阶段性教学成果，靶向定位教学重点，诊断问题形成机制，对症下药，从教师专业成长及梯队培养、学校教研及教学管理、高效课堂及家校合作等方面，制定有效措施；教研室协助各个教学校长制定更符合本校实际情况，更加"接地气"的改进和实施方案；深入学校、深入课堂，与各位校长、老师共同努力，保证教学质量，促进学生发展。

4.种子教师建设

为进一步推动区学业评价应用落地，通过评价结果的科学解释促进教研、教管的改进提升，提高教师专业水平和教学能力，改变目前的教学困境，并且能够提供很好的评价服务，公司与桥西区教研室共同发起"新评价种子教师计划"。通过实施和推进种子教师计划，充分发挥种子教师的示范性作用，通过实际评价结果应用的案例输出，点线面的带动，实现桥西区学业评价项目全面落地。

通过与桥西区教研室语文、英语、数学三个科目的教研员的沟通，由教研员推荐并联络、教研室主任确定并形成种子教师名单，覆盖了桥西区18个学区，共推选出21位骨干教师，并于2019年5—6月期间，借助新媒体，通过微信群开展四次深度数据应用培训。

三、反馈及反思

石家庄市桥西区实施学业质量评价四年以来，收到了许多正向反馈：以往教师想要了解班级整体情况，就得花大量时间去统计每一道题的得分率、失分率，得到的数据比较零散，也缺乏系统性和关联性。通过学生个人报告和班级报告，不但能够清晰地呈现各个知识、技能、能力的分项成绩，结构化的数据也更便于教师对各项指标进行关联，找到问题和症结所在，不仅大大提高了教师的工作效率，更为教师的课堂诊断提供了科学的数据支撑，也帮助学校实现基于数据的靶向性教学管理，为教研室的专业指导提供了数据支撑。

在学业质量评价结果应用时也发现诸多问题。教师从原来看成绩转向不仅要看学习结果，还看学习过程，更要看学生发展，无疑对教师提出了更高的要求。教师要从学生发展的长远目标来设计和安排自己的教学活动，将发展能力、技能与知识有效融合，还要立足于能力发展来设计和改进命题，这就要求教师不但要转变观念、提升自我，借助科学手段来诊断自身问题，更要有开放的心态来实施教学改进。

另外，作为专业教师，问题找到了，就需要考虑如何针对具体问题对症下药。如何在教学长板中提炼教法？如何让个人优势变成团队优势？

锁定问题如何改进？共性问题如何突破？这些问题都需要更多一线教师积极参与，共同找出解决方法。

目前，我司也在积极探索，联动教育局教研室的专业力量，共同推动"种子教师"培养计划，打造样板校，通过榜样的力量，以点带面，推动学业质量评价的广泛应用。

厦门市海沧区
"素质教育第三方教育评估"案例

厦门明日教育研究院

一、实施背景

为了更好地贯彻落实中共中央、国务院及教育部有关文件关于引入独立第三方机构进行教育评估的要求，全面贯彻落实党的教育方针，进一步推进素质教育，加快海沧区教育改革步伐，充分发挥教育督导评估与"第三方评估"的导向与激励功能，提高海沧区教育教学质量，促进教育全面质量提升，逐步满足群众"上好学"需求，实现"素质引领、均衡发展、管理创新、特色立校"办学目标，更好地落实中共海沧区委教育工委、厦门市海沧区教育局《关于印发海沧区素质教育督导评估办法（试行）的通知》（厦海教工委〔2018〕25号）及《关于开展2018年海沧区素质教育督导评估的通知》（后文简称"两通知"）等文件精神，厦门市海沧区教育局通过招投标与厦门明日教育研究院签约，由厦门明日教育研究院组建评估团队参与"海沧区素质教育督导评估暨2017—2018学年中小学校长绩效考核"工作，从全区抽取了10所中小学采取"第三方评估"的方式进行评估。

二、项目概况

专家团队主要由江浙沪等教育发达地区国务院特殊津贴享受者、正高级教师、特级教师、全国优秀教师，资深局长、资深校长、基础教育教科研机构研究人员、省市级政府教育督学以及资深教育媒体人、独立教育研究者组成。

2018年9月26—27日，评估团队26人分三组（其中每组各配备了两位海沧区责任督学）根据中共海沧区委教育工委、厦门市海沧区教育局印发的"两通知"精神，对北京师范大学海沧附属学校等10所中小学的素质教育发展情况暨2017学年中小学校长绩效进行了评估。

为更好地发挥"第三方评估"的引导功能，有效落实评估整改报告，促进学校稳步发展，2019年海沧区教育局决定组织对2018年参与评估的10所学校进行一次跟踪评估，厦门明日教育研究院再一次组建专家团队，于2019年11月17—19日对10所学校进行了一次跟踪评估。

三、项目实施

评估组基于第三方立场，坚持"对照标准，规范操作；看进步，着眼发展；看问题，重在指导"的原则，本着同行评议的精神，通过网络与现场两种方式对各校进行了专业评估。

评估开展前，专家组首先依据《海沧区素质教育督导评估办法（试行）》的要求，研制了具体的评估细则与评估手册，在此基础上，由首席专家凌宗伟老师对评估专家团队全体成员依据上述内容做现场培训，专家们在培训的基础上，对照标准、细则、手册的内容展开讨论与研究，集思广益。现场培训的重点见下图：

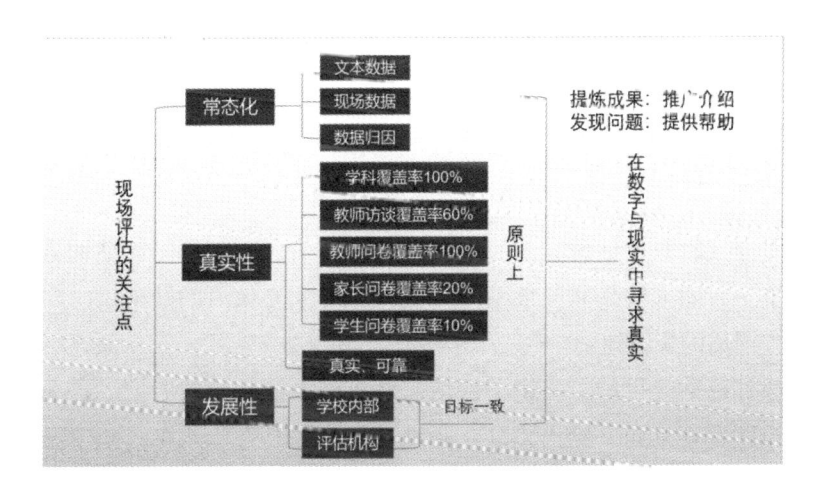

评估组基于第三方视角与要求，坚持"独立、客观、公正、实事求是"原则，分网络与现场两种方式同步对各校进行专业评估。网络评估主要通过"海沧区素质教育督导评估系统"平台调阅各学校提供的"自

评报告"及相关佐证资料进行,同时各组从需要出发查阅相关学校的校园网或学校微信公众号。现场评估恪守"现场观察,核实佐证关注细节,重在发现;分工合作,注重效率突出重点,关注两端"的基本要求,通过察看校园环境,开展教师、学生、家长问卷调研,组织教师、学生、社区座谈、访谈、查阅资料、进班听课、观看社团活动,听取校长工作汇报,对学校办学思想、制度建设、团队建设、德育教育、课堂教学、办学成效,尤其是对校本课程实施等开展全面考察评估,对所获信息进行了认真梳理、分析与归纳,并于当天向学校领导成员做初步反馈。综合上述活动所获得资料的基础上,充分交流协商,本着"肯定成绩,褒扬进步;指出问题,中肯建议;专业视角,避免照抄;行文规范,按时完成"的精神,分别形成对各校评估书面报告和对10所学校评估的总报告。

为真正发挥评估的引导功能,有效落实评估整改报告,促进学校稳步发展,海沧区教育局决定组织对2018年参与评估的10所学校进行评估整改回头看,通过招投标方式,由厦门明日教育研究院于2019年11月17—19日对2018年所评估的10所学校进行了一次跟踪评估,主要针对2018年评估报告中对各校存在问题所提出的整改意见进行调研,操作方法和流程与2018年的评估基本一样,增加了现场抽签答辩活动(答辩组由所抽到学校的校长和一名学校中层与一名教师组成,样本数为参与评估学校的40%)。

四、项目反馈

海沧区教育评估研究中心主任洪福旺分析了政府部门评估的人员与观念单一,熟人怕伤和气放不开,被评估方未必认可的缺陷后,对独立第三方评估的反馈道:

教育评估的目的,决定了评估需要各种不同视角的专家。需要从不同的角度发现问题、给出建议,帮助校长们提高办学水平,提升办学质量。教育评估需要立场客观公正的专家。外来的专家与本地的学校之间没有利害关系,不带有主观色彩,具有独立的评判立场。办好教育需要吸收先进地区的办学经验。"他山之石,可以攻玉。""第三方评估"的专家大多来自江浙沪等教育水平高的地区,他们不但带来了先进的办学思想，也带来了丰富的教育教学实践经验，给海沧的校长们很多的启迪。尤其是现场答辩环节，任何一所学校的某项工作如果没有扎扎实实地做或者认认真真地思考，在现场一定是会露馅的。现场答辩时海沧区教育局局领导和全体中小学校的校长们全程旁听，对他们来讲也是一种提醒、一种学习。

厦门市海沧区部分接受第三方评估的学校对"第三方评估"也是充分认可的。区进修学校附属学校戴曙光道："第三方评估"组织工作非常规范，严格按照评估程序，严密遵守评估纪律，有非常规范而科学的评估流程、方式与方法，既不同于教育主管部门的各种检查验收，也不同于各种督导评价，充分做到了客观、公正、实事求是地评估学校发展现状……帮助学校梳理工作经验，指出存在的问题与不足，提出切实可行的改进措施。评估活动立足于学校科学发展，对学校发展所存在的问题，不仅及时提出了整改意见，而且通过"回头看"的方式，跟踪指导，促进学校更好更快地发展。锦里小学现场答辩组组员何海滨校长说，区教育局组织的"第三方评估"以一次评估，一份报告，一次回头看评估，一场现场答辩，再加一份分量十足的回头看评估报告的结构形式，通过"两查，两报，一答辩"，组成了这一次完整的学校实施素质教育第三方评估的完整体系，用一句话来总结就是：一次自我革新的评估换来了一次办学品质的飞跃。实验中学的耿红副校长在旁听完答辩会后感慨地说，自己总是会被带入问题情境，结合实验中学的办学情况思考怎么破解办学难题，感觉专家们的问题问得很高明，受评学校的辩手们答得很精彩。何海滨校长说，为了准备答辩，他再度梳理了自己的办学思路，反思了学校的办学行为。答辩时，专家们对锦里小学的办学理念、学校管理、课程建设、教育教学、校园文化既有欣赏也有批评。自己收获很多，对于今后如何办好学校的思路更清晰了。

五、项目反思与启示

原厦门一中分校校长聂仰福认为，教育局引入的"第三方评价"一方面发现问题，开方抓药；另一方面又为学校挖掘特色和亮点，提供有实践意义的提升指导；同时也引发了学校管理层深层次思考、教职工大讨论。评估全过程对校长来说不亚于一次提高培训。这样的评估形式是服务于评估目的的，更是服务于学校，让理念与教育教学实践相融合，提高学校办学水平的。

评估不仅是形式与工具，更是目的。目的就是推动学校与区域教育的发展，就是要为学校及区域教育的科学发展提供服务。这一点对独立第三方评估机构来说尤为重要，这个项目实施的过程，使工作团队觉得要保证并凸显第三方立场与专业视角，有三方面必须引起重视：

1.对专家团队的有效培训，是做好评估工作的关键所在

第一，独立的"第三方机构"在某种程度上跟教育行政部门组建的"评估中心"存在着一个共同的问题，即很少有专职的教育评估人员，更不要说高水平的评估专家了。专家团队的绝大多数是从专业人士中聘用的，更多的还是临时聘用。评估是根据具体评估项目的评估"标准""细则""手册"，用自己过往的管理和学科教学过程积淀起来的经验、教训为基础形成的认知，来权衡具体学校的具体工作。总体而言，"第三方立场"基本上没有多大问题，问题在"专业视角"，在评估理念的确立上。

第二，人跟人既然是不一样的，学校与学校肯定也是不一样的。"标准""细则""手册"的要求是普遍性要求、基本要求，要做到从被评估学校的实际出发落实"提炼成果，推广介绍；发现问题，提供帮助"的专业要求，需要的不仅是专业智慧，还需要有大致的专业共识，否则很难在"标准""细则""手册"与具体学校的实情之间寻找平衡。再薄弱的学校也有它的优势与经验；再优质的学校也有它的死穴。专业视角就是要吃准具体学校的命脉，否则难免出现"天下大同"的结论。

第三，既然是"发展性评价"就应"因校而异，一校一策"，发展战略有长远的与近期的，当下的和未来的。具备专业素养的评估团队的每一个成员的着眼点应该是长远的、未来的，而不是近期的、当下的，至少说当下是要为长远服务，只有当下的目标完成了，当下的工作做得更好了，长远的目标才有可能实现。

因此，对专家团队的有效培训是做好评估工作的关键所在。

2.获得被评估学校的领导与教师信任，是评估工作得以顺利开展的基础

评估要落实"专业视角、发展导向"理念，恪守"对照标准，规范

操作；看进步，着眼发展；看问题，重在指导"的原则，尤其是现场答辩环节专家们的提问难免不留情面，这里有一个评估团队的工作与表达方式与具体学校团队的冲突之间如何平衡的问题，如果处理不好就会影响甚至干扰评估工作的顺利开展。

致力于发展性评估的团队到学校去的一个重要任务，是为管理者出谋划策，要想把教师的热情和想法激发出来，评估人员与督学一样必须具备三种技能：人际技巧、技术技能和知识。对评估人员来讲同督学一样，挑战主要还是知识。做了多年管理或教学的人可能具备一定的人际技巧、技术技能，但评估者的身份发生了变化，原来的沟通技巧已经不适用于现在的身份。一所学校的文化状态其实是由一所学校的人际关系决定的，评估者要做的就是提高教师的满意度，只有教师的满意度高了，学校才可能有发展。从评估流程讲，首先要思考是不是要这样干。既然评估的目的是促进学校发展，那么现在所做的事情跟所期待的目标之间有什么差距，我们发现的经验与问题是不是真实的，我们提出的建议是不是可行的，跟踪评估还要看这些建议是不是行之有效的。这就是上面所提到的有没有找到那个"命门"。

第三方评估的要义就是信任。不仅评估人员要对管理者信任，更重要的是学校的管理者对评估人员的信任。评估团队就是外脑，校长们身在其中往往看不到自己的问题，包括积极与消极两个方面。不要总把问题归纳为消极的，对许多词语的理解在许多时候是片面的。环境和生态是在不断变化的，不能用固化观念和认知去看变化中的学校管理者、老师和学生。无论是评估人员还是学校管理人员，如果没有信任也就不可能有有价值的评估结论与建议。

3.在实际运作中培养与遴选稳定的专家团队成员，是提升第三方评估质量的人力保障

为保证工作质量，第三方评估要落实"专业视角、发展导向"理念，恪守"对照标准，规范操作；看进步，着眼发展；看问题，重在指导"的原则关键在评估团队人员的专业认知与专业素养，离开了一个个具体的人，再理想的目标，再专业的原则与操作流程，在实际的运作中也会发生偏差。第三方评估机构缺乏具备专业认知与专业素养的评估人员就

难以发挥作用。第三方评估机构确保每一次评估都能保质保量完成需要建立数量相对大、结构比较合理而又相对稳定的专家团队。每一次评估过程当中都有领衔专家到评估现场跟踪考察,必要的时候还会在现场具体协商与指导,尤其是会对每一份评估报告做认真的审核,并在反反复复的意见交流中提升专业认知与专业水平。

(执笔:凌宗伟)

《武汉市推进高中阶段学校考试招生制度改革的实施方案》评审项目案例

湖北阳光教育研究院

一、实施背景

武汉市教育局为贯彻落实《国务院关于深化考试招生制度改革的实施意见》《教育部关于进一步推进高中阶段学校考试招生制度改革的指导意见》《湖北省深化考试招生制度改革实施方案》《湖北省推进高中阶段学校考试招生制度改革的实施意见》精神，深化考试招生制度改革，结合武汉市实际，制定了《武汉市推进高中阶段学校考试招生制度改革的实施方案（征求意见稿）》（以下简称《实施方案》）（含附件：《武汉市初中学业水平考试方案》《武汉市初中学生综合素质评价工作指导意见》）。

《实施方案》公开后，被中国教育在线、武汉中考网、《天天快报》、《长江日报》、出国留学网等多家媒体进行了解读，但其解读内容及方式导致舆论导向与武汉市教育局改革初衷有所出入。

为积极回应媒体、家长和社会关切，预测和规避《实施方案》执行过程中的潜在风险，按照重大行政决策事项的程序要求，武汉市教育局根据实际需要，委托湖北阳光教育研究院作为第三方教育评价专业机构，对《实施方案》进行专家论证、风险评估、廉洁性审查、公平性审查及合法性审查。

二、实施概况

湖北阳光教育研究院在接受委托后，积极响应重大行政决策事项的程序要求，遵循依法决策原则，严格遵守法定权限，依法履行评估程序，对《实施方案》进行了专家论证、风险评估、廉洁性审查、公平性审查及合法性审查；遵守重大行政决策启动的合法性原则，以与武汉市教育局无直接利害关系的第三方机构身份聘请相关领域专家，通过公众参与、及时回复社会关切、集体讨论等方式完成了决策合法性评审程序，营造了适合《实施方案》实施的舆论环境，助力武汉市教育局基础教育处有序推进《实施方案》的实施。

由于重大决策的实施可能对社会稳定等方面造成一定影响，湖北阳光教育研究院严格按照《重大行政决策暂行条例（征求意见稿）》开展评估工作，组织相关领域专家召开专家咨询会，商定决策草案评估的具体实施方案，最后确定通过舆情跟踪、抽样调查、重点走访、专家会议等多种方式，全面、客观地对《实施方案》的可靠性和风险可控性进行评估，全面查找风险源、风险点，运用定性分析与定量分析等方法，对决策风险进行了有效预测、综合研判，形成了风险评估报告，确定了风险等级，提出了风险防范措施和处置预案。

为确保决策事项的廉洁性和公平性，湖北阳光教育研究院按照合法程序组织专家团队入校调研，深入教育相关部门、学校、社区实时实地了解教育基层人员、学校领导、教师、学生和家长、社区人员的真实想法，及时回复社会关切的问题，并在风险性评估报告完成后及时组织专家公开讨论，做出决定，确保审查的公平性。在此过程中，湖北阳光教育研究院委托第三方司法机构对《实施方案》及相关材料，包括有关法律法规规章依据及研究论证意见、履行决策法定程序的情况等进行了合法性审查。整个评估过程结束后，湖北阳光教育研究院安排核心工作人员，对履行决策程序形成的有关材料进行了及时完整的归档。

三、具体实施

湖北阳光教育研究院围绕《实施方案》专家论证报告、风险评估报告、廉洁性审查报告、公正性审查、合法性审查等五个方面的内容确定了实施目标，通过专家座谈会议、相关政策材料、数据统计分析等方式论证了《实施方案》推行的必要性、可行性和科学性；通过抽样调查、重点走访、舆论跟踪等方式预测了潜在风险，并根据预测风险提出了针对性规避措施；最后聘请第三方司法机构，对实施方案出台过程中的相关材料及程序进行了廉洁性、公平性和合法性审查，确保了决策有序推进。

在此过程中，湖北阳光教育研究院专家组预测到《实施方案》推进过程中的潜在风险包括：推进过程中存在的阻碍、试行结果未达到预期目标；社会舆论等因素阻碍实施方案的有序推行。拟定了待解决的核心问题：（1）对《实施方案》进行专家论证，确保方案的权威性，同时正确、有效引导社会舆论；（2）对《实施方案》进行风险评估，将预期风险降低到最小程度，同时针对出台政策提出补救措施；（3）对正确征求的意见稿进行实时处理，并将数据成果真实反映在相关报告中，引导舆论，同时为《实施方案》提供科学依据。最后，湖北阳光教育研究院围绕实施内容和待解决的核心问题，分阶段对该项目进行了综合评审。

评审分为政策解读、实施审查和总结评价三个阶段，具体完成了咨询、论证、调查、研究、实施、再论证、合法性审查等整个评审过程。

1. 第一阶段：政策解读

湖北阳光教育研究院接到委托后，通过前期竞争性磋商等合法程序，与武汉市教育局签订了项目合同书，并在合同生效之后立即组建项目组和专家团队，撰写项目立项申请书，制定了项目实施方案；然后召开了项目实施座谈会，摸清了项目实施的难点，确定了项目正式工作的方式与方法。

2. 第二阶段：实施审查

在确定项目评审整个流程之后，湖北阳光教育研究院进一步细化了入校调研方式、方法、对象、人数和时间，完成了抽样调查、走访座谈、舆论跟踪调查等内容，并及时做好了实时记录；同时对数据进行统计分析，分析社会关切的问题与疑惑，并及时回复公开征求意见中的相关问题；在基线调研结束后，湖北阳光教育研究院召开专家论证会、决策机关集体讨论会、与该实施方案决策相关人员的座谈会，落实了决策的合法程序。

3. 第三阶段：总结评价

最后，湖北阳光教育研究院通过相关政策材料、调查数据分析结果、走访座谈实录等综合数据，对实施方案进行了风险评估，并撰写风险评估报告；通过专家论证会全面讨论，证实了《实施方案》的科学性、可行性和必要性，对总体项目内容进行了完善、优化，提交5份评估报告。在评审过程中，湖北阳光教育研究院聘请了第三方司法机构，对决策程序及相关材料进行了廉洁性、公平性及合法性审查，形成了合法性的专业报告。

四、项目成效

评审项目结束后，湖北阳光教育研究院组织院内专家对该项目流程和实施方式方法进行了综合评估和集中反馈，院内专家一致认为本项目是对教育政策的解读与论证，其特色在于通过政策解读有效引导教育改革，通过调查、论证等科学、合法方式完善了《实施方案》，确保《实施方案》最终的有序推进，其方式新颖、措施有效。

湖北阳光教育研究院组织专家完成整个评审过程，取到了比较好的项目成效，具体体现在以下四个方面：

1.通过组织相关领域专家完成的专家论证报告，增强了《实施方案》的权威性、科学性和可行性，为《实施方案》实施扫除了障碍，在一定程度上确保了《实施方案》的有序推进；

2.专家团队通过舆情分析、基线调研和政策解读等方式完成的风险评估报告，预测到实施方案落地的潜在风险，同时提出了针对性应对措施，规避了风险的同时提高了决策的效益；

3.通过聘请第三方司法机构对决策程序进行审查，确保了重大行政决策的合法性，为《实施方案》的推进奠定了合法基础；

4.湖北阳光教育研究院作为第三方教育评价机构组织项目评审工作，确保了实施方案的公平性和专业性，有利于营造良好的《实施方案》实施氛围。

第三编

大事记与媒体报道

第三方教育评价机构联谊会成立

2015年11月15日，中华教育改进社组织举行的第三方教育评价机构联谊会在北京师范大学召开，来自全国的第三方教育评价机构成员以及国内教育评价专家50余人参会，储朝晖理事长说明召开会议的主旨，强调建立第三方教育评价是形成良性教育生态的关键。会上，各机构议定组成第三方教育评价机构联谊会。中华教育改进社副理事长张家勇研究员主持会议。

中华教育改进社发起组建全国第三方教育评价机构联谊会部分成员合影

参会嘉宾对目前教育第三方评价市场情况、如何提高教育第三方评价的专业性和公信力等议题进行了广泛的探讨。中华教育改进社副理事长柯小卫、中华教育改进社理事北京师范大学博士生导师袁桂林教授、中国基础教育质量监测协同创新中心博士生导师韦小满教授、北京大学考试研究院秦春华院长、麦可思公司总裁王伯庆博士、公众教育研究院张勇院长、重庆天正教育评估监测咨询服务中心执行顾问向帮华博士、中国教育学会校园文化分会咨询部洪锡寿主任、公众教育咨询有限公司总经理金春梅、公众考试研究院姚春艳副院长、武汉天喻信息产业股份有限公司董事长张新访、创而新院长张才生、公众文化艺术传播有限公司总经理吴红军、比赛360网策划部总监王宇、学分在线董事长助理董洪星等三十多家多年致力于教育评价研究的专家和机构负责人在会上发表了讲话。

参会人员讨论组建全国第三方教育评价机构联谊会。

附：人民网、中国网、《中国科学报》等媒体报道

专家：建立多元多样性第三方教育评价机构

人民网北京12月3日电（记者 贺迎春）日前，由中华教育改进社组织举行的第三方教育评价机构联谊会在京召开。教育专家、中华教育改进社理事长储朝晖致开幕词说，推动第三方教育评价是为了把教育办得更好，而当下国家推进的第三方教育评价政策由于缺少第三方教育评价者而未能得到有效落实，需要以联合促发展，共同解决第三方教育评价的理论和技术问题，拓展政策空间。

据悉，从2002年《教育部关于积极推进中小学评价与考试制度改革的通知》中首次提出"要探索有利于引导学生、教师和学校进行积极的自评与他评的评价方法"并提出了学校评价的参与主体应该多样化的指导意见，到2015年教育部下发《关于深入推进教育管办评分离 促进政府职能转变的若干意见》中明确部署构建"政府管教育、学校办教育、社会评教育"的格局，历时13年。

参会专家表示，应该建立多元和多样性的第三方教育评价机构。让行政性评价与专业性评价相互补充，培育出良好的教育评价社会服务体系。让教育的评价使用方有更大选择的空间，在一定范围内多家专业评价机构的适度竞争为不同需求的对象服务，从多个角度发现教学实践中的问题，促进教育评价理论和技术水平的不断提升。

本次会议通过的《第三方教育评价机构联谊会共识》提出，要明确第三方教育评价的职能定位，坚持落实管、办、评分离，划清政府部门与专业评价机构的职能边界。第三方教育评价机构重在发挥其科学、客观评价功能，政府与专业机构各司其职，使整体教育评价工作朝健康、良性的方向持续发展。

会议还就建立第三方教育评价行业标准、培养教育评价专业人才、

提高对第三方教育评价结果的使用和认识水平、建立多元和多样性的第三方教育评价机构、发展教育评价的定制服务、联合第三方教育评价机构以应对共同面对的问题、建立第三方教育评价结果使用机制等达成了共识。（人民网2015年12月3日）

第三方教育评价机构联谊会召开达成共识

中国网11月27日讯（记者 曾瑞鑫）提高教育质量是当下全民对教育最迫切的需求，建立适恰而有效的评价机制是教育质量提升的关键。完善健全的教育评价体系，尤其是科学客观的第三方教育评价体系对教育的良性发展起到积极的推动作用，政府、民间都意识到中国教育能否发展得好，已经在很大程度上取决于中国是否有健全成长起来的第三方教育评价。2010年《国家中长期教育改革和发展规划纲要（2010—2020年）》明确提出："改进教育教学评价。根据培养目标和人才理念，建立科学、多样的评价标准。开展由政府、学校、家长及社会各方面参与的教育质量评价活动。"2013年《中共中央关于全面深化改革若干重大问题的决定》再次明确："深入推进管办评分离，扩大省级政府教育统筹权和学校办学自主权，完善学校内部治理结构。强化国家教育督导，委托社会组织开展教育评估监测。"2015年教育部下发《关于深入推进教育管办评分离 促进政府职能转变的若干意见》，部署构建"政府管教育、学校办教育、社会评教育"的格局。

目前，中国第三方教育评价专业机构的发展处于起步阶段，很多方面落后于欧美教育发达国家较远，影响到上述政策的有效落实。芬兰、美国、日本等国的经验表明，建立并健全第三方教育评价是建立良性教育生态，提高教育质量的迫切需要。中华教育改进社2015年11月15日举办第三方教育评价机构联谊会，旨在以联合促发展，推动中国第三方教育评价的良性与健康发展。

会上各机构形成如下共识（略）。（中国网2015年11月27日）

相关机构起草共识以第三方评价促高教水平提升

编者按

不久前，由国内教育研究机构——中华教育改进社组织举行的第三方教育评价机构联谊会在京召开。会上各机构议定组成全国第三方教育评价机构联谊会，并起草了《第三方教育评价机构联谊会共识》。

当前，我国第三方教育评价专业机构的发展尚处于起步阶段，此时成立第三方评价机构的联合组织，其意义自不必说。而此次联谊会所起草的共识，则全面描述了第三方机构的责任和目标，这对于社会公众认识第三方机构的作用与历史使命，具有一定的促进作用。因此，本报特将此共识刊出，以飨读者。

■ 第三方教育评价机构联谊会

提高教育质量是当下全民对教育最迫切的需求，建立适恰而有效的评价机制是教育质量提升的关键。完善健全的教育评价体系，尤其是科学客观的第三方教育评价体系对教育的良性发展起到积极的推动作用，政府、民间都意识到中国教育能否发展得好，已经在很大程度上取决于中国是否有健全成长起来的第三方教育评价。

2010年《国家中长期教育改革和发展规划纲要（2010—2020年）》明确提出："改进教育教学评价。根据培养目标和人才理念，建立科学、多样的评价标准。开展由政府、学校、家长及社会各方面参与的教育质量评价活动。"2013年《中共中央关于全面深化改革若干重大问题的决定》再次明确："深入推进管办评分离，扩大省级政府教育统筹权和学校办学自主权，完善学校内部治理结构。强化国家教育督导，委托社会组织开展教育评估监测。"2015年教育部下发《关于深入推进教育管办评分离 促进政府职能转变的若干意见》，部署构建"政府管教育、学校办教育、社会评教育"的格局。

目前，中国第三方教育评价专业机构的发展处于起步阶段，很多方面落后于欧美教育发达国家较远，影响到上述政策的有效落实。芬兰、美国、日本等国的经验表明，建立并健全第三方教育评价是建立良性教育生态，提高教育质量的迫切需要。中华教育改进社举办第三方教育评价机构联谊会，旨在以联合促发展，推动中国第三方教育评价的良性与健康发展。

会上，各机构形成如下共识：

第一，明确第三方教育评价的职能定位。坚持落实管、办、评分离，划清政府部门与专业评价机构的职能边界。第三方教育评价机构重在发挥其科学、客观评价功能，政府与专业机构各司其职，使整体教育评价工作朝健康、良性的方向持续发展。

第二，建立第三方教育评价行业标准。一要确立服务标准，立足于服务学生成长发展，推动学校质量管理改革，解决行业服务品质良莠不齐问题；二要逐步建立评价机构的专业标准，提高教育评价机构专业化程度，改进命题技术、教育测量技术、统计与分析技术、评价技术，有效可靠地解决认知诊断、制定个性化方案等问题，促进该行业整体专业水平提升。

第三，培养教育评价专业人才。现有高校中教育测量与评价专业人才培养数量和水平远远满足不了行业发展的需求，积极运用评价实践和专业教育两种路径培养教育评价专业人才。

第四，提高对第三方教育评价结果的使用和认识水平。引导社会、学校、教师、家长、人力资源部门熟悉并使用第三方教育评价结果，改变学校、教师停留在试卷加分数的评价现状，鼓励教育当事人依据实际需要使用第三方教育评价结果作为自己成长发展的参考依据，充分发挥评价的引导、诊断、改进、激励等功能。

第五，建立多元和多样性的第三方教育评价机构。让行政性评价与专业性评价相互补充，培育出良好的教育评价社会服务体系。让教育的评价使用方有更大选择的空间，在一定范围内多家专业评价机构的适度竞争为不同需求的对象服务，从多个角度发现教学实践中的问题，促进教育评价理论和技术水平的不断提升。

第六，发展教育评价的定制服务。了解并及时满足政府、学校、学生等多种教育当事方对教育评价的需求，依据需求提供相应的教育评价服务。社会对教育质量提升的强烈需求提出了个性化教育评价的新要求，第三方教育评价机构要做到技术专业化、方案个性化、服务人性化、操作简便化，为个性化的成长发展提供高品质的评价服务。

第七，联合第三方教育评价机构以应对共同面对的问题。在评价理论和技术上相互切磋；遵循教育评价基本原则，确立全行业共同的、清晰的努力目标，从而促进行业整体服务水平的提升。

第八，建立第三方教育评价结果使用机制。第三方教育评价机构需要靠自己的信誉生存，要积极与地方政府、学校或人力资源部门合作，探索教育评价的政府、学校或个人的认可与采购模式，提升用户对第三方教育评价机构的认可度。政府须及时开放对独立第三方评价机构的政府采购服务项目渠道，并给予政策、行业和环境的支持。

建立更多专业水平高、服务质量好的第三方教育评价机构，完善中国教育评价体系，中国教育才能办得更好。（《中国科学报》2016年01月14日第5版 大学周刊）

全国第三方教育评价机构联谊会在京成立

2015年11月15日，中华教育改进社组织举行的第三方教育评价机构联谊会在北京师范大学召开，来自全国的第三方教育评价机构成员以及国内教育评价专家50余人参会。会上各机构议定组成全国第三方教育评价机构联谊会。

中华教育改进社、公众文化艺术传播有限公司、公众教育评价有限公司、学分在线（北京）国际数据科技有限公司、重庆天正教育评估监测咨询服务中心、北京新赛纪科技信息有限公司（比赛360网）、河北传统文化教育学会、河北佐尚文化传媒有限公司、武汉天喻信息产业股份有限公司等单位参会并共同发起成立联谊会。

中华教育改进社理事长储朝晖研究员致开幕词说，推动第三方教育评价是为了把教育办得更好，而当下国家推进的第三方教育评价政策由于缺少第三方教育评价者而未能得到有效落实，这次会议以及联谊就是为了以联合促发展，共同解决第三方教育评价的理论和技术问题，拓展政策空间。

从2002年《教育部关于积极推进中小学评价与考试制度改革的通知》中首次提出"要探索有利于引导学生、教师和学校进行积极的自评与他评的评价方法"并提出了学校评价的参与主体应该多样化的指导意见，到2015年教育部下发《关于深入推进教育管办评分离 促进政府职能转变的若干意见》中明确部署构建"政府管教育、学校办教育、社会评教育"的格局，历时13年，中国的第三方教育评价终于进入了起步阶段，也成为教育市场的一个新热点。

中华教育改进社副理事长张家勇研究员主持会议。参会嘉宾对目前教育第三方评价市场情况、如何提高教育第三方评价的专业性和公信力等议题进行了广泛的探讨。中华教育改进社副理事长柯小卫、中华教育改进社理事北京师范大学博士生导师袁桂林教授、中国教育学会校园文化分会咨询部洪锡寿主任、中国基础教育质量监测协同创新中心博士生导师韦小满教授、北京大学考试研究院秦春华院长、麦可思公司总裁王伯庆博士、公众教育研究院张勇院长、重庆天正教育评估监测咨询服务中心执行顾问向帮华博士、公众教育评价有限公司总经理金春梅、公众考试研究院姚春艳副院长、武汉天喻信息产业股份有限公司董事长张新访、创而新院长张才生、公众文化艺术传播有限公司总经理吴红军、比赛360网策划部总监王宇、学分在线董事长助理董洪星等三十多家多年致力于教育评价研究的专家和机构负责人在会上发表了讲话；比赛360网站总裁方菲女士和学分在线（北京）数据科技有限公司董事长黄亚辉先生表示，第三方评价工具将为中国的教育改革带来新的发展和机遇，应用在K12阶段竞赛活动和在线学习中，可以开拓全新的互联网教育模式，可以为这一全新工具的推广和应用作出自己的贡献。

  第三方教育评价联谊会将办成开放组织，欢迎国内从事第三方教育评价及相关活动的机构加入。本次会议还共同起草并通过了《第三方教育评价机构联谊会共识》和《第三方教育评价机构联谊会章程》，推选产生"第三方机构教育评价机构联谊会"第一届主席团，中华教育改进社理事长储朝晖研究员当选主席，公众教育研究院张勇院长、学分在线董事长黄亚辉、重庆天正教育评估监测咨询服务中心执行顾问向帮华博士等当选副主席，主席团成员还有公众文化艺术传播有限公司、公众教育评价有限公司、北京新赛纪科技信息有限公司（比赛360网）、武汉天喻信息产业股份有限公司。本次会议还成立秘书处，任命了正副秘书长。

（腾讯教育2015年11月26日）

第三方教育评价
2016年会暨论坛在成都举行

2016年12月11日，全国第三方教育评价联谊会2016年会暨第三方教育评价论坛在四川成都举办。来自教育部及全国近20个省市的教育主管部门、教育评价科研院所、第三方教育评价机构和联谊会会员单位共计200余名代表参加了本次活动，探索中国第三方教育评价行业的发展路径。

全国第三方教育评价机构联谊会主席、中国教育科学院研究员储朝晖，中华教育改进社副理事长、北京师范大学教授袁桂林，上海同济大学教学质量管理办公室主任李亚东，北京师范大学珠海分校教育学院院长王建成，北京大学考试研究院院长秦春华，中国教育学会中小学教育质量综合评价改革实验区办公室副主任、联谊会副主席张勇，分别就国家现行的第三方教育评价政策走向、国外行业发展经历对于中国的借鉴

2016年12月11日第三方教育评价论坛合影

意义、第三方评价机构发展目标及实现途径等重要问题发表了专题报告；并以对话的形式深入交流了国内第三方教育评价现状与动态、教育评价技术与大数据等议题。重庆天正教育评估监测咨询服务中心执行顾问向帮华发布了《第三方教育评价行业规程》社员讨论稿。

本次活动由全国第三方教育评价机构联谊会主办，北京成长动力教育科技研究院、四川大和公众教育评估研究院和四川西部教育研究院承办，四川师范大学基础教育集团协办。四川省人民政府参事、四川省教育厅特聘教育咨询专家田继万、四川省教育科学研究所所长刘涛、成都市教育科学研究院副院长秦建平、成都市教育科学院基础教育研究所副所长王秉蓉等领导出席了会议。

附：中国教育新闻网、人民网、《四川日报》、中国网等媒体报道

2016年第三方教育评价论坛在四川成都成功举办
2016第三方教育评价论坛召开
明确第三方教育评价机构发展方向，建立行业规程势在必行

中国教育新闻网讯 12月11日，"全国第三方教育评价联谊会2016年会暨第三方教育评价论坛"在四川成都成功举办。来自教育部及全国近20个省市的教育主管部门、教育评价科研院所、第三方教育评价机构和联谊会会员单位共计200余名代表参加了本次活动。会议由武汉天喻教育研究院院长张才生和教育部教育发展研究中心研究员、中华教育改进社副理事长张家勇主持。

论坛旨在探索中国第三方教育评价行业的发展路径，全国第三方教育评价机构联谊会主席、中国教育科学院研究员储朝晖，中华教育改进社副理事长、北京师范大学教授袁桂林，上海同济大学教学质量管理办公室主任李亚东，北京师范大学珠海分校教育学院院长王建成，北京大学考试研究院院长秦春华，中国教育学会中小学教育质量综合评价改革实验区办公室副主任、联谊会副主席张勇，分别就国家现行的第三方教育评价政策走向、国外行业发展经历对于中国的借鉴意义、第三方评价机构发展目标及实现途径等重要问题发表了专题报告；并以对话的形式深入交流了国内第三方教育评价现状与动态、教育评价技术与大数据等议题。重庆天正教育评估监测咨询服务中心执行顾问向帮华发布了《第三方教育评价行业规程》社员讨论稿。

与会专家一致认为，建立第三方教育评价机构的权威性、专业性和行业自律是当前工作重点，《第三方教育评价行业规程》应首先解决基本层面问题。转变"按照政府要求制定评价标准"的旧观念，建立独立的评价标准以实现从业机构的多样化、协调好引进国外理论和本土化之间

的关系、从当前实际问题出发,积极把理论落实到"做一做"的实践中去是行业发展的第一步;获得政府和行业的双重认可,建立社会信誉度才是第三方教育评价机构的发展方向。联谊会将发挥交流和支持保障平台作用,让每个机构自行决定如何编、导、演;对外争取社会认同,拓展政策空间和发展机会,对内提高理论水平和施测能力,增强专业实力,形成气候,逐渐形成专业的第三方评价规范,提升第三方评价的整体信誉。

本次活动由全国第三方教育评价机构联谊会主办,北京成长动力教育科技研究院、四川大和公众教育评估研究院和四川西部教育研究院承办,四川师范大学基础教育集团协办。四川省人民政府参事、四川省教育厅特聘教育咨询专家田继万、四川省教育科学研究所所长刘涛、成都市教育科学研究院副院长秦建平、成都市教育科学院基础教育研究所副所长王秉蓉等领导也出席了会议。(中国教育新闻网 2016 年 12 月 13 日 储朝晖)

全国第三方教育评价论坛在成都召开

人民网成都 12 月 15 日电 近日,"全国第三方教育评价论坛暨全国第三方教育评价机构联谊会(2016 年会)"在成都举行,来自教育部及全国近 20 个省区的教育行政系统、教育科研院所、第三方教育评价机构、中小学校长等 200 余名代表参加了会议。

本次会议是为贯彻落实教育部《关于深入推进教育管办评分离 促进政府职能转变的若干意见》,促进第三方教育评价发展,形成第三方教育评价行业规范,建立第三方教育评价机构与用户的良好关系而召开的一次具有深远意义的会议,也是国内首次举办第三方教育评价论坛。

四川大和公众教育评估研究院院长李顺在论坛报告中谈到,教育评价不仅仅评价学生,还包括所有与学生成长有关的方方面面的评价,包括学生综合素质评价、中小学教育质量综合评价、教师评价、学校评价和各种各样的项目评估。所有的评价都贯穿着"一人一性一卓越"这根红线。由北京成长动力教育科技研究院、四川成长动力教育科技股份有限公司、四川大和公众教育评估研究院联合研发的中国中小学生成长动力档案网平台搭建的学生成长记录、综合素质评价就是基于这种理念而研发的比较成熟的评价系统。

作为此次会议承办单位的四川大和公众教育评估研究院，是四川省内第一家第三方教育评价机构，与北京成长动力教育科技研究院就技术和理论整合发展，目前已经研发出"教师发展成就评价""学生综合素质评价""学生学业质量测评""学生成长记录""办学质量综合评价"等十余个评价系统。（人民网四川频道2016年12月15日）

全国第三方教育评价论坛在成都举行

四川新闻网成都12月11日讯（朱梦琪）12月11日，全国第三方教育评价机构联谊会（年会）暨全国第三方教育评价论坛在成都举行，此次会议由全国第三方教育评价机构联谊会主办，北京成长动力教育科技研究院、四川大和公众教育评估研究院、四川西部教育研究院承办。

据悉，本次会议是为贯彻落实教育部《关于深入推进教育管办评分离 促进政府职能转变的若干意见》，促进第三方教育评价发展，形成第三方教育评价行业规范，建立第三方教育评价机构与用户的良好关系。来自全国近20个省区的教育行政系统、教育科研院所、第三方教育评价机构、中小学校长等200余名代表参加了会议。

中国教育科学研究院研究员储朝晖等10多名教育评价专家参加了论坛，并就国际教育评价发展现状、国内第三方教育评价现状与动态、教育评价技术与大数据等议题进行了广泛而深入的交流。

主题报告会上，中国教育科学研究院研究员、全国第三方教育评价机构联谊会主席储朝晖研究员围绕"第三方教育评估需要自己上路"这一话题分享了他的一些看法，他表示，第三方教育评价是对教育事实的测量，是为形成新的教育需求提供依据，又是教育改进的重要杠杆。第三方评价是相对独立标准的，接受社会认同，依靠社会信任。而第三方评价是依据自己的天性选择个人成长路程，在开展第三方评价工作时，每一个教育家都应该有自己的一套体系与标准，而不是根据类似教育大纲的规定来衡量，要做有建设性的教育工作。

当天，会议还发布了第三方教育评价机构规程讨论稿。（四川新闻网2016年12月11日）

"第三方"模式是教育评价必然趋势

12月11日,全国第三方教育评价机构联谊会2016年会暨第三方教育评价论坛在成都举行,与会嘉宾就国内第三方教育评价现状与动态、教育评价技术与大数据等进行了交流。"'第三方'模式是教育评价的必然趋势。"中国教育科学研究院研究员储朝晖指出,完善健全的教育评价体系,尤其是科学客观的第三方教育评价体系对教育的良性发展起到积极的推动作用。"'第三方评价'需要与国外先进的教育评价模式接轨。"同济大学教学质量管理办公室主任、研究员李亚东说,教育评价作为一项公共事务,教育行政部门的管理是不可或缺的,然而,管理不代表要自己操作和实施。教育行政部门制定相关的政策和标准,将具体的工作交由第三方专业机构来执行,双方各司其职,才能使教育评价工作朝健康、良性的方向持续发展。(《四川日报》2017年1月12日 记者 阳帆)

全国第三方教育评价论坛在成都召开

中国网四川成都12月11日讯(诸泽海 黄旭阳)12月11日,全国第三方教育评价机构联谊会2016年会暨第三方教育评价论坛在成都举行。来自全国近20个省区的教育行政部门、教育科研院所、第三方教育评价机构、中小学校长等200余名代表参加了会议。

据了解,活动由全国第三方教育评价机构联谊会主办,北京成长动力教育科技研究院、四川大和公众教育评估研究院、中国教育评估网承办。旨在贯彻落实教育部《关于深入推进教育管办评分离 促进政府职能转变的若干意见》,促进第三方教育评价发展,形成第三方教育评价行业规范,建立第三方教育评价机构与用户的良好关系,也是国内首次举办第三方教育评价论坛。与会嘉宾就国际教育评价发展现状、国内第三方教育评价现状与动态、教育评价技术与大数据等议题进行了广泛而深入的交流,会议还发布了第三方教育评价机构规程。

"'第三方'模式是教育评价的必然趋势。"中国教育科学研究院研究员储朝晖发表主旨演讲时指出,提高教育质量是当下全民对教育最迫切的需求,建立适恰而有效的评价机制是教育质量提升的关键。完善健全的教育评价体系,尤其是科学客观的第三方教育评价体系对教育的良性发展起到积极的推动作用，政府、民间都意识到中国教育能否发展得好，已经在很大程度上取决于中国是否有健全成长起来的第三方教育评价。他认为，第三方教育评价需要自己上路。

"'第三方评价'需要与国外先进的教育评价模式接轨。"同济大学教学质量管理办公室主任、研究员李亚东指出，教育评价作为一项公共事务，教育行政部门的管理是不可或缺的，然而，管理不代表要自己操作和实施。教育行政部门制定相关的政策和标准，将具体的工作交由第三方专业机构来执行，双方各司其职，才能使教育评价工作朝健康、良性的方向持续发展。就这个角度而言，基础教育阶段引入"第三方评价"是教育行政部门职能和角色回归"本位"的一种具体体现。

作为此次会议承办单位的四川大和公众教育评估研究院，是四川省内第一家第三方教育评价机构，与北京成长动力教育科技研究院就技术和理论整合发展，目前已经研发出"教师发展成就评价""学生综合素质评价""学生学业质量测评""学生成长记录""办学质量综合评价"等十余个评价系统。四川大和公众教育评估研究院院长李顺介绍，该研究院部分系统已经在南充、巴中、德阳等地学校使用，用户超过150万。（中国网四川成都2016年12月11日）

全国第三方教育评价论坛暨机构联谊会在成都举办

中国网教育频道12月14日讯（记者 曾瑞鑫）12月11日，"全国第三方教育评价论坛暨全国第三方教育评价机构联谊会2016年会"在成都举行，来自教育部及全国近20个省市的教育行政部门、教育科研院所、第三方教育评价机构、中小学校长等200余名代表参加了会议。

此次会议由全国第三方教育评价机构联谊会主办，是国内首次举办的第三方教育评价论坛。会议由中华教育改进社副理事长、教育部教育发展研究中心研究员张家勇和武汉天喻教育研究院院长张才生主持。

会上，全国第三方教育评价机构联谊会主席、中国教育科学研究院研究员储朝晖，同济大学教学质量管理办公室主任李业东，北京大学考试研究院院长秦春华，以及四川省教育科学研究所所长刘涛，成都市教育科学研究院副院长秦建平等20余位教育评价专家，就国际教育评价发展现状、国内第三方教育评价现状与动态、教育评价技术与大数据等议

会议现场

题进行了深入交流，并对《第三方教育评价规程》建议稿进行讨论。

储朝晖介绍说，"第三方"模式是教育评价的必然趋势，科学客观的第三方教育评价体系对教育的良性发展起到积极的推动作用。但是，目前国内一些地区，仍旧是由官方制定一套标准，然后委托一个教育评价机构，去评价学校，这是对第三方教育评价的误解。

他认为，真正的第三方教育评价一定是具有多样性的，"它的意义不在于官方给大家一把尺子，去量一量学校，而是希望通过评价能够真正

现场专家热烈交流

促进学生的终身发展"。因此，评价机构需要"各自上路"，评价机构本身需具备独立的评价标准，而且，这个评价标准还需获得社会的认同，其出发点也是依据人的天性和孩子的成长规律来制定的，评价结果要有利于促进孩子的终身发展。

中华教育改进社副理事长、北京师范大学教授袁桂林，公众教育研究院院长张勇，北京师范大学珠海分校教育学院院长王建成，承办方北京成长动力科技研究院董事长谭策天及院长李顺也分别做了专题发言。

会上，第三方教育评价机构联谊会还发布了《第三方教育评价规程》建议稿，以应对目前第三方教育评价机构都相对弱小、信誉不高、各自为战、信息不对称、专业化程度有待提升等问题。（中国网教育频道2016年12月14日）

全国第三方教育评价论坛在成都召开

12月11日上午，全国第三方教育评价论坛在成都举行，来自教育部及全国近20个省区的教育行政系统、教育科研院所、第三方教育评价机构、中小学校长等200余名代表参加了会议。中国教育科学研究院研究员储朝晖、四川大和公众教育评估研究院院长李顺等近20名教育评价专家出席论坛并就国际教育评价发展现状、国内第三方教育评价现状与动态、教育评价技术与大数据等议题进行交流。据悉，会议还发布了第三方教育评价机构规程。

记者在活动现场了解到，此次会议由全国第三方教育评价机构联谊会主办，是国内首次举办的第三方教育评价论坛。组织此次会议的四川大和公众教育评估研究院理事长袁亮介绍，早在14年前，《教育部关于积极推进中小学评价与考试制度改革的通知》中，就首次提出"要探索有利于引导学生、教师和学校进行积极的自评与他评的评价方法"，并提出了学校评价的参与主体应该多样化的指导意见。去年，教育部下发《关于深入推进教育管办评分离 促进政府职能转变的若干意见》中明确提出构建"政府管教育、学校办教育、社会评教育"的格局。"中国的第三方教育评价终于起步，也成为教育市场的一个新热点。"

承办方四川大和公众教育评估研究院院长李顺在论坛报告中指出，"改进教育的各个方面"中肯定少不了教育评价的改进，而且教育评价不仅仅评价学生，还包括所有与学生成长有关的方方面面的评价，包括学生综合素质评价、中小学教育质量综合评价、教师评价、学校评价和各种各样的项目评估。因此全力推动第三方教育评价，旨在提高教育质量，同时提升学生综合素质。（《招生考试报》2016年12月12日 杨晓蓓）

帮政府给学校"打分"？
第三方评价要走出自己的路

近日，由全国第三方教育评价机构联谊会主办、四川大和公众教育评估研究院承办的全国第三方教育评价论坛在成都举行，来自教育科研院所、第三方教育评价机构、教育行政系统、中小学校等方面的专家、代表，就国际教育评价发展现状、国内第三方教育评价现状与发展方向等议题展开讨论。

早在2002年，教育部印发《教育部关于积极推进中小学评价与考试制度改革的通知》中，提出了学校评价的参与主体应该多样化的指导意见。2015年，教育部下发《关于深入推进教育管办评分离 促进政府职能转变的若干意见》，开始部署构建"政府管教育、学校办教育、社会评教育"的格局。然而实践中，在我国还是新兴事业的第三方教育评价，

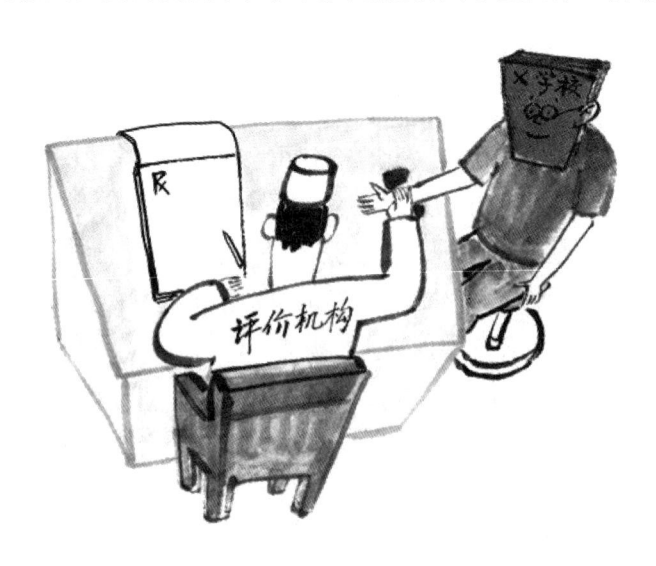

王绛绘
第三方评价是与国际接轨的需要

前路尚不明朗，还需在实践中探索。本报记者参与了此次论坛，并对部分专家、代表进行了采访。

独立的社会评价是教育评价系统的重要组成。

当前，许多发达国家都建立了第三方教育评价机构，并且从法律上保障作为独立第三方的社会力量参与评估，形成了政府主导监管、专业机构（社会第三方）设计实施的基本运作模式。

中华教育改进社副理事长、公众教育研究院院长张勇介绍，第三方教育评价在一些西方发达国家已有成熟的市场和运行机制。美国自20世纪70年代就开始致力于教育领域的第三方评价机制构建，鼓励社会中介机构广泛参与教育评价，并且逐步形成了相对完善的教育评价合同制度。第三方评价已经成为辅助美国义务教育决策的重要支撑，美国政府更愿意将教育评价的工作委托给第三方中介机构。在美国，占据绝对市场优势的第三方学业评价机构至少在5家以上。

芬兰在本国已经连续多年开展第三方的教育评估。在最新制订的《2012—2015年教育评估计划》中，芬兰把参与国际性的第三方评估项目作为计划的一个重要部分。而日本，早在2007年就以法律的形式规定了"学校评价是所有学校的职责"，并通过文部科学省的执法规定将第三方评价列为和学校自我评价、学校关联者评价同等重要的地位，是国家教育评价系统的重要组成部分。此外，英国、德国、澳大利亚等部分发达国家也都较早地将第三方评价机制引入了义务教育阶段。

"我国虽然是一个教育大国，在很多教育实践上却落后于西方发达国家很多年，第三方教育评价就是其中之一。基础教育阶段引入第三方评价对我国教育实践与国际先进经验接轨具有重要意义。"张勇说。

第三方评价需确立行业标准

确立服务标准、提升专业化程度。

"第三方教育评价是对教育事实的测量，是教育改进的重要杠杆。"中国教育科学研究院研究员、第三方教育评价机构联谊会主席储朝晖指出，美国、芬兰、日本等国的经验表明，建立并健全第三方教育评价是建立良性教育生态、提高教育质量的迫切需要。作为外部评价，第三方评价可以打破固有工作格局，依托专业机构、社会团体和有资质的社会组织，实施竞争性、社会化的专业评价。

第三方教育评价是一个朝阳事业，还存在缺乏独立性、缺乏行业管理、专业化良莠不齐等问题。储朝晖认为，建立第三方教育评价行业标准至关重要。他建议，建立并逐渐完善第三方教育评价行业标准，一要确立服务标准，立足于服务学生成长发展，推动学校质量管理改革，解决行业服务品质良莠不齐的问题；二要逐步建立评价机构的专业标准，提高教育评价机构的专业化程度。此外，他强调还要建立评价结果使用机制，充分发挥评价的引导、诊断、改进、激励等功能。

据了解，已有省市在这方面开始进行探索。今年5月底，北京市出台了《北京市人民政府教育督导室关于委托第三方机构开展教育评估监测工作暂行办法》，明确了委托第三方机构开展教育评估监测工作的5个主要原则、8个方面主要事项、应遵循的工作程序等。云南省在实行项目评估公示、评估专家考核、评估报告发布等方面也建立了相关制度，以严格评估程序、规范评估行为。

第三方评价应依照学校标准

走出"统一评价指标"误区，助学校实现特色化办学。

储朝晖认为，目前，第三方教育评价面临的最大障碍是观念误区，即对第三方教育评价的理解存在偏差。"行政部门给出评价指标，第三方机构照此给学校或区域打分，这本质上和第一方做的教育评价没有区别，统一评价指标不是真正的第三方教育评价。"教育事实的多样性和教育需求的多元性使得第三方教育评价的需求必定是多元的，评价方式和评价主体也必然是多样的。

"教育评价不一定非得有一个现成的指标，评价指标应该是生存性、发展性、共商性的，评价机构应该在与被评价方的交流过程中进行评判和指导。"同济大学教学质量管理办公室主任李亚东认为，教育评价有三类标准：国家标准、学校标准与社会标准。国家标准是最低标准，而学校的自我追求是最高标准，所以，政府组织的评价是"守门人"角色，而学校应在保证国家标准，满足社会需求的基础上，追求学校自身特色。

李亚东提出，在对办学质量进行评价时，第三方教育评价应追求一校一标准。"简单地说，就是以学校自身的办学定位、人才培养目标等作为评估审查学校的尺子，看该学校是否达到自己设定的标准。这应该是第三方教育评价寻找自身发展空间的方向。"

张勇指出，核心素养的提出对学生个性化培养提出了更高要求，也对学校的特色化办学提出了更高要求，这意味着教育评价不能迷信既定指标体系。"这方面美国经验值得借鉴，他们常常是学校邀请评价机构对其进行评价，而评的依据就是这个学校的自身特色发展目标，用权威、可信的方法证明这个学校的质量达到了自身所追求的目标。"

第三方评价重在诊断改进

进行"教育体检"，给被评价方带来实际促进效果。

"评价不是为了证明，而是为了改进。"储朝晖指出，就目前来看，第三方评价机构做判断性的评价还不具备权威性。"判定被评价方好与不好，或者好到什么程度，这个可能有一定难度。但要是换个思路，做诊断性评价，进行'教育体检'，帮助被评价方找出'病理'，帮助其改进，那么第三方评价机构的用户会更多。"

对此，四川省教育科学研究所所长刘涛表示赞同。他认为："教育评价和评估含义多种多样，但核心是评价之后的后期服务。解决问题，提升质量，这才是第三方教育评价机构的着力点。"刘涛建议，第三方教育评价的产业链应该延伸到咨询与培训，"比如一个县的区域教育，如果可以在诊断之后开出'处方'，这个县按照'处方'做出了效果，这样的第三方教育评价才实现了其应有的价值。为此，评价机构必须有一支过硬的专家团队"。

四川大和公众教育评估研究院院长李顺认为，第三方评价机构的主要任务不是给被评价方做定性评价，而是基于其自身办学追求，生成指标体系，通过各方面数据收集与分析，审视其是否达到所追求的标准，若没有达标，就要进一步分析各项指标，协助其找出具体问题和对策。

2016年春，营山县小桥中学委托四川大河公众教育评估研究院对该校进行了一次全面的课堂教学评价。"我们对'学校问题'这一概念作中性定位，从现实和理想之间的差距的角度来进行说明，不作过多的价值评价。对'问题'的理解，更多地从一种积极的立场出发，即从问题中发现学校进一步提升的空间，实现对学校问题的把握，从而促进教师专业发展和全面提升。"李顺介绍，专家组根据该校发展的需求，制定了既有共性又符合特色定位的指标进行教育教学评价，并根据学校实际情况，协助该校制订课改实施方案，用评价促进课改，实现学校的内涵发展。

营山县小桥中学校长陈明祥认为，这次引入第三方教育评价的尝试为学校发展带来了实效，通过"以评促改"，一些课堂顽疾得到诊治，课堂活力得到激发。同时，校方与评价机构双方也对评价实践进行了反思，认为本次评价很大程度上是依据量表、问卷和访谈数据一次性进行的，有可能对某些教师并不公平，评价方式还应进一步改进，以及时有效地观测到教学活动的各个方面，更好地实现诊断改进的目的。

"观念很难转变，改变人们行为的只有利益，第三方教育评价只有真正给被评价方的发展带来实际促进效果，其自身才能获得认可。"北京大学考试研究院院长秦春华提出，评价机构不能指望通过政府授权获得公信力，真正的公信力来源于自身帮助接受评价方解决问题的能力。(《教育导报》2016年12月17日第二版)

第三方教育评价机构资质评估在天津起步

2017年8月2日，全国第三方教育评价机构联谊会首届会员单位资质评估会在天津武清举行。第三方教育评价机构联谊会聘请国内教育评价领域权威专家组成专家委员会，他们是中国教育科学研究院研究员储朝晖、北京理工大学教授王战军、中国高等教育供需跟踪评估系统创始人王伯庆博士、华南师范大学教授张敏强、中国教育学会中小学教育质量综合评价改革试验区办公室副主任张勇博士、北京师范大学珠海分校教授王建成、北京大学教授秦春华、北京大学中国教育财政科学研究所助理研究员黄晓婷、成都市教育科学研究院副院长秦建平。在资质评估过程中，第三方教育评价联谊会专家组对会员单位严格要求，保证机构的独立性和公正性、评估技术的专业性。通过申评单位的资料评审、陈述报告和答辩环节，评审专家们针对发现的问题，提出了中肯的建议，既保证了技术的专业性，又保证了公司的生存和发展。北京公众时代文

评估会进行中

化艺术传播有限公司、安徽新世纪教育评估服务有限公司通过资质评估，成为资质合格会员。

评估会后，第三方教育评价机构联谊会专家委员会专家们与到会的第三方教育评价机构成员，就第三方教育评价发展中遇到的具体问题进行深入讨论。8月3日，第三方教育评价机构联谊会对2家评估资质合格会员和8家会员单位进行授牌。第三方教育评价联谊会会员单位资质评估使第三方教育评价机构在行业治理和行业自律上踏出了坚实的一步。

评估会后专家与被评会员单位及工作人员合影

资质评估会后专家和到会的第三方教育评价机构深入讨论

附：中国网、央广网等媒体报道

第三方教育评价机构资质评估在天津起步

从2002年《教育部关于积极推进中小学评价与考试制度改革的通知》中首次提出"要探索有利于引导学生、教师和学校进行积极的自评与他评的评价方法"，到2015年教育部下发《关于深入推进教育管办评分离 促进政府职能转变的若干意见》中明确部署构建"政府管教育、学校办教育、社会评教育"的格局，历时13年，中国的第三方教育评价终于进入了起步阶段，也成为教育市场的一个新热点。

由于国内第三方教育评价刚刚起步，评级机构资质不规范，评价技术良莠不齐，在业内也有这样一种观点：第三方教育评价机构评价效果如何保证？谁来对第三方教育评价机构进行评价呢？

为了保证第三方教育评价效果，保证第三方教育评价的专业性，第三方教育评价机构联谊会决定开展行业治理和自律行动，对会员单位的评估资质进行评估，帮助第三方教育评价机构规范管理，保证机构的独立性和公正性，提高评价技术的科学性和专业性。

鉴于此，2017年8月2日，全国第三方教育评价机构联谊会首届会员单位资质评估会在天津武清悄然进行。第三方教育评价机构联谊会聘请国内教育评价领域权威专家组成专家委员会，他们是中国教育科学研究院研究员储朝晖、北京理工大学教授王战军、中国高等教育供需跟踪评估系统创始人王伯庆博士、华南师范大学教授张敏强、中国教育学会中小学教育质量综合评价改革试验区办公室副主任张勇博士、北京师范大学珠海分校教授干律成、北京大学教授秦春华、北京大学中国教育财政科学研究所助理研究员黄晓婷、成都市教育科学研究院副院长秦建平。

在资质评估过程中，第三方教育评价联谊会专家组认为对会员单位要严格要求，因为只有对自己"狠一点"才能取信于人，才能不辜负人民、社会和国家对第三方教育评价的期望；只有对自己严格要求，保证机构的独立性和公正性、评估技术的专业性，才能保证第三方教育评价机构存在的价值。

通过参评单位的报告和答辩环节，评审专家们针对发现的问题，提出了中肯的建议。对当前第三方教育评价机构面临的技术和经营困境，提出了抱团取暖的方案，既保证了技术的专业性，又保证了公司的生存和发展。

评估会后，第三方教育评价机构联谊会专家委员会专家们与到会的第三方教育评价机构成员就第三方教育评价发展中遇到的具体问题进行深入讨论。

8月3日，第三方教育评价机构联谊会对2家评估资质合格会员和8家会员单位进行授牌。第三方教育评价联谊会会员单位资质评估使第三方教育评价机构在行业治理和行业自律上踏出了坚实的一步。（中国网、央广网2017年8月9日）

首届自主招生科学选才高峰论坛召开

2017年8月3日,由中华教育改进社、全国第三方教育评价机构联谊会等单位主办的2017首届自主招生科学选才高峰论坛在天津武清举行。本届论坛围绕"自主招生选才科学评优方式、标准及选才路径"为主题展开。中国教育科学研究院研究员储朝晖、中国教育发展战略学会副会长周满生、21世纪教育研究院副院长熊丙奇、教育部考试中心资深考试研究员张敏强、教育部高等教育教学评估中心副主任王战军、中国教育学会中小学教育质量综合评价改革实验区办公室副主任张勇、教育部中小学教育质量综合评价改革实验区专家秦建平、北京大学教育测量与评价中心主任黄晓婷分别作报告。

清华大学、北京大学、北京师范大学、南开大学、武汉大学等国内知名高校代表和石家庄第二中学、邢台市第一中学、合肥第一中学、山西大学附属中学、山西省实验学校等高中学校代表,各地方教育单位代

首届自主招生科学选才高峰论坛合影

表,自主招生专业机构等200余人到会。

论坛围绕"中高考改革及自主招生政策走向、自主招生改革的动力与阻力、新政策背景下自主招生科学选才路径及应用、教育评价对自主招生科学选才的影响、中学人才培养与高校自主招生选才关系"等主要议题展开交流、探讨。论坛主办方代表,中华教育改进社理事长、中国教育科学研究院研究员、全国第三方教育评价机构联谊会主席储朝晖先生为本届论坛致辞。他建议在现有的制度下,进一步推进教育"管办评"分离,给予高校在招生层面更多的权力。他建议要建立现代大学制度,并在此基础上建立更为科学的自主招生制度。

附：中国教育在线报道

2017首届自主招生科学选才高峰论坛在武清举行

中国教育在线讯 8月3日，由中华教育改进社、全国第三方教育评价机构联谊会等单位主办的2017首届自主招生科学选才高峰论坛在天津武清举行。本届论坛以"自主招生选才科学评优方式、标准及选才路径"为主题展开。

活动现场，21世纪教育研究院副院长熊丙奇在发言中指出，目前高考改革更注重考试科目的改革，而非录取制度的改革。这就造成了家长和考生更加功利地进行了选择，而非根据自己的兴趣及未来发展规划进行。同时，他指出目前自主招生只是作为综合素质评价、高考录取制度的补充。此外，自主招生、综合素质评价也只是在现有高考基础上进行的。为此他建议，首先，应该更好地推进招考分离。其次，可以适当调整高校自主招生的时间顺序与综合素质评价的模式。如在高考后再进行自主招生和综合素质评价，由各高校根据自己学校的育人要求、选才要

中国教育科学研究院研究员储朝晖发表主旨报告

21世纪教育研究院副院长熊丙奇博士发言

求制定自己学校的自主招生和综合素养评价标准、要求,达到要求的学生可以同时申请5到6所高校,然后再进行面试,最后填志愿进行录取。熊丙奇认为从时间上看是完全可行的。按照他的说法,这样做可以给高校更充分的选才时间,与考生之间形成双向选择。

中国教育科学研究院研究员储朝晖则在发言中建议,在现有的制度下,进一步推进教育"管办评"分离,给予高校在招生层面更多的权力。同时,他建议要建立现代大学制度,并在此基础上建立更为科学的自主招生制度。

教育部高等教育教学评估中心副主任王战军从大数据的角度,对怎样科学地选才进行了分享。在他看来,我国虽然在教育领域内已经形成了大数据,同时大数据的形成对改变人才测评与选拔方式以及创新教育管理决策都起到了积极的推动作用,但是我国教育大数据目前也存在着三方面的问题:第一,由于各个招生单位都在制定各自的评价体系和客观标准,因此缺乏系统的评测体系和标准;第二,当下测评与选才的技术存在局限性,主要表现为当下的数据多为结构性数据,没有非结构性数据;第三,我们对过去传统的知识能力测评的手段很多,但对情感测评的技术与手段相对缺乏。为此,他建议,今后各个招生部门,包括各个高校、中学以及第三方机构,建立一个人才测评的平台。这个平台按照他的建议应包括从学前到高中各个阶段的学业成绩、行为测评、情感测评等数据。(中国教育在线8月4日)

第三方教育评价机构联谊会
2017年会暨论坛在济南召开

2017年12月9日，全国第三方教育评价机构联谊会2017年会在济南召开。全国60余家教育评价、研究机构和教育局的领导一百余人到会，十二家机构申请加入联谊会。会议主题为：联合、专业、自律。为实现"更大的联合、更大的机遇"的目标，与会会员单位认同联谊会加强内部治理工作，承诺自觉遵守所订《公约》和《规范》。中国教育科学研究院研究员储朝晖在会上着重强调要加强第三方意识，参与专家张敏强、张勇、秦春华、王建成、秦建平、黄晓婷、王钢、刘文杰、何晓群、鞠锡田分别就各自专长的领域做专题报告。

济南2017年第三方教育评价论坛合影

附：中国青年网、中国网、中国教育在线等媒体报道

全国第三方教育评价机构：
更大的联合、更好的机遇、更强的治理

中国青年网北京12月14日电（见习记者 肖戎川）"中国教育现状需要第三方教育评价，社会也需要第三方教育评价，政策对第三方教育评价的态度是连续且日益明朗的，这是第三方教育评价发展的机遇。挑战有很多，最重要的是第三方意识的觉醒。中国从古到今，至少这两千多年，是没有社会的第三方，大家没有第三方意识，甚至不敢有第三方意识。没有中立、客观的第三方意识是当前教育评价的最大的挑战。"中国教育科学研究院研究员储朝晖在全国第三方教育评价机构联谊会2017年会上，谈及全国第三方教育评价的机遇和挑战时表示。

储朝晖认为，"行业治理是第三方评价机构的同行环境，内部治理是第三方评价机构的内部运行规则以及面对市场的应对策略，这两个方面又有相关性，是个别的评价机构无法解决的问题，全国第三方教育评价机构联谊会一建立就遇到这方面的问题，所以现在要求每个入会的机构在认同本会《章程》的同时签署《公约》和《规范》这两个文本，这是目前我们所采取的行业治理与内部治理措施"。

在会议中，全国第三方教育评价机构联谊会主席储朝晖解读了《联谊会会员教育评价标准（公约）》和《全国第三方教育评价机构联谊会教育评价实施专业规范》。储朝晖强调，《公约》是内部治理的约定，主要解决会员的责任和权利，成立专家委员会，是保证联谊会的品质的重要机制。而《规范》则是整体维护自己的声誉所必需的东西，是最初步的框架。想从事第三方教育评价，就必须遵守这个框架。

来自全国各地的60多家教育评价机构、研究院所、教育局和100多位代表及嘉宾参加了本次会议。会员代表一致表示支持赞同联谊会行业内部治理的举措，加强自律，自觉遵守《公约》和《规范》。

会议期间，有12家机构申请加入联谊会，经联谊会主席团审议，有7家机构通过成为联谊会会员，这些新会员自愿遵守和维护《章程》、《公约》和《规范》，并举行了签约仪式。

会议除了联谊会内部治理文本的学习和解读之外，华南师范大学人才测评与考试研究所所长张敏强、北京公众教育科学研究院院长张勇、北京大学考试研究院院长秦春华、北京师范大学珠海分校教育学院院长王建成、中国教育学会评价办主任秦建平、北京大学教育测量与评价中心主任黄晓婷、清华大学全球学校与学生评价与发展研究中心副主任王刚、上海浦东新区教育局政策研究室主任刘文杰、中国人民大学统计学院教授何晓群、山东省教育科学研究院教育评估所副所长鞠锡田、创而新教育研究院院长张才生，先后为本次大会做了主题报告和圆桌访谈。

全国第三方教育评价机构联谊会暨第三方教育评价高峰论坛现场

会议期间，专家们还谈论了国外教育评价技术的变革、国内教育评价技术探索，分享了大型标准化考试的国际经验与启示等内容；还有一些有经验的、成熟的评价机构对其评估案例进行展示和分享，如世界银行职业教育评估案例、民办大学评估深度体验、教育评价对教学的影响等；还有政府官员分享了政府对第三方教育评价的需求和要求等。

在出席会议机构代表和访谈嘉宾的互动下，逐步达成了共识：第三方教育评价机构需要专业人才形成自己某个方面的特长，只有长期坚持《公约》要求、坚持自律逐步形成评价权威，才能和其他机构形成联合。没有专业就没有信用，没有信用就没有权威，没有权威就没有联合。

最后，出席会议的机构代表期望全国第三方教育评价机构联谊会能够在专业、行业自律上做更大的努力，让更多的机构参与和联合起来。

（中国青年网北京12月14日）

全国第三方教育评价机构联谊会在济南召开

中国网教育频道12月14日讯（记者 曾瑞鑫）2017年12月9日，全国第三方教育评价机构联谊会2017年会在山东济南良友富临大酒店召开，来自全国各地60多家教育评价机构、研究院所、教育局的100多位代表及嘉宾参加了会议。

12月9日上午8：30，联谊会2017年会正式开始，本次大会承办方山东讯源信息咨询有限公司邓文军先生和全国第三方教育评价机构联谊会主席储朝晖先生先后致辞。

在会议中，全国第三方教育评价机构联谊会主席储朝晖解读了《联谊会会员教育评价标准（公约）》和《全国第三方教育评价机构联谊会教育评价实施专业规范》。储朝晖强调，《公约》是内部治理的约定，主要解决会员的责任和权利，成立专家委员会，是保证联谊会的品质的重要机制。而《规范》则是整体维护自己的声誉所必需的东西，是最初步的框架，想从事第三方教育评价，就必须遵守这个框架。

储朝晖认为行业治理是第三方评价机构的同行环境，内部治理是第三方评价机构的内部运行规则以及面对市场的应对策略，这两个方面又有相关性，是个别的评价机构无法解决的问题，联谊会一建立就遇到这方面的问题，所以现在要求每个入会的机构在认同本会《章程》的同时签署《公约》和《规范》这两个文本，这是目前我们所采取的行业治理与内部治理措施。

在这次大会中，会员代表都表示支持赞同联谊会行业内部治理的举措，表态加强自律，自觉遵守《公约》和《规范》。

在会议中，有12家机构申请加入联谊会，经联谊会主席团审议，有7家机构通过成为联谊会会员，这些新会员都自愿遵守和维护《章程》、《公约》和《规范》，并举行了签约仪式。

会议除了联谊会内部治理文本的学习和解读之外，华南师范大学人才测评与考试研究所所长张敏强先生、北京公众教育科学研究院院长张勇先生、北京大学考试研究院院长秦春华先生、北京师范大学珠海分校教育学院院长王建成先生、中国教育学会评价办主任秦建平先生、北京大学教育测量与评价中心主任黄晓婷女士、清华大学全球学校与学生评价与发展研究中心副主任王刚先生、上海浦东新区教育局政策研究室主任刘文杰先生、中国人民大学统计学院教授何晓群先生、山东省教育科学研究院教育评估所副所长鞠锡田先生、创而新教育研究院院长张才生先生先后为本次大会做了主题报告和圆桌访谈。

在报告中，专家们谈论了国外教育评价技术的变革、国内教育评价技术探索，分享了大型标准化考试的国际经验与启示等内容；还有一些有经验的、成熟的评价机构对其评估案例进行展示和分享，如世界银行职业教育评估案例、民办大学评估深度体验，教育评价对教学的影响等；还有政府官员分享了政府对第三方教育评价的需求和要求等。

上午和下午专家们的主题报告和圆桌访谈妙趣横生，干货满满，精彩的内容和独到的点评让与会代表意犹未尽，欢声不止。全国第三方教育评价机构联谊会2017年会在机构代表们的掌声中和对未来充满憧憬和信心的欢快氛围中结束。

分论坛：第三方教育评价专业人才培养与需求

本次大会承办方山东讯源信息咨询有限公司邓文君先生在致辞中非常感谢联谊会、组委会给山东讯源信息咨询有限公司承办本届年会暨第三方教育评价高峰论坛的机会，希望通过承办本次年会论坛，宣传最前沿的第三方教育评价理念和技术，充实讯源在教育评价领域的咨询能力，同时分享公司在教育评价方面的经验，共同推动全国第三方教育评价事业的发展，促进全国教育质量的提高。

储朝晖在致辞中谈到了当前全国第三方教育评价的机遇和挑战。他认为，中国教育现状需要第三方教育评价，社会也需要第三方教育评价，政策对第三方教育评价的态度是连续且日益明朗的，这是第三方教育评价发展的机遇。而挑战有很多，最重要的是第三方意识的觉醒。中国从古到今，至少这两千多年，是没有社会的第三方，大家没有第三方意识，甚至不敢有第三方意识，没有中立、客观的第三方意识是当前教育评价的最大的挑战。

清华大学全球学校与学生评价与发展研究中心副主任王刚先生做了关于国外教育评价技术的变革主题报告，分享了国外教育评价技术的发展和变革的轨迹和一些案例。

中国教育学会中小学教育质量综合评价改革实验区办公室副主任、公众教育科学研究院院长张勇博士发表了《教育评价技术的变革与探索》主题演讲，介绍了国家教育评价改革、新型教育评价、教育评价理论技术的发展、教育评价技术变革等内容。

北京大学中国教育财政科学研究所副研究员、教育测量与评价中心主任黄晓婷女士，做了关于《大型标准化考试的国际经验与启示》的主题报告，分享了美国ACT考试的命题与数据分析的过程，还谈到类似的大型考试给当前国内考试的一些启发。

中国教育学会评价办主任秦建平先生，进行了对中小学教育质量综合评价政策再解读与案例分享，谈到了教育质量综合评价与学生综合素质评价在当前教育中对政策和学生升学的影响。

北京大学考试研究院院长秦春华先生，对高考改革以及自主招生做了主题报告。秦春华在报告中从高考中的四个利益的主体，即政府、中学、学生和家长、高校进行了分析，对当前高考改革进行了解读。

华南师范大学人才测评与考试研究所所长张敏强先生，对教育评价与教育大数据的结合技术进行分享，谈及教育大数据对教育评价的影响和对未来教育发展的设想。

由张才生先生主持，储朝晖先生、张勇先生、秦春华先生、黄晓婷女士、王刚先生等七位专家就"第三方教育评价专业人才培养与需求"做了圆桌访谈。访谈中引起出席机构代表热烈提问，最后主持人因超出12点钟，大家需要午餐时间而结束了上午会议。

下午会议13：30开始。北京师范大学珠海分校教育学院院长王建成先生首先分享了一次第三方评估实践与反思案例，分享中谈及第三方评价教育机构在实际操作层面中遇到的问题和解决的办法。

中国人民大学统计学教授何晓群先生分享了其在民办大学评估五年的深度体验，谈及了民办大学的教育现状和问题。

山东讯源分享了其世界银行职业教育评估案例。为期六年的世界银行关于中国山东职业技术教育与培训改革项目，从项目设计到数据采集的各个环节，让与会机构代表受益匪浅。

大连必由学则以《以评价促进教质量提升迫在眉睫——从几个案例说起》为主题，分享了他们开发的两个评价工具，一个是增值评价，一个是学习诊断，以及这两个评价工具对区域教育和学生学习的促进和实践。

上海浦东新区教育局政策研究室主任刘文杰先生做了《从政府需求看第三方教育评价的前景方向和策略》的报告，以上海浦东区教育局对第三方教育评价的需求为例，谈到政府层面对第三方教育评价的需求和要求，极大鼓舞了出席会议的机构代表的士气。

全国第三方教育评价机构联谊会主席储朝晖解读了《全国第三方教育评价机构联谊会教育评价实施专业规范》《全国第三方教育评价机构联谊会公约》。

随后，全国第三方教育评价机构联谊会新加入会员举行了《公约》的签约仪式。

之后由张才生先生主持下午的圆桌访谈，邀请了邓文军先生、秦建平先生、刘文杰先生、何晓群先生、鞠锡田先生、孔令荣先生讨论"第三方教育评价机构联合需要做什么"。

在出席会议机构代表和访谈嘉宾的热烈互动下，逐步达成了共识：第三方教育评价机构需要专业人才形成自己某个方面的特长，只有长期坚持《公约》要求、坚持自律逐步形成评价权威，才能和其他机构形成联合。没有专业就没有信用，没有信用就没有权威，没有权威就没有联合。

最后，出席会议的机构代表期望全国第三方教育评价机构联谊会能够在专业、行业自律上做更大的努力，让更多的机构参与和联合起来。

（中国网教育频道2017年12月14日）

全国第三方教育评价机构联谊会 2017年会将在济南举行

中国教育在线讯 全国第三方教育评价机构联谊会将于2017年12月9日在山东济南举办主题为"联合、专业、自律"的全国第三方教育评价机构联谊会2017年会暨第三届第三方教育评价高峰论坛。

据了解，本次会议将邀请中国教育科学研究院研究员储朝晖，国家督学、中国教育学会教育督导分会副理事长程锦慧，教育部国家教育发展研究中心体制改革研究室主任王烽，教育部考试中心资深考试研究员张敏强等专家围绕新时期第三方教育评价发展的机遇和挑战，高考改革与综合素质评价，国内外教育评价技术的变革，教育评价市场空间、趋势、风险与应对，地方政府教育评价采购需求、现状与趋势等内容展开。

（中国教育在线2017年11月27日）

第三方教育评价机构联谊会
第二次会员资质合格评估会在北京召开

  2018年5月19日，第三方教育评价机构联谊会在北京师范大学京师大厦举行第二次会员资质评估会，并就第三方教育评价的市场拓展、市场分析、精细管理等方面请专家做专题报告。资质评估是专家对参评机构诊断和授信的过程。这次评估会上，第三方教育评价机构联谊会聘请国内教育评价领域权威专家组成评估组，他们是中国教育科学研究院研究员储朝晖，教育部基础教育质量监测中心副主任胡平平教授，北京师范大学教育学部袁桂林教授，中国教育学会评价办主任秦建平，中国教育学会中小学教育质量综合评价改革试验区办公室副主任、公众教育研究院院长张勇博士。评审专家根据会员提交的资料和参评机构的现场报告，对疑问之处进行了质询，指出参评机构在管理、团队建设和评估质量中存在的问题，提出改进意见。武汉华大教师教育发展研究院和东方原点（北京）教育科技发展中心通过了全国第三方教育评价机构资质合格评估。

第三方教育评价机构联谊会第二次会员资质合格评估会参会者合影

附：光明网、中国网、海外网等媒体报道

第三方教育评价机构联谊会举行第二次资质评估

第三方教育评价机构联谊会日前在京举行第二次会员资质评估会，并就第三方教育评价的市场拓展、市场分析、精细管理等方面请专家做专题报告。

在这次评估会上，第三方教育评价机构联谊会聘请国内教育评价领域权威专家组成评估组，他们是中国教育科学研究院研究员储朝晖，教育部基础教育监测中心副主任胡平平教授，北京师范大学教育学部教授袁桂林，中国教育学会评价办主任秦建平，中国教育学会中小学教育质量综合评价改革试验区办公室副主任、公众教育研究院院长张勇。评审专家根据会员提交的资料和参评机构的现场报告，对疑问之处进行了质询，指出参评机构在管理、团队建设和评估质量中存在的问题，提出改进意见。武汉华大教师教育发展研究院和东方原点（北京）教育科技发展中心通过了全国第三方教育评价机构资质合格评估。

同时，联谊会学术委员会专家对来自全国各地的第三方教育评价机构做了专题报告。中国教育科学研究院研究员储朝晖讲述了当前第三方教育评价的市场状况，分析了第三方教育评价市场总额较小、具有偶然性和不稳定性、市场发育状况呈点状分布的市场特征。他认为，第三方教育评价投资收益具有一定的不确定性，第三方教育评价的用户体验不足、需求不足，但是第三方教育评价对教育改进发挥了"鲇鱼效应"。他指出，"决定第三方教育评价市场的主要因素"，"非市场因素对第三方教育评价市场发展的影响将长期存在"，但是"第三方教育评价机构的信誉与专业水平是拓展市场的法宝"。最后，储朝晖还分析了第三方教育评价的市场走势，认为"增长是必然的，又是缓慢的""突破艰难地起步阶段将会有快速、稳定的增长""坚守的机构才能从中获益"。

中国教育学会评价办主任秦建平对第三方教育评价的市场进行了分

析。介绍了教育评价服务的产品特性，教育评价机构的市场拓展模式，分析了教育评价和监测的市场状况和学校评价、绩效评价的市场状况，认为第三方评价机构应当专业地、谨慎地发展机构。（光明网 2018 年 5 月 24 日 光明融媒体记者 晋浩天）

第三方教育评价机构联谊会在京进行第二次资质评估

提升资质与拓展市场是第三方教育评价当下发展的关键。2018 年 5 月 19 日，第三方教育评价机构联谊会在北京师范大学京师大厦举行第二次会员资质评估会，并就第三方教育评价的市场拓展、市场分析、精细管理等方面请专家做专题报告。

资质评估是专家对参评机构诊断和授信的过程。这次评估会上，第三方教育评价机构联谊会聘请国内教育评价领域权威专家组成评估组，他们是中国教育科学研究院研究员储朝晖，教育部基础教育质量监测中心副主任胡平平教授，北京师范大学教育学部袁桂林教授，中国教育学会评价办主任秦建平，中国教育学会中小学教育质量综合评价改革试验区办公室副主任、公众教育研究院院长张勇博士。评审专家根据会员提交的资料和参评机构的现场报告，对疑问之处进行了质询，指出参评机构在管理、团队建设和评估质量中存在的问题，提出改进意见。武汉华

评估组专家工作中

申请评估会员单位陈述

大教师教育发展研究院和东方原点（北京）教育科技发展中心通过了全国第三方教育评价机构资质合格评估。

　　来自全国各地的第三方教育评价机构互相交流了想法，表达了自己的需求，希望在第三方教育评价机构联谊会能够获得更多的信息和专业指导。

　　5月19日下午，联谊会学术委员会专家对来自全国各地的第三方教育评价机构做了专题报告。

　　中国教育科学研究院研究员储朝晖的讲座是《第三方教育评价市场拓展策略》，首先讲述了当前第三方教育评价的市场状况。认为第三方教育评价市场总额较小、具有偶然性和不稳定性、市场发育状况呈点状分布的市场特征，第三方教育评价投资收益具有一定的不确定性，第三方教育评价的用户体验不足、需求不足，但是第三方教育评价对教育改进发挥了"鲇鱼效应"。明确指出了"决定第三方教育评价市场的主要因素"，认为"非市场因素对第三方教育评价市场发展的影响将长期存在"，但是"第三方教育评价机构的信誉与专业水平是拓展市场的法宝"。最后分析了第三方教育评价的市场走势，他认为"增长是必然的，又是缓慢的""突破艰难地起步阶段将会有将快速、稳定的增长""坚守的机构才能从中获益"。

　　中国教育学会评价办主任秦建平则对第三方教育评价的市场进行了

报告会场

分析。秦建平先介绍了教育评价服务的产品特性，介绍了教育评价机构的市场拓展模式，分别分析了教育评价和监测的市场状况和学校评价、绩效评价的市场状况，认为第三方评价机构应当专业地、谨慎地发展机构。

来自全国各地的第三方教育评价机构与联谊会学术委员会专家就教育评价理念、教育评价技术、教育评价市场、教育评价机构管理进行了交流。

资格合格评估将成为第三方教育评价机构联谊会不断提升会员资质的机制，与专业培训相结合，促进全国更多的第三方教育评价机构在自身建设和发展上稳步前行。（中国网2018年5月22日）

第三方教育评价机构联谊会在北京师范大学召开

为了深入落实教育部制发的《关于深入推进教育管办评分离 促进政府职能转变的若干意见》等文件精神，5月19日，全国第三方教育评价机构联谊会第二次会员单位资质合格评估会在北京师范大学京师大厦召开。全国第三方教育评价机构联谊会主席、中华教育改进社理事长储朝晖研究员，全国第三方教育评价机构联谊会副主席、河北省传统文化教育学会理事会主席刘良业研究员等出席会议，来自北京大学、清华大学、北京师范大学、中国人民大学、华中师范大学等高校以及来自全国各地联谊会会员单位代表和会员代表约100人参加会议。

储朝晖致辞，代表联谊会对来自全国各地的参会人员表示欢迎，并希望通过这次会议，促进教育管办评分离工作深入开展。

会上，与会专家对东方（原点）北京科技教育中心等两家单位申报的会员单位资质进行了评审，并现场进行了答辩，两家单位负责人较详细地回答了专家们的提问，圆满通过了会员单位资质评审。储朝晖主席给两家单位授牌。

会议还进行了业务培训。储朝晖研究员，中国教育学会中小学教育质量综合评价改革试验区办公室副主任秦建平，中国高等教育供需跟踪系统创始人、麦可思公司创始人王伯庆分别作《第三方评价市场拓展策略》《第三方评价市场分析》《第三方评价机构精细化管理》的学术报告。

会议还进行了学术研讨。刘良业研究员表示：做好第三方教育评价机构工作，首先，第三方教育评价机构本身要规范；其次，提倡专业人做专业事，第三方教育评价是一个专业性很强的活，要着力提高第三方教育评价机构专业实力，塑造自己的品牌，以取信于民；再次，第三方教育评价机构要做到公平、公正、客观，做好自律工作，不能给钱就办事，要建立自己过硬的信用和声誉。（海外网2018年5月21日）

全国第三方教育评价机构联谊会
第二次会员单位资质合格评估会召开

河北爱心公益媒体主编讯（陈洁 木铎）为了深入落实教育部制发的《关于深入推进教育管办评分离 促进政府职能转变的若干意见》等文件精神，5月19日，全国第三方教育评价机构联谊会第二次会员单位资质合格评估会在北京师范大学京师大厦召开。全国第三方教育评价机构联谊会主席、中华教育改进社理事长储朝晖研究员，全国第三方教育评价机构联谊会副主席、河北省传统文化教育学会理事会主席刘良业研究员等出席会议，来自北京大学、清华大学、北京师范大学、中国人民大学、华中师范大学等高校以及来自全国各地联谊会会员单位代表和会员代表约100人参加会议。

储朝晖主席致辞。代表联谊会对来自全国各地的参会人员表示欢迎，并希望通过这次会议，促进教育管办评分离工作深入开展。

会上，与会专家对东方原点（北京）科技教育中心等两家单位申报的会员单位资质进行了评审，并现场进行了答辩，两家单位负责人较详细地回答了专家们的提问，圆满通过了会员单位资质评审。储朝晖主席给两家单位授牌。

会议还进行了业务培训。储朝晖研究员，中国教育学会中小学教育质量综合评价改革试验区办公室副主任秦建平，中国高等教育供需跟踪系统创始人、麦可思公司创始人王伯庆分别作《第三方评价市场拓展策略》《第三方评价市场分析》《第三方评价机构精细化管理》的学术报告。

会议还进行了学术研讨。刘良业研究员表示：做好第三方教育评价机构工作，首先，第三方教育评价机构本身要规范；其次，提倡专业人做专业事。第三方教育评价是一个专业性很强的活，要着力提高第三方教育评价机构专业实力，塑造自己的品牌，以取信于民；再次，第三方教育评价机构要做到公平、公正、客观，做好自律工作，不能给钱就办事，要建立自己过硬的信用和声誉。（全球爱心公益频道2018年5月20日）

第三方教育评价机构联谊会
2018年会暨论坛在武汉召开

11月24日，第三方教育评价机构联谊会2018年会在武汉江城大酒店召开，来自全国各地的60多家教育评价机构、研究院所、教育局的160多位代表及嘉宾参加了会议。

会议由第三方教育评价机构联谊会主办，华中师范大学湖北省基础教育研究中心、武汉华大教师教育发展研究院、中关村教育评价创新研究会承办。与会专家有：第三方教育评价机构联谊会主席、中国教育科学研究院研究员、中华教育改进社理事长储朝晖；教育部考试中心资深考试研究员、中国教育学会教育统计与测量分会理事长、广东人民政府参事、华南师范大学人才测评与考试研究所所长张敏强；国家督学、教育部基础教育监测中心副主任胡平平；国家督学、中国教育学会教育督导分会副理事、教育部教育督导团办公室原副巡视员程锦慧；国家督学，北京师范大学教授、博导，中国教育学会学术委员会委员袁桂林；中国教育学会中小学教育质量综合评价改革实验区办公室副主任、北京公众教育科学研究院院长张勇；北京师范大学珠海分校教育学院院长、中国民办教育协会理事王建成；教育部中小学教育质量综合评价改革实验区专家、中国教育学会评价办主任秦建平；华中师范大学教育评估中心主任、教育部普通高等学校本科教学工作水平评估专家组成员凌云；北京师范大学教育管理学院原副院长、日本仙台大学教授牛志奎；全国基础教育数据应用联盟副理事长、长三角基础教育考试评价学科专家、浙江省教育评估院特聘研究员、杭州市江干区教研院教研员蒋德仁；承办方武汉华大教师教育研究院执行院长，湖北大学教授、博导，全国第三方教育评价机构联谊会副主席徐学俊；等等。

会议聚焦在专业的教育评价技术和方法对学区教育质量的提高与专

业的评价技术的落地途径，通过国外教育评价的发展历史与国内教育评价现状的比较，谋求国内教育评价改进，武汉市黄陂区教育局分享了引进第三方教育评价对区域教育质量提升的案例，和与会人员一起探讨第三方教育评价机构如何帮助地方政府优化教育结构、帮助学校提升教育质量、帮助教师改进教育观念。

参会人员合影

附：海外网、中国教育在线等媒体报道

第三方教育评价2018年高峰论坛在武汉召开

高峰论坛现场

2018年11月24日，全国第三方教育评价机构联谊会2018年会在武汉江城大酒店召开，来自全国各地的60多家教育评价机构、研究院所、教育局的160多位代表及嘉宾参加了会议。

会议聚焦在专业的教育评价技术和方法对学区教育质量的提高与专业的评价技术的落地途径，通过国外教育评价的发展历史与国内教育评价现状的比较，认为国内教育评价观念比较落后，"从上到下"的推广面临着评价专业人才短缺和教师观念滞后的瓶颈。

会议中，武汉市黄陂区教育局分享了引进第三方教育评价对区域教育质量提升的案例，和与会人员一起探讨第三方教育评价机构如何帮助地方政府优化教育结构、帮助学校提升教育质量、帮助教师改进教育观念。

最后达成共识：第三方教育评价机构的发展和壮大，关键在于要能够帮助国家提升教育质量，同时国家教育质量的提升也需要第三方教育评价机构的介入，第三方教育评价是国家教育自我完善和发展不可或缺的一部分。

此次会议由全国第三方教育评价机构联谊会主办，华中师范大学湖北省基础教育研究中心、武汉华大教师教育发展研究院、中关村教育评价创新研究会承办。与会领导和专家有全国第三方教育评价机构联谊会主席、中国教育科学研究院研究员、中华教育改进社理事长储朝晖等。

储朝晖在致辞中指出，中国的教育想要办好，须在教育评价方面有新的突破。过去是第一方和第二方评价，现在第三方评价的加入，对优化教育环境，促进教育公平方面起到一定的作用。学校只有坚守教育的专业性和评价的独立性，才能持续发展，提高教育质量。

徐学俊代表武汉华大教研院对各位专家、同仁来汉共同探讨第三方教育评价的相关问题表示热烈欢迎，希望各位同仁携手并进，为全国第三方教育评价的发展与繁荣献计献策。

王建成做了题为《美国第三方教育评估运作机制及其借鉴》的讲座，认为我们可以借鉴美国第三方教育评估的质量保障机制——专业性，包括评估程序、标准和结果使用专业性，同时要提高评估机构的公信力，必须有行业自律、有监督机制，有第三方教育评估机构的准入机制。

储朝晖做了题为《第三方教育评价对教育质量提升的价值》的讲座，认为中国教育质量提升的关键制约因素有教学、管理和评价，而在评价中，集中单一评价导致教育质量"空心化"和教育生态的恶化，可以通过分权评价、分级专业评价、学生自主选择等方法改进这种状态。建立健全第三方教育评价是中国教育自身的修身，第三方的独立性、客观性、公正性、中介性、规范性，让评价更具有刚性，同时第三方立场可以从局外看教育、评价教育，避免评价的盲区。

储朝晖先生作报告

秦建平做了题为《监测评价促进教育质量和学校治理的现代化》的讲座,强调没有可靠的质量指标,教育的管理者就看不到质量的进步,就无法进行改善,所以构建专业的、科学的指标是非常关键的。

胡平平做了题为《创新教育评价体系——为了公平而有质量的教育》的报告,指出我国基础教育事业取得巨大成就,但仍然存在一定的问题,比如:教育质量问题;教育公平问题;应试教育饱受诟病,却依然大行其道问题;重智育、轻美育体育,重知识文化、轻身心健康问题;等等。必须围绕培养什么人、怎样培养人、为谁培养人这一根本问题,改革现有的教育评价体系,全面打造教育质量的"体检仪"。

张勇以《中国教育评价改革的理论与技术》为题做了报告,详细分析了中国教育评价技术在世界教育评价发展历史中所处的位置,认为当前我国教育评价观念非常落后,还停留在60年前,测量和评价还分不清。从上到下的教育评价改革面临的深层次问题逐步暴露出来。测量和评价人才的稀缺,教育评价理论和技术的传播可能需要至少一代人才能得以改进。

张敏强通过大数据分析技术及教育测量方法,对中国高考改革在命题和录取中发挥的作用做了详细的阐述,并根据数据结果对这次高考改革做出了专业的评价和建议。

袁桂林以《臧否人物不可定于一尊》为题做了报告，深刻地阐述了多元、多角度评价的重要意义。

随后，武汉市黄陂区教育局副局长陈健和被委托方代表武汉华大教师教育发展研究院执行院长徐学俊先后从各自的角度对"黄陂区中学教育质量管理第三方评价"项目从教育管理者的需求和第三方教育评价机构的具体做法、实施两个角度对项目进行了讲述。陈健局长讲述了专业的教育评价对教育质量的提升、教育管理水平的提高的影响，也深深感受到了第三方教育评价机构对区域教育质量提升的巨大帮助，并表态继续创造条件让第三方机构对区域教育进行更深入的评价。

之后进行了两场圆桌论坛，12位嘉宾从专家、机构、地方政府的视角对第三方评价机构与政府的关系及采购问题、不同类型第三方评价机构的合作与共赢、第三方评价对教育公平的作用、第三方评价对教育质量的影响等问题进行了研讨。

最后达成共识：第三方教育评价机构的发展和壮大，关键在于要能够帮助国家提升教育质量，同时国家教育质量的提升也需要第三方教育评价机构的介入，第三方教育评价是国家教育自我完善和发展不可或缺的一部分。（海外网2018年11月28日 刘占行 图/文）

第三方教育评价2018年高峰论坛在武汉召开

2018年11月24日，全国第三方教育评价机构联谊会2018年会在武汉江城大酒店召开，来自全国各地的60多家教育评价机构、研究院所、教育局的160多位代表及嘉宾参加了会议。

会议聚焦在专业的教育评价技术和方法对学区教育质量的提高与专业的评价技术的落地途径，通过国外教育评价的发展历史与国内教育评价现状的比较，认为国内教育评价观念比较落后，"从上到下"的推广面临着评价专业人才短缺和教师观念滞后的瓶颈。

会议中，武汉市黄陂区教育局分享了引进第三方教育评价对区域教育质量提升的案例，和与会人员一起探讨第三方教育评价机构如何帮助地方政府优化教育结构、帮助学校提升教育质量、帮助教师改进教育观念。

此次会议由全国第三方教育评价机构联谊会主办，华中师范大学湖北省基础教育研究中心、武汉华大教师教育发展研究院、中关村教育评价创新研究会承办。与会专家有：全国第三方教育评价机构联谊会主席、中国教育科学研究院研究员、中华教育改进社理事长储朝晖；教育部考试中心资深考试研究员、中国教育学会教育统计与测量分会理事长、广东人民政府参事、华南师范大学人才测评与考试研究所所长张敏强；国家督学、教育部基础教育监测中心副主任胡平平；国家督学，中国教育学会教育督导分会副理事、教育部教育督导团办公室原副巡视员程锦慧；国家督学，北京师范大学教授、博导，中国教育学会学术委员会委员袁桂林；中国教育学会中小学教育质量综合评价改革实验区办公室副主任、北京公众教育科学研究院院长张勇；北京师范大学珠海分校教育学院院长、中国民办教育协会理事王建成；教育部中小学教育质量综合评价改革实验区专家、中国教育学会评价办主任秦建平；华中师范大学教育评估中心主任、教育部普通高等学校本科教学工作水平评估专家组成员凌云；北京师范大学教育管理学院原副院长、日本仙台大学教授牛志奎；全国基础教育数据应用联盟副理事长、长三角基础教育考试评价学科专家、浙江省教育评估院特聘研究员、杭州市江干区教研院教研员蒋德仁以及承办方武汉华大教师教育研究院执行院长，湖北大学教授、博导，全国第三方教育评价机构联谊会副主席徐学俊；等等。

  储朝晖在致辞中讲道：中国的教育想要办好，须在教育评价方面有新的突破。过去是第一方和第二方评价，现在第三方评价的加入，对优化教育环境，促进教育公平方面起到一定的作用。学校只有坚守教育的专业性和评价的独立性，才能持续发展，提高教育质量。

  徐学俊代表武汉华大教研院对各位专家、同仁来汉共同探讨第三方教育评价的相关问题表示热烈欢迎，希望各位同仁携手并进，为全国第三方教育评价的发展与繁荣献计献策。

  年会上，各位专家做了精彩的讲座。

  王建成做了题为《美国第三方教育评估运作机制及其借鉴》的讲座，认为我们可以借鉴美国第三方教育评估的质量保障机制——专业性，包括评估程序、标准和结果使用专业性，同时要提高评估机构的公信力，必须有行业自律、有监督机制，有第三方教育评估机构的准入机制。

  储朝晖做了题为《第三方教育评价对教育质量提升的价值》的讲座，

认为中国教育质量提升的关键制约因素有教学、管理和评价，而在评价中，集中单一评价导致教育质量"空心化"和教育生态的恶化，可以通过分权评价、分级专业评价、学生自主选择等方法进行改进这种状态。建立健全第三方教育评价是中国教育自身的修身，第三方的独立性、客观性、公正性、中介性、规范性，让评价更具有刚性，同时第三方立场可以从局外看教育、评价教育，避免评价的盲区。

秦建平做了题为《监测评价促进教育质量和学校治理的现代化》的讲座，他强调没有可靠的质量指标，教育的管理者就看不到质量的进步，就无法进行改善，所以构建专业的、科学的指标是非常关键的。

胡平平做了题为《创新教育评价体系——为了公平而有质量的教育》的报告，她指出我国基础教育事业取得巨大成就，但仍然存在一定的问题，比如：教育质量问题；教育公平问题；应试教育饱受诟病，却依然大行其道问题；重智育、轻美育体育，重知识文化、轻身心健康问题；等等。必须围绕培养什么人、怎样培养人、为谁培养人这一根本问题，改革现有的教育评价体系，全面打造教育质量的"体检仪"。

张勇以《中国教育评价改革的理论与技术》为题做了报告，详细分析了中国教育评价技术在世界教育评价发展历史中所处的位置，他认为当前我国教育评价观念非常落后，还停留在60年前，测量和评价还分不清。从上到下的教育评价改革面临的深层次问题逐步暴露出来。测量和评价人才的稀缺，教育评价理论和技术的传播可能需要至少一代人才能得以改进。

张敏强通过大数据分析技术及教育测量方法对中国高考改革在命题和录取中发挥的作用做了详细的阐述，并根据数据结果对这次高考改革做出了专业的评价和建议。

袁桂林以《臧否人物不可定于一尊》为题做了报告，深刻地阐述了多元、多角度评价的重要意义。

随后，武汉市黄陂区教育局副局长陈健和被委托方代表武汉华大教师教育发展研究院执行院长徐学俊先后从各自的角度对"黄陂区中学教育质量管理第三方评价"项目从教育管理者的需求和第三方教育评价机构的具体做法、实施两个角度对项目进行了讲述。

陈健局长讲述了专业的教育评价对教育质量的提升、教育管理水平的提高的影响，也深深地感受到了第三方教育评价机构对区域教育质量提升的巨大帮助，并表态继续创造条件让第三方机构对区域教育进行更深入的评价。

  之后又进行了两场圆桌论坛，12位嘉宾从专家、机构、地方政府的视角对第三方评价机构与政府的关系及采购问题、不同类型第三方评价机构的合作与共赢、第三方评价对教育公平的作用、第三方评价对教育质量的影响等问题进行了研讨。

  最后达成共识：第三方教育评价机构的发展和壮大，关键在于要能够帮助国家提升教育质量，同时国家教育质量的提升也需要第三方教育评价机构的介入，第三方教育评价是国家教育自我完善和发展不可或缺的一部分。（中国教育在线2018年11月27日）

张勇追思会
暨第三方教育评价研讨会在北师大召开

2019年5月12日,是中华教育改进社副理事长、第三方教育评价机构联谊会主席团成员及秘书长张勇博士逝世满"七七"之日,中华教育改进社和第三方教育评价机构联谊会联合在北师大图书馆第一会议室举办张勇博士缅怀追思会暨第三方教育评价发展研讨会,缅怀张勇博士为中国教育科学发展夜以继日搞研发、鞠躬尽瘁图发展的短暂一生。中国教育科学研究院研究员、中华教育改进社理事长、第三方教育评价机构联谊会主席储朝晖致辞中,向张勇先生对中华教育改进社的参与和担当,对第三方教育评价所做的工作给予了肯定,并表示深深的谢意,同时希望与会人员要真正把张勇生前未完成的事业继续做下去,为了共同的目标不断推进教育改革,推动中国教育科学化发展。

播放张勇生平回顾短片后,民进中央副主席朱永新发表视频讲话,称张勇的去世对新教育推进是一大损失,牛志奎、张家勇、卢志文、袁桂林、柯小卫、朱煦、秦建平、洪锡寿、金春梅、李东琴、刘歌、吴红

会标

军、蒋朝阳、刘孝敏等好友、同事纷纷发言表达痛惜、缅怀与追思。

下午,参会人员就第三方教育评价事业的未来发展之路进行了研讨和探索,秦建平以《从〈中国教育现代化2035〉看第三方教育评价的发展》、储朝晖以《第三方教育评价走势与应对》、金春梅以《公众教育:第三方教育评价践行之延伸》为题先后作报告。会议根据申请,决定增补安徽省新世纪教育评估服务有限公司、创而新(北京)教育科技有限公司为主席团成员单位,议定张才生为第三方教育评价机构联谊会秘书长,增补姚春艳为副秘书长,讨论并确定了联谊会2019年工作计划,致力于完善专业委员会,增加操作层面的专家组件专家库,扩大专业影响力,征集评价案例,做好会员的服务。储朝晖勉励新增主席团单位为联谊会的发展多承担责任,秘书处要将每一项工作落实到人。

附：海外网、教育改进社员村等媒体报道

全国第三方教育评价发展研讨会在北京召开

5月12日，由中华教育改进社和北京公众教育科学研究院主办的全国第三方教育评价发展研讨会在北京召开。中华教育改进社理事长、全国第三方教育评价机构联谊会主席储朝晖研究员等出席会议，中华教育改进社会员、联谊会会员代表共约80人参加会议。全国第三方教育评价机构联谊会副主席、河北省传统文化教育学会秘书长刘良业研究员，办公室副主任李赞应邀出席会议。

会上，与会专家、学者从教育评价理念、技术、市场、机构管理、未来发展等方面对第三方教育评价机构的发展进行了深入研讨。储朝晖理事长为与会代表作了《中华教育改进社如何推动第三方教育评价》的学术报告；秦建平研究员、中华教育改进社理事金春梅分别作了《从〈中国教育现代化2035〉看第三方教育评价的发展》《公众教育第三方教育评价践行之延伸》的专题报告。

刘良业秘书长表示：第三方教育评价机构工作要保持健康、良性的发展方向，首先，要规范，要做到公平、公正、客观，建立自己过硬的信用和声誉。其次，提高第三方教育评价机构专业实力，提倡专业人做专业事，培养教育评价专业人才，提升整体专业水平。再次，第三方教育评价体系要具有多元、多样性，能为不同需求的对象提供高品质的评价服务。

会议对联谊会主席团成员以及秘书处负责人进行了调整，随后，储朝晖理事长对联谊会2019年工作的有关事宜作了详尽的安排和布置。

据了解，中华教育改进社建立于1921年，陶行知为总干事，蔡元培、黄炎培、熊希龄、郭秉文等为董事，梁启超、孟禄等为名誉董事，主要成员还有胡适、陈鹤琴等，作为当时中国最大的教育救国社团，有效地推动了中国教育专业化、科学化、世界化进程。2011年恢复重建的

中华教育改进社，已形成有志教育改进者相互切磋和激励的社群，是专业化的第三方智库。（海外网2019年5月14日 刘占行）

二十年钻研评价技术身先士卒，
一辈子贡献教育改进鞠躬尽瘁
——各界人士聚会北师大参加张勇缅怀追思会

2019年5月12日，由中华教育改进社和第三方教育评价机构联谊会联合举办的教育人张勇博士缅怀追思会暨第三方教育评价发展研讨会在北师大图书馆第一会议室召开，相关专家、学者、领导，以及第三方教育评价领域的有关人士汇聚一堂，缅怀张勇博士为中国教育科学发展夜以继日搞研发、鞠躬尽瘁图发展的短暂一生。同时参会人员就第三方教育评价事业的未来发展之路进行了研讨和探索。

张勇博士是中国教育学会中小学教育质量综合评价改革实验区办公室副主任，苏州大学新教育研究院副院长，北京公众教育科学研究院院长，中华教育改进社副理事长，第三方教育评价机构联谊会副主席、学术委员会委员，北京时代公众教育科技股份有限公司董事长。2019年3月25日凌晨，张勇博士因长期超负荷工作，不幸猝死于北京的家中，终年只有51岁。

长期以来，张勇博士凭借浓厚的个人兴趣和多学科优势，在教育科学评价的道路上博采众长，潜心研究，在中国大力推广普及科学教育评价技术的开展和使用，取得了骄人的成绩，开发、集成包括ACTS、PCTS、ICTS等多个领先风潮的一整套系统的适合中国国情的教育测评技术与方案，自主研发的高度技术化、科学化的评价平台，极大降低了教育评价系统操作的难度，提升了教育评价实施的可靠性和质量。

中国教育科学研究院研究员、中华教育改进社理事长、第三方教育评价机构联谊会主席储朝晖致辞，对张勇先生在第三方教育评价机构当中的影响力给予了肯定，对张勇先生对改进社工作的支持与担当表示了深深的谢意。储朝晖同时希望与会人员要真正把张勇生前未完成的事业继续做下去，大家一起努力，为了共同的目标，不断推进教育改革，推动中国教育科学化发展。

储朝晖致辞

云路仰天高，杏坛评价有孤雁；风亭悲月冷，学宫嘈杂无张生。到会教育界各位领导、专家、同事、同行纷纷上台发言，对张勇博士的不幸离世表达深切的缅怀和哀思之情。

新教育发起人、民进中央副主席、全国政协副秘书长朱永新教授对

追思会会场，播放张勇生平回顾短片

张勇博士做出了这样的评价：张勇以他的智慧和才华，凝聚了公众教育评价的一个专业团队，在教育评价方面做了很多开拓性的工作，他们为中国的教育评价发展做出了非常卓越的贡献。他们开发出各种各样的评价量表，包括对区域的素质教育评价，对学生的学业评价、潜能和特长评价，在国内都处于领先水平……在教育评价事业蓬勃发展、如日中天的时候，张勇先生突然撒手而去，对新教育来说是一个很大的损失，对公众教育评价事业来说是一个很大的损失，对中国的教育评价事业也是一个很大的损失。

教育部国家教育发展研究中心综合研究室副主任张家勇回顾与张勇博士相识六年的经过，认为张勇是我们国家教育评价领域的领头雁，在新一代教育评价领域做出了卓越的贡献，创造了一系列的成果，为我国教育改革实践提供了无人可替代的技术支持；张勇是老黄牛，二十年来走南闯北，夜以继日，为了中国的教育评价改革不遗余力；张勇是真正的国宝级的人才，知识储备非常全面，既受过系统的数学训练，又接受过西方教育评价理论的训练，同时还有在西方一流教育评价公司工作的经验，这决定了他成为中国最顶尖的教育评价专家，不可多得。

翔宇教育集团总校长卢志文介绍了自己在教育科学化方面与张勇博士的共识，那就是：用理念推动教育进步，用体系促进教育发展，用科技助力教育技术提高。他总结张勇在教育评价工作中所做的三件事：一是引进了西方教育评价技术并使之中国化；二是用科学的考试和评价引领中国教育发展，致力让测评这个指挥棒能够正确指挥中国教育发展；三是建构了以学与教、习与导、思与启以及"三维九基"理论，解决了当前用考学科代替考素质、用记忆和技巧代替思考与创新等问题。

北京师范大学博士生导师、中华教育改进社副理事长袁桂林老师到会发言，他回忆了跟张勇交往的很多细节，感叹张勇是一个宽厚的人，是一个博学的人，是一个不懈研究的人，"张勇的评价理论与技术，对纠正应试教育的偏颇，引导科学的教学与个性化学习非常有价值"。

创新互联网教育研究院院长张才生这样评价张勇博士：他是学者，在数学、哲学、科学、历史文化学、传统文化、西方文化各个领域都有研究；他热爱自己的事业，在事业开展和专业领域上非常投入，痴心研究，百折不挠，倾注了全部心血；他最大限度、最大范围地进行教育科普宣传，用著文、讲学、微信、QQ等各种方式贡献研究成果，传播科学思想；他具有知识分子的独立精神，对当前不科学的教育行为无情批判，同时又以饱满的热情去用心建设，尽己所能去努力改变现状。

秦建平说：他是教育家，尊重科学，遵循规律，求真务实，不管是在理论、技术，还是在实际应用方面都有很深的研究，建立了完善科学的教育评价体系、标准和工具；他的教育理念和科学测评技术的实施，对改善当前的教育评价环境起到了极大的推动作用；他培养了一批优秀的教育测评、教育咨询专家和从业者，为今后中国教育咨询评价工作的开展打下了人才基础；他对第三方教育评价的原则、立场、思路等都颇有创见，并以身示范，身体力行。

李东琴说：他是企业家，为了让中国教育更加科学，他努力打造一个有使命感、有责任感的企业，以深度的专业研究、实证研究为基础开发产品，以用户为中心，在服务理念和态度上用产品带给用户价值，成就了时代公众这个优秀的测评企业。

刘歌说：张勇是中国教育评价领域的先行者，中国教育评价技术的开拓者，中国基础教育改革的践行者，他对中国教育评价改革的热情和行动让人心生敬意。

中国教育学会教育评价中心主任、第三方教育评价机构联谊会学术委员秦建平，中华教育改进社秘书长牛志奎，中华教育改进社理事柯小卫、吴红军、金春梅、李冬琴、刘歌和来自全国各地的代表蒋朝阳、刘孝敏等纷纷发言。追思会对张勇博士的一生进行了深切缅怀，对张勇在教育评价科学化方面的成就和贡献给予了高度评价。

追思会由第三方教育评价机构联谊会秘书长、创新与联网教育研究院院长张才生主持。

2011年恢复重建的中华教育改进社现有社员三百余人，已形成有志教育改进者相互切磋和激励的社群，专业化的第三方智库。（教育改进社员村2019年5月16日）

第三方教育评价机构联谊会
2019年会暨论坛在合肥召开

参会人员合影

2019年11月24日,第三方教育评价机构联谊会2019年会暨以"提升第三方教育评价竞争力"为主题的教育评价高峰论坛在合肥举行,来自全国各教育评价机构的70余人参会。

中国教育科学研究院研究员、中华教育改进社理事长、第三方教育评价机构联谊会主席储朝晖,教育部中小学教育质量监测中心常务副主任、第三方教育评价机构联谊会学术委员胡平平,教育部教育督导室原副巡视员、中华教育改进社副理事长程锦慧,北京师范大学教授、中华教育改进社副理事长、第三方教育评价机构联谊会学术委员袁桂林,北京大学教育考试研究院院长、第三方教育评价机构联谊会学术委员秦春华,华南师范大学教授、第三方教育评价机构联谊会学术委员张敏强,教育部教育发展研究中心综合研究室副主任、中华教育改进社理事张家勇,中国教育学会中小学教育质量评价办公室主任、第三方教育评价机构联谊会学术委员秦建平，湖北阳光教育研究院院长叶显发等出席会议并发言。专家与联谊会成员单位代表就新时代第三方教育评价如何在促进公平和提高质量上发挥作用进行了卓有成效的探讨。

储朝晖作《第三方教育评价机构要以专业服务提高竞争力》的主旨报告。他从近来减负举措遇到的问题说起，论述了第三方教育评价外部环境与内在驱动，认为只有分权分级的专业评价才能够真正减轻学生负担。当前自上而下推进第三方教育评价行政力量没有增加，但是自下而上的第三方教育评价需求在增长，专业服务是第三方教育评价的推进器。他鼓励第三方教育评价机构要守住底线、保持自信、开放思路找到政策与需求的交叉区域，在变局中明确自己的定位，增强竞争力。

胡平平作《中国学生核心素养与基础教育监测评价》的主题报告，解读了刚刚发布的2018年国家义务教育质量监测报告，对比了2015年与2018年四年级和八年级学生学科水平的变化与学生肥胖、近视率的变化，分析了缘由。她呼吁要对教育公平再认识，不能只注意形式公平，要更加注重结果公平。

张敏强教授在报告中分析了第三方教育评价机构面临评价工具研发困难、专业人员不足的问题，建议第三方教育评价机构要加强合作，建立一个统筹机构进行协调，制定服务和专业标准，解决专业技术知识产权和专业人员短缺的问题。

秦春华院长认为当前的高考制度是基于高等教育是精英教育定位建立起来的，而现在的高等教育事实上已经是大众教育，再按照现行的办法招生录取，只能使学生负担越来越大。

张家勇副研究员在《构建现代教育评价体系的若干思考》的报告中，从宏观角度分析了教育评价的层级、内容、主体、对象，论述了十八大以来的教育评价改革的进展。当下已经构建"五位一体"高等教育质量评价监测制度，教育督导已经升级，管办评分离改革进展顺利，中小学教育质量综合评价改革、高校和中小学教师职称制度改革都取得可喜的成果。张家勇认为高考综合改革遭遇挑战，教育评价体系还有短板，教育评价的科学性、权威性还有待提高，需统筹改革教育评价与全民终身教育体系。

秦建平的报告以《第三方教育评价如何面向2035中国特色世界水平

的优质教育案例分享》为题，讲述了《中国教育现代化2035》出台的背景和教育现代化战略任务；在分析教育质量评价的国际新趋势的基础上，介绍了我国教育质量评价改革的最新决策。认为2019年是教育部评价改革的攻坚年。最后，他分享了最近发展区的诊断和运用案例。

叶显发教授的报告《翻动学校"后厨"话评价》，生动介绍了湖北阳光教育研究院开展校长绩效评价、中考改革方案评估、小学术科教学质量评估等经验与成果。阐述了如何通过赋能、赋权、赋责构建机构的公信力，做好项目的风险控制，保证评价的专业性、独立性和权威性。

联谊会秘书长、北京创而新总裁张才生和副秘书长吴红军分别主持会议，圆桌论坛邀请与会专家胡平平、袁桂林、程锦慧、张才生、牛志奎、向帮华、金春梅、蒋永红围绕《第三方教育评价对促进教育公平的贡献》《第三方评价与教育现代化治理》《第三方评价对教育质量的影响》等主题展开了讨论。最后来自各地的第三方教育评价机构分组讨论当前第三方评价存在的一些问题，并就构建专业平台初步达成共识。

附：安徽省新世纪教育评估服务有限公司网站报道

第三方教育评价机构联谊会2019年会
暨第三方教育评价高峰论坛在合肥成功举办

2019年11月24日，位于合肥市经开区的天宫国际大酒店二楼会议室嘉宾满座，喜气洋洋，第三方教育评价机构联谊会2019年会暨第三方教育评价高峰论坛在这里隆重召开。

这次会议和论坛由第三方教育评价机构联谊会主办，安徽省新世纪教育评估服务有限公司和安徽晶瑞教育研究院有限公司承办。据悉，这次会议和论坛是在贯彻落实《国家中长期教育改革和发展规划纲要（2010—2020年）》和全国教育大会精神，进一步促进第三方教育评价事业健康发展，通过第二方教育评价提升教育质量，发挥管、办、评分离的第三方教育评价在推进教育现代化治理体系构建中的作用，提升第三方教育评价竞争力的背景下召开的，第三方教育评价机构联谊会学术

联谊会主席团会议

委员会的 16 名专家和来自全国各省市的会员单位代表参加了会议和论坛。

23 日晚上召开了联谊会主席团会议，第三方教育评价机构联谊会秘书长张才生先生做了联谊会 2019 年工作总结，新加入的会员单位和主席团成员单位代表做了陈述，会议研究了新会员的加入和退出机制。

会议开幕式上，中国教育科学研究院研究员、中华教育改进社理事长、第三方教育评价机构联谊会主席、中国陶行知研究会副秘书长储朝晖先生致辞，对大家的参会表示感谢，明确了本次会议的主题是"如何

联谊会主席储朝晖致辞

安徽省新世纪教育评估服务有限公司董事长侯金章致辞

提升第三方教育评价竞争力"。安徽省中皖科教集团总裁、安徽省新世纪教育评估服务有限公司董事长侯金章先生代表承办单位对年会的召开表示热烈祝贺，介绍了历史悠久并富有创新活力的中国科教城合肥，安徽省新世纪教育评估服务有限公司近年来高水平高质量地完成了安徽有关地市教育部门和学校委托的评估项目，发挥了第三方教育评价在社会现代化治理体系中的积极作用。

和往届年会不同的是，本次年会创新了会议形式，上午时间是各位专家的主题讲座，下午时间安排了圆桌论坛和分组讨论。

圆桌论坛对参会人员提出的问题进行解析

上午的主题讲座上，储朝晖先生作了《第三方教育评价要通过专业服务提升竞争力》的报告；国家督学、教育部基础教育质量监测中心常务副主任、安徽省人民政府参事、第三方教育评价机构联谊会学术委员会专家胡平平作了《中国学生核心素养与基础教育监测评价》的主题讲座。

教育部考试中心资深考试研究员、二级教授、博士生导师、中国教育学会教育统计与测量分会理事长、广东省人民政府参事、广东省心理学会常务副会长、华南师范大学人才测评与考试研究所所长、第三方教育评价机构联谊会学术委员会专家张敏强作了《第三方教育评价实践经

储朝晖先生作报告

胡平平先生作报告

验分享》；北京大学招生办原主任、北京大学考试研究院院长、北京大学教育学院教授、第三方教育评价机构联谊会学术委员会专家秦春华作了《新高考下的第三方评价的挑战与机遇》讲座。

教育部教育发展研究中心综合研究室副主任、中华教育改进社理事张家勇作了《构建现代教育评价体系的若干思考》的报告。

教育部中小学教育质量综合评价改革试验区专家、中国教育学会评价办公室主任、第三方教育评价机构联谊会学术委员会专家秦建平作了《第三方质量评价如何面向2035中国特色世界水平的优质教育案例分享》；湖北大学教育学院教授、课程与教学方向硕士生导师、湖北阳光教育研究院院长、教育部中小学校长国家级培训专家库首批专家成员、中国教育学会基础教育评价分会理事叶显发作了《翻动学校"后厨"话评价》的精彩讲座。

下午的圆桌论坛上，参会的专家和嘉宾围绕《第二方教育评价对促进教育公平的贡献》《第三方评价与教育现代化治理》《第三方评价对教育质量的影响》等主题展开了积极的发言和讨论。与会代表一致认为，上午的讲座内容丰富，紧扣时代主题，立意深远，收获很大。下午的圆桌论坛异彩纷呈，气氛活跃，专家和代表互动热烈。

在下午的闭幕式上，中国教育科学研究院研究员、中华教育改进社理事长、第三方教育评价机构联谊会主席、中国陶行知研究会副秘书长储朝晖先生作了总结发言。本次会议在大家的共同努力下，会议准备有序，举办得很成功，会议的形式和内容体现了创新，与会代表反响良好，取得了预期的效果。

储朝晖主席对2020年的工作作了部署，他希望各会员单位都能坚守责任，通过专业的服务为中国教育改革和发展以及促进教育的公平和教育质量的提高做出应有的贡献。

（安徽省新世纪教育评估服务有限公司网站2019年12月4日）

附录
文本与路径

"第三方教育评价研讨暨联谊会"
邀请函

尊敬的　　　先生/女士：

您好！

中国教育能否发展得好，已经在很大程度上取决于中国是否有健全成长起来的独立第三方教育评价。而当下，在已有的教育评价体系中，过于倚重第一方评价和第二方评价，第三方评价缺位，第三方的教育评价组织弱小、分散、信誉不高、各自为战。《国家中长期教育改革和发展规划纲要2010-2020年》明确了积极发展独立第三方教育评价的大方向，教育部发布《关于深入推进教育管办评分离 促进政府职能转变的若干意见》，对深入推进教育管办评分离提出了具体要求，"大力推进第三方评价"是促进教育改进的重要途径。

因此，建立第三方教育评价的各组织机构联络、交流学习、合作的平台，改变各自为战的局面，促进中国第三方教育评价合作发展，提高理论水平和施测能力，增强专业实力，形成气候，提升整体信誉尤为迫切。中华教育改进社自恢复重建以来，就形成立体的独立第三方教育评价体系做出积极努力，在全国层面上，自2011年以来连续发布4年《中国年度教育改进报告》，受到媒体及社会的关注；在地方层面，探索对区域教育进行评价及制订规划方案，对学校进行评价及对发展提出建设性的应对策略；在学生层面，开发学生学业测评和诊断系统、发展潜能测评系统、综合素质评价系统。

为实现联合促发展的目的，诚挚邀请您参加中华教育改进社主办的"独立第三方教育评价研讨暨联谊会"。此次活动由中华教育改进社主办，公众教育机构、天正教育评估中心等承办，约请国内外教育评价领域前沿专家作报告，研讨联合发展事宜。

特邀请您参会并分享交流您宝贵的经验和真知灼见，让参与者的真知共同蕴育中国独立第三方教育评价的春天！

会议时间：2015年11月15日（8:20开始报到，9:00会议正式开始，会期一天）

地点：北京师范大学

会务组联系方式：

联 系 人：李老师、陈老师

电　　话：010-82952315，010-56109668

电子邮箱：ceiiedu@163.com

通信地址：北京市海淀区学院南路34号（100082）

2015年11月

全国第三方教育评价机构联谊会章程

（2015年11月）

第一章 总则

第一条 名称：全国第三方教育评价机构联谊会（以下简称联谊会）。

第二条 性质：从事教育评价相关的学术、开发、应用、教学单位及其他相关的企事业单位、公益组织等机构在自愿的基础上组成的，不受地区、部门和所有制的限制，具有全国性和非营利性、开放的联谊群体。

第三条 宗旨：依据国家的法律、法规和政策开展各项活动，大力推进第三方教育评价行业发展，提升教育品质。

第四条 发起单位：中华教育改进社、公众文化艺术传播有限公司、公众教育评价有限公司、学分在线（北京）国际数据科技有限公司、重庆天正教育评估监测咨询服务中心、北京新赛纪科技信息有限公司（比赛360网）、河北传统文化教育学会、武汉天喻信息产业股份有限公司。秘书处设在中华教育改进社。

第五条 业务范围：

（一）教育评价理论、技术研究及推广实践。

（二）搭建教育评价交流平台，促进成员间有效开展合作，突出整体优势，实现规模化应用。

（三）广泛开展国际教育评价交流与合作；举办教育评价领域国内外新产品、新技术研讨会。

（四）培养教育评价专业技术人才。

（五）组织编撰第三方教育评价年度报告。

第二章　会员

第六条　申请加入会员，须具备下列条件：

（一）认同本章程。

（二）愿意参与教育评价资源共建共享的企事业单位及其他机构。

第七条　具备上述条件的申请者提出书面申请，经主席团会议审核通过即可成为正式成员，并颁发会员证书。

第八条　会员权利与义务

（一）遵守本会章程，积极参与本会活动，承担相关责任。

（二）对本会工作提出建议并进行监督。

（三）有自愿申请退出的权利，经主席团会议确认已履行相应责任即可退出。

（四）维护本会合法权益。

第九条　会员如有严重违反本章程行为者，经主席团会议讨论通过除名，并公布信息。

第三章　组织机构

第十条　主席团会议设主席一人，副主席若干人，任期四年。主席团每年至少召开一次办公会议，研究、讨论、检查并决定本会各项工作，需要时可召开扩大会议。

第十一条　主席团年度工作会议任务是：听取并审议年度工作报告；审议经费开支情况；讨论增减主席团成员；讨论并决定其他重大事宜；修订本会章程。

第十二条　本会秘书处设秘书长一人，副秘书长若干人，落实主席团办公会议的各项决议，负责处理日常工作。秘书长由主席团会议聘任。

第四章　经费来源及使用

第十三条　本会会员单位按年度缴纳会费。

第十四条 本会接受企事业单位及会员单位的捐赠、赞助，款项用于开展本会活动。

第五章 效力

第十五条 本章程自公布之日起生效。

第三方教育评价共识

提高教育质量是当下全民对教育最迫切的需求，建立适恰而有效的评价机制是教育质量提升的关键。完善健全的教育评价体系，尤其是科学客观的第三方教育评价体系，对教育的良性发展起到积极的推动作用，政府、民间都意识到中国教育能否发展得好，已经在很大程度上取决于中国是否有健全成长起来的第三方教育评价。

2010年《国家中长期教育改革和发展规划纲要（2010—2020年）》明确提出："改进教育教学评价。根据培养目标和人才理念，建立科学、多样的评价标准。开展由政府、学校、家长及社会各方面参与的教育质量评价活动。"2013年《中共中央关于全面深化改革若干重大问题的决定》再次明确："深入推进管办评分离，扩大省级政府教育统筹权和学校办学自主权，完善学校内部治理结构。强化国家教育督导，委托社会组织开展教育评估监测。"2015年教育部下发《关于深入推进教育管办评分离 促进政府职能转变的若干意见》，部署构建"政府管教育、学校办教育、社会评教育"的格局。

目前，中国第三方教育评价专业机构的发展处于起步阶段，很多方面落后于欧美教育发达国家较远，影响到上述政策的有效落实。芬兰、美国、日本等国的经验表明，建立并健全第三方教育评价是建立良性教育生态，提高教育质量的迫切需要。中华教育改进社2015年11月15日举办第三方教育评价机构联谊会，旨在以联合促发展，推动中国第三方教育评价的良性与健康发展。

会上各机构形成如下共识：

1.明确第三方教育评价的职能定位。坚持落实管、办、评分离,划清政府部门与专业评价机构的职能边界。第三方教育评价机构重在发挥其科学、客观评价功能,政府与专业机构各司其职,使整体教育评价工作朝健康、良性的方向持续发展。

2.建立第三方教育评价行业标准。一要确立服务标准,立足于服务学生成长发展,推动学校质量管理改革,解决行业服务品质良莠不齐问题;二要逐步建立评价机构的专业标准,提高教育评价机构专业化程度,改进命题技术、教育测量技术、统计与分析技术、评价技术,有效可靠地解决认知诊断、制定个性化方案等问题,促进该行业整体专业水平提升。

3.培养教育评价专业人才。现有高校中教育测量与评价专业人才培养数量和水平,远远满足不了行业发展的需求,积极运用评价实践和专业教育两种路径培养教育评价专业人才。

4.提高对第三方教育评价结果的使用和认识水平。引导社会、学校、教师、家长、人力资源部门熟悉并使用第三方教育评价结果,改变学校、教师停留在试卷加分数的评价现状,鼓励教育当事人依据实际需要,使用第三方教育评价结果作为自己成长发展的参考依据,充分发挥评价的引导、诊断、改进、激励等功能。

5.建立多元和多样性的第三方教育评价机构。让行政性评价与专业性评价相互补充,培育出良好的教育评价社会服务体系。让教育的评价使用方有更大选择的空间,在一定范围内多家专业评价机构的适度竞争为不同需求的对象服务,从多个角度发现教学实践中的问题,促进教育评价理论和技术水平的不断提升。

6.发展教育评价的定制服务。了解并及时满足政府、学校、学生等多种教育当事方对教育评价的需求,依据需求提供相应的教育评价服务。社会对教育质量提升的强烈需求提出了个性化教育评价的新要求,第三方教育评价机构要做到技术专业化、方案个性化、服务人性化、操作简便化,为个性化的成长发展提供高品质的评价服务。

7.联合第三方教育评价机构以应对共同面对的问题。在评价理论和技术上相互切磋;遵循教育评价基本原则,确立全行业共同的、清晰的努力目标,从而促进行业整体服务水平的提升。

8.建立第三方教育评价使用机制。第三方教育评价机构需要靠自己的信誉生存，要积极与地方政府、学校或人力资源部门合作，探索教育评价的政府、学校或个人的认可与采购模式，提升用户对第三方教育评价机构的认可度。政府需及时开放对独立第三方评价机构的政府采购服务项目渠道，并给予政策、行业和环境的支持。

建立更多专业水平高、服务质量好的第三方教育评价机构，完善中国教育评价体系，中国教育才能办得更好。

第三方教育评价机构联谊会
2015年11月

第三方教育评价论坛暨第三方教育评价机构联谊会2016年会通知

为落实《国家中长期教育改革和发展规划纲要（2010—2020年）》和教育部《关于深入推进教育管办评分离 促进政府职能转变的若干意见》（教政法〔2015〕5号），促进第三方教育评价发展，形成第三方教育评价行业规范，建立第三方教育评价机构与用户的良好关系，全国第三方教育评价机构联谊会决定，由北京成长动力教育科技研究院、四川大和公众教育评估研究院承办"第三方教育评价论坛暨全国第三方教育评价机构联谊会第二届年会"。

参会对象

各会员单位（每单位2人），教育局、教育科研单位，学校、幼儿园，教育评价机构，对第三方教育评价感兴趣的组织或个人。

组织机构

主办单位：全国第三方教育评价机构联谊会

承办单位：北京成长动力教育科技研究院

　　　　　　　　四川大和公众教育评估研究院
　　　　　　　　四川西部教育研究院
　　协办单位：四川师范大学基础教育集团
　　合作媒体：《四川日报》、《四川招生考试报》、《成都商报》、教育在线

会议议题

1. 讨论并订立《全国第三方教育评价行业规程》。
2. 国家现有第三方教育评价政策及未来的发展方向。
3. 第三方教育评价的使用及用户关系的建立，第三方教育评价给学校发展带来的机遇与挑战。

嘉宾名单（排名不分先后）

储朝晖　中国教育科学研究院研究员，全国第三方教育评价机构联谊会主席

田继万　民盟中央教育委员会原副主任，四川省人民政府参事，四川省教育厅特聘教育咨询专家

王　烽　教育部国家教育发展研究中心体制改革研究室主任

张家勇　中华教育改进社副理事长，教育部国家教育发展研究中心研究员

袁桂林　中华教育改进社副理事长，北京师范大学教授、博士生导师

张　勇　中华教育改进社副理事长，公众教育研究院院长

秦春华　北京大学考试研究院院长

刘　涛　四川省教育科学研究所所长

张才生　武汉天喻信息产业股份有限公司副总经理，天喻教育研究院院长

王建成　北京师范大学珠海分校教育学院院长

张相林　中国人才研究会测评分会秘书长，中央财经大学、北京大学人力资源开发和管理研究中心研究员

傅　明　四川省教育厅法规处处长

秦建平　成都市教育科学研究院副院长

谭策天　北京大学中国改革理论与实践研究中心副秘书长，北京成长动力教育科技研究院董事长

李华平　四川师范大学培训学院副院长、教授

李化树　西华师范大学教授，博士生导师

朱晟利　四川师范大学教授，博士生导师

邓义初　四川省校长协会秘书长

欧阳明　四川省南充市教育科学研究所所长

李世安　四川师范大学基础教育集团督导专家，著名特级教师

李　顺　北京成长动力教育科技研究院院长，四川大和公众教育评估研究院院长

袁　亮　北京成长动力教育科技研究院常务副院长，四川大和公众教育评估研究院董事长

李鹏飞　四川西部教育研究院院长

会议议程

12月10日（周六）

下午：报到；

晚上：会员会议19:30开始（拟加入联谊会的相关单位可列席）。

12月11日（周日）

上午：行业规程说明会及专家主题报告

开幕式；

1.《第三方教育评价机构行业规程》建议稿说明；

2.专家主题报告，储朝晖：第三方教育评价需要自己上路；

3.专家主题报告，王建成：美国第三方教育评价机构的发展及规范的形成；

4.专家主题报告，北京成长动力教育科技研究院院长李顺做专题报告。

下午：主题论坛——第三方教育评价机构发展路径大家谈

话题包括：国际教育评价发展现状、教育评价技术与大数据、国内第三方教育评价现状与动态。

参会提示

报到时间：2016年12月10日全天

报到地址：四川省教育学术交流中心（教育宾馆），成都市一环路西三段新1号

参会费用：非会员单位每人交会务费、资料费500元，交通及住宿费用由各单位自行承担

会议联系人

秘书处：010-56109668；13681103232　13910396949（李老师）

会务组：182-2448-6832（马菲）

邮　箱：dsfjypj@sina.com（回执请于12月2日前发送此邮箱）

全国第三方教育评价机构联谊会

2016年11月6日

全国第三方教育评价机构联谊会会员资质评估会通知

各会员单位：

为促进各会员单位规范第三方教育评价机构的服务，提升专业水平和质量，提高专业信誉，全国第三方教育评价机构联谊会依据《全国第三方教育评价机构联谊会规程》要求，将于2017年8月1日至2日在天津召开首次会员机构资质评估会。

一、参会人员

本次申请评估的会员机构至少有3人参会；本次不申请评估的会员单位至少有1人参会学习观摩，所有参会人员同时参加全国自主招生论坛。通过评估的会员将在大会上接受专家委员会的授牌。

二、申请评估会员需做准备

依据《联谊会规程》，凡本会成员必须在三年内接受一次专家委员会的评估。专家委员会对被评成员给出评估报告，对合格单位授牌，对评估不合格者要求限期进行改进后方可继续为本会成员。请各具备条件的会员积极申请评估，并在7月15日前向联谊会秘书处报送以下材料：

1.申请评估报告。内容包括：（1）机构介绍、业务范围、服务内容、

服务流程；(2)评估专业团队、专业成果（课题、论文、著作）介绍；(3)已做过评估的案例介绍；(4)未来专业技术发展设想。所报材料需内容真实，发现作假由申报者负责。

2.评估经费。每个申请评估的会员缴纳评估费5万元，包括专家报酬及差旅、制证及评估过程中产生的费用。

三、评估流程

接受评估申请—专家审阅报告—召开评估会（申请会员报告—专家质询—会员回复—专家打分出具评估报告—授牌）。

四、评估专家委员会名单

储朝晖：中国教育科学研究院研究员，中华教育改进社理事长，全国第三方教育评价机构联谊会主席，中国陶行知研究会副秘书长

张勇：中国教育学会中小学教育质量综合评价改革实验区办公室副主任，苏州大学新教育研究院副院长，北京公众教育科学研究院院长，中华教育改进社副理事长

张敏强：国家教育部考试中心资深考试研究员，中国教育学会教育统计与测量研究会副理事长及常务理事，中国心理学会测量专业委员会委员

秦春华：原北京大学考试研究院院长，北京大学教育学院教授

黄晓婷：北京大学中国教育财政科学研究所副研究员、教育测量与评价中心主任

秦建平：成都市教育科学研究院副院长

王建成：北京师范大学珠海分校教育学院院长，北京师范大学民办教育认证研究与服务中心秘书长，中国民办教育协会理事

王战军：教育部高等教育教学评估中心副主任，北京理工大学学位与研究生教育研究中心主任

五、联系咨询方式

联系人：李老师

电话：010-82952315

邮箱：dsfjypj@sina.com

全国第三方教育评价联谊会秘书处

2017年6月16日

全国第三方教育评价机构联谊会公约

(2017年9月30日)

为了加强全国第三方教育评价联谊会(以下简称"联谊会")的内部治理,提高联谊会服务质量,促进第三方教育评价机构成员的专业化发展,依据中华人民共和国相关法规政策,由发起单位议决制定本公约。

第一章 会员责权

第一条 本会成立专家委员会,凡本会成员必须在三年内接受一次专家委员会的评估。专家委员会对被评成员给出评估报告,对资质合格单位授牌颁证。

第二条 本会成员应积极承担本会的义务,每年一次的年会由会员单位提出申请承办,秘书处根据相关标准及流程进行审核后确定。承办方在联谊会秘书处指导下组织工作并承担相关费用。

第三条 本会成员应及时缴纳会费,逾期半年未缴纳者视为退出。

第四条 本会成员应诚实守信,不在评价过程中使用虚假数据,对数据解释不失真。

第五条 本会成员间相互尊重,避免在同一领域不正当竞争,遇有争议,会员单位可请联谊会出面沟通协调。

第二章 专家委员会组织架构

第六条 专家委员会由教育评价、教育管理及相关领域专家组成。

第三章 附则

第七条 所有申请入会机构签署公约方可成为会员。

第八条 违反本公约者,由本会主席团视情节轻重作出处分决定。

第九条 公约最终解释权由联谊会主席团所有。

第十条 本公约经联谊会主席团会议通过后公布之日起生效。

全国第三方教育评价机构联谊会
教育评价实施专业规范

(2017年7月1日)

第一章 总则

第一条 为规范全国第三方教育评价机构联谊会会员的评价行为，促进第三方教育评价事业健康发展，方便社会进行监督，依据国家相关法规政策，以及全国第三方教育评价机构联谊会章程，制定本规范。

第二条 本规范所称第三方教育评价机构是指依法设立、有专业资质与能力提供教育评价服务的联谊会成员。

第三条 本规范所称的教育评价，是依据一定的教育价值观或教育目标，运用可行的科学手段，通过系统的收集资料和分析整理，对教育活动、教育过程和教育结果进行事实与价值判断，为提高教育质量和教育决策提供依据的过程。

第四条 适用范围：本规范对全国第三方教育评价机构联谊会会员及自愿遵守本规程的相关合法个人、机构及组织有效。

第二章 评价原则

第五条 教育评价应该遵循以人为本的原则，促进人的成长发展。

第六条 教育评价应遵循科学、客观、独立的原则。

第七条 教育评价应遵循公正的原则。

第八条 教育评价实施的目的：帮助委托方及被评价方全面、客观、整体、可持续地改进，促进服务对象的发展。

第三章 服务范围

第九条 服务对象：各级各类学校及教育机构、科研机构、文化产业机构、教育行政部门以及个人。

第十条 服务范围：

（一）区域教育评价；

（二）学校管理评价；

（三）教师发展评价；

（四）学生发展评价；

（五）教育督导与评估；

（六）教育环境评价；

（七）教育调研；

（八）其他（包括跨界评价）与教育评价相关行为。

第四章 评价实施

第十一条 本会及成员在接受委托方提出的教育评价需求时，应向委托方提供相关资质及证明。

第十二条 本会或本会成员在接受委托方提出教育评价需求后，应了解委托方的评价需求，掌握与该项目相关的依据及法律法规，确定服务内容及要求，签订委托协议，明确双方权利与义务。

第十三条 第三方教育评价机构在签订委托协议后，参照按以下程序开展评价工作：

（一）成立评价项目组，确定项目负责人及成员；

（二）研究制定评价实施方案；

（三）根据工作需要，选用相关评价工具，准备必要的工作文件；

（四）运用科学的评价方式方法，采集相关信息数据；

（五）对评价信息进行科学分析，形成评价报告；

（六）向委托方提交评价报告，必要时提出改进建议及措施；

（七）向委托方移交评价项目档案，含委托方提供的相关资料；

（八）依据需要，跟踪验证被评价方改进情况及效果。

第五章 权利及义务

第十四条 教育评价机构必要的权利及义务：

（一）评价过程、结果不受干扰；

（二）按合同要求收取项目费用；

（三）维护自身相关的知识产权、保密事宜及合法权益；

（四）未经委托方授权，不得将有关评价数据、结果、报告等透露给第三方；

（五）不得向被评价方索取额外的费用、礼品、礼金等；

（六）不得将委托项目以各种形式整体转包给其他单位或个人。

第十五条 教育评价机构应明了教育评价委托方必要的权利及义务：

（一）对第三方教育评价进行过程和质量监控；

（二）维护自身相关的知识产权、保密事宜及合法权益；

（三）未经被委托方授权，不得将有关评价工具、技术、指标等透露给第三方；

（四）保证提供信息资料的真实、及时、完整；

（五）对实施方案的及时确认及反馈；

（六）协助教育评价机构开展相关评价工作。

第六章 自律与监督

第十六条 本会成员须自觉遵守本规范，申请加入者须签署本规范方可成为会员。

第十七条 被评价方、社会个体及机构，可依据本规范，对本会成员进行监督和评价。如发现本会成员违反本规范，可向本会秘书处提交书面申诉，由本会进行复核并公布结果。

第七章 附则

第十八条 本规范最终解释权归全国第三方教育评价机构联谊会。

第十九条 本规范自2017年7月1日制定，9月30日主席团表决通过之日起生效施行。

第三方教育评价机构联谊会入会管理流程

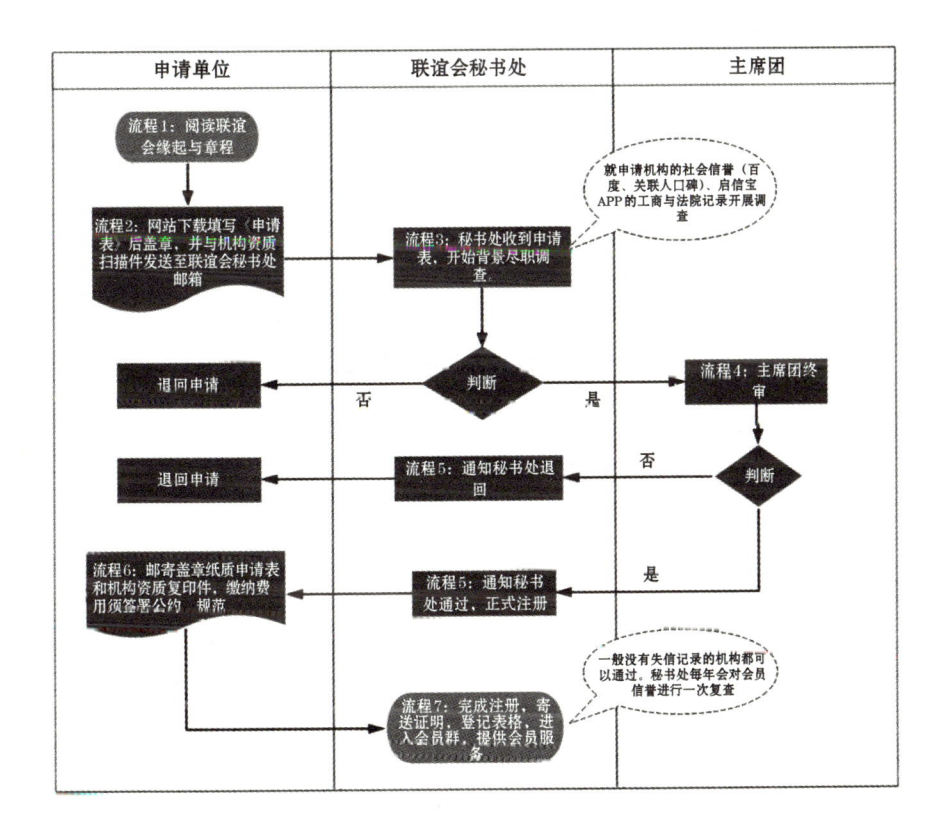

申请单位	联谊会秘书处	主席团

流程1：阅读联谊会缘起与章程

流程2：网站下载填写《申请表》后盖章，并与机构资质扫描件发送至联谊会秘书处邮箱

流程3：秘书处收到申请表，开始背景尽职调查

就申请机构的社会信誉（百度、关联人口碑）、启信宝APP的工商与法院记录开展调查

判断 否→退回申请 是→

流程4：主席团终审

判断 否→流程5：通知秘书处退回→退回申请 是→

流程5：通知秘书处通过，正式注册

流程6：邮寄盖章纸质申请表和机构资质复印件，缴纳费用须签署公约规范

流程7：完成注册，寄送证明，登记表格，进入会员群，提供会员服务

一般没有失信记录的机构都可以通过。秘书处每年会对会员信誉进行一次复查

第二次会员资质评估通知及申报表

各会员单位：

　　为适应社会对科学、公正、专业的第三方教育评价的需求，加强第三方教育评价机构及整体团队建设，应会员单位要求，全国第三方教育

评价机构联谊会将于2018年5月组织一次会员单位资质评估,同时进行拓展第三方教育评价市场和加强第三方教育评价机构精细化管理两项内容的培训,现场参观学习麦可思公司的管理。

请有意向申请资质评估的会员单位4月4日前尽快与秘书处联系申报事宜,逾期只能申报下一次的评估;其他各会员单位做好参会准备,联谊会将参会情况作为对各会员单位履行会员义务的考核依据。

会议时间和地点的正式通知随后。

第三方教育评价机构联谊会
2018年3月23日

附件1

第三方教育评价机构联谊会会员资质评估

申 请 报 告

会员单位名称 _____

评估编号 _____

评估类别 _____

申请评估负责人 _____

申请评估单位 _____

填表日期 _____

第三方教育评价机构联谊会制

2018年3月

声　　明

本表所填内容确定真实，失实责任由申请单位承担。特此声明。

负责人（签章）
　　年　月　日

填　表　说　明

1. 本表仅适用于第三方教育评价机构联谊会会员资质评估申请。

2. 请认真如实地填写表内栏目。无内容填写的栏目可空白；所填栏目不够用时可加附页。"报告"的写法和要求可参考该栏目的"内容提示"。

3. 本次呈报的各项申请评估资料需真实、可靠，会员单位为提供的资料承担相应责任。

4. 申请参评会员单位于　年　月　日前统一把电子版材料汇总后发至dsfjypj@sina.com同时打印申请报告加盖单位公章快递至指定收件地址。

并将评估费用汇入指定账户：

户名：

户行：

账号：

5. 第三方教育评价机构联谊会通信地址：北京市海淀区学院南路34号，邮编：100088

联系人：李老师

联系电话：（010）82952315

邮箱：dsfjypj@sina.com

一、基本信息

会员单位		登记证号		
法 人		身份或职务		
通信地址			邮 编	
联系电话		电子信箱		

二、从事评估业务介绍

基本情况	机构简介	
	已获资质情况	
	从事评估服务内容	

（续表）

基本情况	评估工作流程简述	

三、评估专业团队情况

专家姓名	职称	专业方向	在本机构专职或兼职	在本机构担当责任

四、本机构与评估业务相关的专业成果

成果类型		
	课题	
	技术专利	
	论文	
	著作	

五、本机构已完成评估案例介绍

案例名称	
案例内容	

六、本机构未来专业技术发展设想

发展方向	
发展规划	

七、专家评审意见

是否同意该机构通过会员资格评估	
该机构存在的问题	
该机构改进评估工作建议	
总评	评估专家签名：

武汉华大教师教育发展研究院主席团成员单位及承办年会申请书

主席团成员单位申请书

尊敬的全国第三方教育评价机构联谊会专家委员会及秘书处：

我院成立于2016年，是一家独立法人民营机构。主要业务为教育培训、教育咨询和教育评估。目前我院已经承担了武汉市黄陂区、洪山区等地的教育质量管理评估、义务教育现代化学校建设评估以及素质教育特色学校建设评估等工作。受到项目主办方、被评估对象以及参与评估专家的一致好评。

我院拥有雄厚的专家资源，聘请的专职或兼职专家包括武汉大学、华中师范大学、华中科技大学等高校的专家、学者、教授，国家、省、市督学，湖北省、武汉市、区教科院研究员，中小学名校长、优秀一线教师等。加之，教育培训和教育评估的相互促进性，我院对教育主管部门和被评估对象的需求有更好的把握，提出的意见和建议也更接地气。

开展第三方教育评价是大势所趋，只有顺势而为才能有所作为。我院是一个年轻的单位，单位的工作人员也很年轻，我们充满激情和信心，我们想有所作为，特申请成为全国第三方教育评价机构联谊会主席团成员单位，我们定会遵守联谊会公约，与联谊会成员有更紧密的联系和更好的合作，承担更大的第三方评价责任和义务，为推动联谊会的发展和促进联谊会的壮大做出自己的贡献，为教育改革与发展做出更多的努力。

特此申请！

武汉华大教师教育发展研究院
2017年12月6日

承办年会申请书

尊敬的专家委员会、秘书处、各位同仁：

  我院诚挚地申请承办 2018 年全国第三方教育评价机构联谊会年会，年会时间拟定于 2018 年 11 月初。邀请全国教育第三方评价的专家、学者来汉指导工作，欢迎各位同仁来汉交流学习。

  武汉处于我国中部地区，是国内科研、教育发达地区之一，也是联系全国东西南北的重要交通枢纽，各地专家来汉的交通十分便利。湖北武汉的教育第三方评估事业正处于迅速发展阶段，我院作为全国第三方教育评价机构联谊会成员单位，在第三方评估工作方面进行了积极探索，在教育培训、承办会议等方面经验丰富，我们一定做好年会的组织和服务工作，请求秘书处协助，尽早做好年会的时间、内容及人员安排。

  特此申请！

武汉华大教师教育发展研究院
2017 年 12 月 日

第三方教育评价机构联谊会会员一览表

(2020年4月)

序号	会员单位名称	会员特征	入会时间
1	中华教育改进社	发起方，主席团单位	2015-11-16
2	安徽省国腾教育发展有限公司	普通会员	2018-5-6
3	安徽晶瑞教育研究院有限公司	主席团单位	2018-3-22
4	安徽省新世纪教育评估服务有限公司	主席团单位，资质合格会员	2017-12-6
5	安徽省宣城思学教育咨询有限公司	普通会员	2018-8-6
6	北京北大培文教育文化产业有限公司	普通会员	2016-12-8
7	北京东方原点教育科技发展中心	资质合格会员	2018-4-23
8	北京仁知教育科技有限公司	普通会员	2016-12-12
9	北京润智汇教育咨询有限公司	普通会员	2017-12-1
10	北京师盟教育科技有限责任公司	普通会员	2018-11-8
11	北京新赛纪科技信息有限公司	主席团单位	2015-12-29
12	北京阳光书苑有限公司	普通会员	2017-11-21
13	重庆上达教育评价咨询所	普通会员	2016-12-1
14	重庆天正教育评估监测咨询服务中心	主席团单位	2015-12-1
15	河北邯郸市耕语教育科技有限公司	普通会员	2018-8-10
16	公众学业教育评估（河北）有限公司	普通会员	2018-10-25
17	河北佐尚文化传媒有限公司	普通会员	2016-12-2
18	湖北精微教育评价有限公司	普通会员	2016-2-3
19	湖北武汉华大教师教育发展研究院	主席团单位，资质合格会员	2017-11-14
20	湖北阳光教育研究院	主席团单位	2018-1-31
21	河北京津冀行知河北教育评估有限公司	普通会员	2018-10-22
22	青海格致教育评估咨询服务有限公司	普通会员	2016-12-1
23	北京市公众教育科学研究院	主席团单位，资质合格会员	2015-12-22

(续表)

序号	会员单位名称	会员特征	入会时间
24	山东省泰山教育创新研究院	普通会员	2017-12-25
25	山东讯源信息咨询有限公司	主席团单位	2017-10-30
26	山东大同市衡远教育评估中心	普通会员	2018-6-5
27	山西晋中市榆次区千里教育培训学校	普通会员	2017-11-10
28	山西文成亦汇教育咨询有限公司	普通会员	2017-10-3
29	陕西省教育学会教育质量综合评价中心	普通会员	2016-12-5
30	陕西省榆林恒益教育评价有限公司	普通会员	2018-11-2
31	上海中易心理与感知科学研究院	普通会员	2018-11-16
32	深圳博乐思教育投资发展有限公司	普通会员	2019-7-29
33	深圳市承儒科技有限公司	普通会员	2017-11-6
34	四川成都志愿通教育咨询有限公司	普通会员	2016-12-10
35	四川省绵阳实验高级中学	普通会员	2016-12-28
36	湖北武汉领潮世纪教育研究院	普通会员	2018-5-15
37	武汉天喻信息产业股份有限公司	主席团单位	2015-12-25
38	宝鸡创新教育评估中心	普通会员	2016-12-5
39	北京在线学分（北京）国际数据科技有限公司	主席团单位	2015-12-16
40	云南智谷教育信息咨询有限公司	普通会员	2018-10-26
41	杭州市西湖区紫金科技教育研究院	普通会员	2018-1-12
42	温州大学基础教育评估中心	普通会员	2017-5-20
43	安徽朝晖教育评估有限公司	普通会员	2019-11-29
44	福建中兴仁达教育评估有限公司	普通会员	2017-12-12
45	江西利邦教育管理服务有限公司	普通会员	2019-1-18
46	江苏省扬中市教师发展中心	普通会员	2018-10-9
47	哈尔滨培真教育信息咨询有限公司	普通会员	2018-5-20
48	创而新（北京）教育科技有限公司	主席团单位	2018-10-21
49	江西风向标教育科技有限公司	普通会员	2018-11-28
50	安徽七天教育科技有限公司	普通会员	2018-8-15
51	河北省传统文化教育学会	主席团单位	2016-11-23

后 记

2015年，一群痴心而又同心的人为了改进教育而走到一起，他们共同的认知是建立第三方教育评价才能改进中国教育生态，才能让每个具体的人享受到更高品质的教育。但他们不止于认知，而是以陶行知"敢入未开化的边疆，敢探未发明的新理"的话语做鞭策，打破常规行动起来，组建第三方教育评价机构联谊会，推动中国第三方教育评价的实践在点上扎根、在面上拓展，探索中国第三方教育评价发展之路。

本书收集了5年来探路过程中面对机遇与挑战时的思想碰撞和理论探索，筛选了其中一些机构成员的第三方教育评价实践案例，记录了探索历程以及社会与媒体的关注，留下探索过程中的经典文本。不足之处是未能充分显示探路过程中的艰难险阻。希望本书能为中国第三方教育评价的进一步前行发挥阶梯作用，为后来者继续前行铺下更为便行、踏实之路。对于教育行业乃至整个社会，本书旨在让更多的人意识到：能提升你可以享用的更高品质教育的第三方教育评价犹如破土新芽就在你身边，不要不小心一脚踩倒或碰断她，而要好生扶养她，并充分利用它来为自己享受更符合自己的教育服务。

在文稿收集整理过程中，各会员单位给予了大力支持，蒋永红、储立国、钟进等人做了文献整理；福建教育出版社慧眼识珠，勇担责任，将本书纳入出版选题，江华女士为此书的出版做了大量工作。在此一并致谢！

编者

2020年5月15日